DE SONHO E DE DESGRAÇA

DAVID BUTTER

DE SONHO E DE DESGRAÇA: O CARNAVAL CARIOCA DE 1919

mórula
EDITORIAL

REVISÃO
Marília Gonçalves

PROJETO GRÁFICO
Patrícia Oliveira

DADOS INTERNACIONAIS DE CATALOGAÇÃO NA PUBLICAÇÃO (CIP)
CÂMARA BRASILEIRA DO LIVRO, SP, BRASIL
Bibliotecária Eliete Marques da Silva – CRB 8/9380

Butter, David

De sonho e de desgraça: o carnaval carioca de 1919 / David Butter. – Rio de Janeiro: Mórula Editorial, 2022.

328 p. ; 21 cm

ISBN 978-65-86464-84-9

1. Carnaval - Rio de Janeiro (RJ) - História. 2. Gripe Espanhola, 1918-1919 I. Título.

22-100481 CDD: 394.2508153

Rua Teotônio Regadas 26 sala 904
20021_360 _ Lapa _ Rio de Janeiro _ RJ
www.morula.com.br _ contato@morula.com.br
/morulaeditorial /morula_editorial

A Oldon e Brum, amigos em vermelho e preto,
E a Silvia Helena, a voz do meu samba,
Que seguem morando aqui.

INTRODUÇÃO

CIDADES TÊM AS SUAS MITOLOGIAS. Têm o seu Olimpo e o seu Hades, o seu rol de deuses e demônios, os seus picos e os seus abismos, as suas histórias exemplares e os seus vexames, as suas zonas de indecisão entre fato e lenda. No acervo mitológico do Rio de Janeiro, o Carnaval de 1919 ocupa uma dessas zonas.

Foi um carnaval iniciado no aniversário de 354 anos da cidade, primeiro de março, um sábado. Foi o primeiro carnaval depois do fim da Grande Guerra. Foi também o primeiro carnaval depois da voragem da Gripe Espanhola, a mais avassaladora pandemia a abater a cidade até então. Entre setembro e dezembro de 1918, a doença, inicialmente desprezada, infectou 600 mil pessoas e matou 15 mil – números aproximados, talvez subestimados, num universo de cerca de um milhão de habitantes.

Foi um carnaval que, por décadas, povoou as memórias próprias e emprestadas de cronistas como Nelson Rodrigues, Mário Filho, Austregésilo de Athayde, Vina Centi e Carlos Heitor Cony – que nasceu em 1926. Foi um carnaval que passou à posteridade como de liberação e de alívio, de desejo e de vingança. Foi um carnaval puxado por pessoas que haviam visto a morte de perto: se não por terem dela escapado elas mesmas, por terem presenciado, no mínimo, a agonia de amigos e parentes. No auge, na Terça-Feira Gorda, o Carnaval de 1919 levou cerca de 400 mil pessoas ao Centro do Rio de Janeiro, de acordo com a estimativa um tanto livre do jornal A Noite[1]. O que aquelas testemunhas e aqueles sobreviventes fizeram nas ruas – naquele e noutros dias? O que elas e eles imaginaram durante e depois da folia?

Nos idos do século XIV, a Peste Negra era enxergada e representada na Europa como um bailar junto a caveiras rumo à morte. Eram os tempos da bactéria *Yersinia Pestis*, que sumiu e voltou em ondas por meio mundo até o século XIX. Já nos últimos anos da segunda década do século XX, quem puxou o baile foi a *Dansarina*, representação chargística de uma gripe que pegou da Espanha o nome (e não a origem): a Gripe Espanhola, filha da Primeira Guerra Mundial. No Carnaval de 1919, o Rio de Janeiro saiu com a *Dansarina* às ruas, como memória ainda viva: pulou com ela, cantou, zombou.

Uma pandemia força a natureza sobre o homem. Enquanto a doença produz o seu estrago, ela reduz as ilusões a pó, como num samba de Cartola. Resta o corpo, que, mesmo vestido, nunca poderia estar tão nu. A cultura, seus credos, suas representações, suas certezas ancoradas em tudo que é criado, inclusive na ciência – tudo entra em suspensão. Fica o humano, mais do que nunca um bicho em seus giros. Acordar. Andar. Arranjar comida (como for). Comer. Um tanto de loucura. Dormir. Ou não: lutar para ficar, largar a mão para ir embora, convalescer, desabar ou levantar. E repetir, tendo a morte como sombra. Mas o carnaval é o inverso da pandemia. É o triunfo da cultura, da representação, da brincadeira, do jogo, do humano e também da luta, ritualizada – assunto "divertido e perigoso", como descreveu Marcelo D2. É uma construção coletiva de homens e mulheres em fluxo, criadores e destruidores de máscaras, todos eles autores e autoras de discursos sobre costumes e identidades, acontecimentos e anseios, corpos e natureza.

---

1 A Noite, Rio de janeiro, 6 mar. 1919.

Este livro busca navegar entre relatos e versões para oferecer um panorama sobre um carnaval real – e também mitificado. É menos História (não sou historiador), e mais uma história sobre histórias. Para trilhar o caminho, puxei o fio do tempo: cada capítulo corresponde a um recorte temporal e a progressão desses capítulos toma a forma de uma contagem regressiva até o ápice: a Terça-Feira Gorda.

Boa jornada. Mas, antes: *mea culpa, mea culpa, mea maxima culpa*. As falhas e as omissões são todas minhas, ainda que, vá lá, três por cento delas devam-se a fatores alheios ao meu controle, como a suspensão das consultas presenciais aos acervos do Arquivo Nacional e da Biblioteca Nacional sob a pandemia da Covid-19. Nos acertos e nos erros, este livro é também obra da pandemia.

Desfilamos. Estamos desfilando – mesmo em ideia. Desfilaremos. Com a veste do pierrô imaginado por Manuel Bandeira em 'Poema de uma Quarta-feira de Cinzas', com a túnica "feita de sonho e de desgraça".

DIAS DA GRIPE

NA SEGUNDA QUINZENA DE OUTUBRO de 1918, a Santa Casa da Misericórdia do Rio de Janeiro declarou-se incapaz de lidar com tantos mortos sozinha. A Santa Casa era, àquela altura, a maior referência em assistência hospitalar de uma capital do Brasil engolfada pela Gripe Espanhola. Cadáveres jaziam acumulados às centenas, para muito além do necrotério, e ocupavam também uma capela e um galpão. O cheiro invadia tudo.

O Governo Federal acionou a Polícia para dar conta da emergência. Entre os envolvidos na operação, de forma voluntária, estava o escrevente de Polícia José Luís Cordeiro, mais conhecido pela alcunha de Lorde Jamanta ou Seu Jamanta.[2] Quase ninguém conhecia o carioca de 35 anos de idade pelo tenente que também era: Tenente Cordeiro, da honorífica Guarda Nacional. Era, para quase todos, o Jamanta, um dos maiores foliões do Rio de Janeiro.

---

2 Os sócios e expoentes das grandes sociedades carnavalescas eram apresentados nos jornais por nomes de guerra, às vezes ao lado dos nomes de batismo. Esse hábito, alimentado pela imprensa, espalhou-se pelas agremiações menores, que, como as grandes, encheram-se de lordes disso, lordes daquilo. Em alguns casos, uma espécie de batismo acompanhava a adoção de um nome de guerra. Um registro dessas 'cerimônias' pode ser encontrado na edição do Jornal do Brasil de 3 de fevereiro de 1919. Em uma nota, o jornal deu conta do batizado – com champanhe – de um certo Bemtevi no Clube dos Fenianos – uma das três grandes sociedades do Carnaval Carioca. Ver: Jornal do Brasil, Rio de Janeiro, 3 fev. 1919.

Jamanta era figura de proa do Clube dos Democráticos – em alguns anos, teria papel semelhante no incipiente Cordão da Bola Preta. Era presença ativa na grande encruzilhada de culturas que era a Festa da Penha e entusiasta dos sons que saíam das rodas de samba e de choro. Acima de tudo, era boêmio. Era também enteado do dramaturgo, poeta e jornalista Arthur de Azevedo, falecido dez anos antes. Tal qual o padrasto, tinha estrada na imprensa, com passagem como repórter policial por jornais como o Correio da Manhã.

Quase oito anos antes da chegada da Gripe Espanhola, durante a Revolta da Chibata, coordenara uma das peças de artilharia postadas no antigo Cais Pharoux, na região da Praça Quinze – na mira, os marinheiros rebelados na Baía de Guanabara. Pelo papel na repressão, ganhou o cargo na Polícia.

No auge da pandemia, naquele outubro de 1918, o escrevente Cordeiro passou a se revezar entre os necrotérios da Polícia e da Santa Casa. A função: registrar e remover os corpos. Pela falta de pessoal, chegou a carregar cadáveres nas costas.[3] Em dois dias de mutirão, já haviam sido retirados todos os corpos em avançado estado de decomposição. Cordeiro passou daí a outras tarefas e frentes: mover corpos acumulados nos hospitais de emergência e ainda recolher crianças órfãs pela morte dos pais.

Em Chão de Ferro, o escritor e médico Pedro Nava resgatou a memória da atuação de Jamanta durante a pandemia. A fonte, relata Nava, era Aluísio Azevedo Sobrinho, irmão de Jamanta. Nas linhas de Nava, o folião, escrevente de Polícia e tenente da Guarda Nacional surge atuando também no serão noturno:

> No agudo da epidemia, num dia em que não havia mais jeito de transportar tanto morto, o Chefe de Polícia já dava o desespero quando a solução veio do Jamanta, desse enteado de Artur Azevedo, chamado José Luís Cordeiro e que era funcionário exemplar da chefatura da Rua da Relação.

3 Jornal do Brasil, Rio de Janeiro, 28 out. 1918.

> Ele conhecia admiravelmente o seu Rio de Janeiro e por um desses caprichos de boêmio aprendera, em passeatas noturnas, a dirigir bondes. Pediu e obteve dos seus superiores um bagageiro e dois taiobas e vasculhou com eles a cidade de norte a sul – Fábrica das Chitas, Tijuca, Andaraí, Aldeia Campista, Vila Isabel, Méier, Engenho de Dentro, Piedade, Cascadura, Penha Circular, Benfica – apregoando que todos pusessem para fora seus mortos (*Bring out your deads!*). Bonde e reboques cheios de caixões empilhados e de amortalhados em lençóis, o motorneiro solitário batia para o Caju. Descarregava. O dia já ia alto mas ele voltava a nove pontos, varejava Laranjeiras, Flamengo, Botafogo, Jardim Botânico, Ipanema, Copacabana – pegando mais defuntos. Lotava. Já noite, passava a sinistra composição como o Trem Fantasma ou o navio de Drácula – entupida da carga para o São João Batista. Fez isso uns dois ou três dias que marcaram para sempre sua lembrança.[4]

Pela atuação no período, Jamanta foi elogiado e promovido dentro da Polícia. A imprensa registrou – e também brincou: para a revista humorística D. Quixote, Jamanta passara os dias mais sombrios da pandemia dirigindo o "cordão sanitário".[5] Esse episódio, dos mais heroicos da passagem da Gripe Espanhola pelo Rio de Janeiro, não envolvia um simples folião, mas uma figura pública que vivia e falava carnavalês o ano inteiro:

---

4 Na forma que chegou ao século XX, "bagageiro" designava mais o bonde de carga propriamente dito – que transportava também encarregados, além de ocasionais caronas. "Taioba" era um bonde de segunda classe, de bilhete mais barato – o público-alvo eram passageiros mais pobres e um de seus atrativos era a possibilidade de transportar quase qualquer tipo de bagagem, de móveis a animais vivos, como galinhas e cães. O taioba era a opção preferencial de quem carregava instrumentos de trabalho para cima e para baixo, como lavadeiras, vendedores de doces e mascates. Ver: Jornal do Brasil, 17 set. 1972 e 5 jan. 1979. Para verificar o uso dos termos "bagageiro" e "taioba" de formas distintas, num mesmo contexto narrativo, ver: Correio da Manhã, 20 nov. 1936. Ver ainda: DUNLOP, Charles. O Rio antigo. Vol II. Rio de Janeiro: Editora Rio Antigo, 1963, p. 36.

5 D. Quixote, Rio de Janeiro, 6 nov. 1918.

> Jamanta era democrático apaixonado. Mas, ao passo que, para toda gente, o Carnaval tinha a sua época fixada pelo calendário, para ele, Momo era uma instituição de domínio permanente. Na atividade do batente quotidiano, no jornal, a sua linguagem habitual era nitidamente carnavalesca, cheia de termos de barracão, de clubes, de préstitos [desfiles], etc. que ele adaptava a todas as situações da vida, as mais sérias e as mais solenes.[6]

Bem antes de fazer rodar o 'cordão sanitário' pelas ruas de uma cidade doente, Jamanta já era reconhecido como figura *sui generis*. Em um artigo publicado em A Época, cinco anos antes, em 26 de maio de 1913, Jamanta era apresentado como "o único homem que compreendeu o Brasil", por ser capaz de "reduzir toda a vida a uma fórmula carnavalesca" e entender o país como "um grupo de carnavalescos que espera a passagem do préstito". Um exemplo: durante uma passeata da campanha civilista, em prol da candidatura de Rui Barbosa para presidente, em 1910, Jamanta saudara o político como a um companheiro de boemia. Uma das versões:

> Evoé, caboclo velho, clarim da vitória, carro-chefe da zona! Mocidade coesa! O cordão está na rua! A Águia de Haia na frente.[7]

Outra versão:

> Caboclo velho, batuta! Nós os carapicus do Castelo [respectivamente, o apelido dos integrantes e o da sede do Clube dos Democráticos], autênticos filhos do Brasil e de Momo... Cotubas [gente boa] da minha terra, gatos, carapicus e baetas [apelidos de Fenianos, Democráticos e Tenentes do Diabo], coesos! O cordão está na rua! A "Águia de Haia" à frente! Para o Castelo, para o remelexo e para a glória![8]

---

6 A Noite, Rio de Janeiro, 12 out. 1953.

7 Correio da Manhã, Rio de Janeiro, 13 dez. 1926.

8 EDMUNDO, Luiz. O Rio de Janeiro do meu tempo. Brasília: Senado Federal, Conselho Editorial, 2003, p. 494.

O estadista teria reagido com um abraço.

Jamanta morreu 30 anos depois do Carnaval de 1919, aos 66 anos de idade. No obituário assinado pelo jornalista Bastos Tigre, o escrevente Jamanta, que também era juiz de luta romana, *expert* em uísque e imitador de instrumentos musicais, foi descrito assim:

> Foi o indivíduo mais jovial que conheci. Sempre bem-humorado, desmanchado, gargalhando alto. Para ele, toda gente era "meu irmão", o mundo um "cordão" coeso, e a vida um permanente carnaval na rua...
>
> Não teria ele razão?[9]

Jamanta era do Carnaval e, de certa forma, algo de Carnaval corria antes da chegada da Gripe Espanhola ao Rio de Janeiro. Em setembro de 1918, a agenda de bailes na cidade foi intensa. Como era comum na cidade naquela época do ano, sociedades, ranchos, blocos, clubes e também gafieiras que, em tempos de Carnaval, colocavam os pés na rua, abriram as portas para sócios e simpatizantes dançarem – na imensa maioria, sem fantasia. Em alguns casos, como no do clube Yayá Formosa, essas festas de segundo semestre iam muito além do regulamentar bailado mensal para demonstrar às autoridades atividade constante: só em setembro, o Palacete, apelido da sede do clube no Catumbi, foi cena de três bailes. A programação cheia entrou por outubro: Tenentes do Diabo, Democráticos, Fenianos, Flor do Abacate, União da Aliança, Deusa da Folia, Ideal das Pérolas, entre outros, agendaram festas. No Jornal do Brasil de 10 de outubro, a gafieira Kananga do Japão, da Cidade Nova, anunciava para aquela mesma quinta-feira a realização de um grandioso baile em prol do diretor de sala Benedito dos Santos, "por se achar doente", sem precisar do quê – "todos ao benefício", chamava a Kananga.[10] Anúncios como a da Kananga

9 A Noite, Rio de Janeiro, 8 fev. 1949.

10 Jornal do Brasil, Rio de Janeiro, 10 out. 1918.

não virariam a segunda quinzena de outubro. No meio-tempo, a capital do Brasil seria avassalada por uma doença conhecida há meses pela fama, mas desconhecida na prática.

A Gripe Espanhola bateu oficialmente às costas do Brasil a partir de setembro, vinda de navio. Era uma gripe que, de espanhola, tinha só o nome do país onde, sem censura militar, havia se notabilizado. A Influenza Espanhola era, na realidade, filha da Grande Guerra: uma gripe da guerra, que varava trincheiras, acampamentos militares, alojamentos de prestadores civis e seguia com eles nos percursos de trem e de barco. O vírus, hoje se sabe, era um vírus Influenza Tipo A, da linhagem H1N1. Depois de rodar principalmente o hemisfério norte numa primeira onda a partir de fevereiro de 1918, chegou ao Brasil já na segunda onda global, mais letal.

Na Praça Mauá, no dia 15 de setembro de 1918, desceram 367 passageiros doentes do paquete Demerara, navio inglês que antes aportara no Recife e em Salvador. Os primeiros grandes casos de transmissão local foram oficialmente identificados entre moradores de casas de cômodos, em Niterói, e entre soldados da Vila Militar, no Rio de Janeiro, ao fim da primeira semana de outubro, mas é seguro dizer que o contágio já corria solto antes. Até onde deu, isto é, meados de outubro, as autoridades sanitárias e parte significativa da imprensa persistiram na tese de que se tratava de uma simples influenza. Não era.

Alarmava por atingir com força adultos jovens e grávidas, além dos costumeiros alvos da gripe, as crianças e os idosos. Tinha os traços da gripe também: dor de cabeça, dor de garganta, dor na coluna lombar, catarro, febre, calafrios, enfraquecimento geral, decréscimo na audição e zoeira nos ouvidos. Mas, nos casos graves, provocava vômitos, hemorragias, quadros infecciosos e mais ainda, conforme descreveu Pedro Nava (na época da Gripe, um jovem de quinze anos de idade morando no Rio de Janeiro):

> Era apavorante a rapidez com que ela ia da invasão ao apogeu, em poucas horas, levando a vítima às sufocações, às diarreias, às dores lancinantes, ao letargo, ao coma, à uremia, à síncope e à morte em algumas horas ou poucos dias. Aterrava a velocidade do contágio e o número de pessoas que estavam sendo acometidas. Nenhuma de nossas calamidades chegara aos pés da moléstia reinante...[11]

A doença primeiro roubou do Rio de Janeiro o movimento. E não foi por método: foi por absoluta calamidade.[12] O Correio da Manhã registrou o choque de uma cidade esvaziada pelo medo, no início das semanas de horror:

A cidade apresentava, à noite, um aspecto desolador.

> Muitos cafés, botequins e restaurantes fecharam cedo suas portas e, com a deficiência da luz, e a falta absoluta de concorrência, tomaram as ruas uma fisionomia lúgubre e apavorante.
>
> Os poucos cafés que funcionavam tinham a freguesia muito limitada, e, ainda assim, lutavam com a falta de empregados.
>
> Os bondes corriam vazios e o movimento dos automóveis era quase nulo.
>
> Tinha-se a impressão de terror e da mais profunda desolação.[13]

Ocupantes de quartéis, trabalhadores de fábricas, alunos e funcionários de instituições de ensino caíram em massa. No Palácio do Catete, funcionários tombaram. No Cais do Porto, estivadores tiveram de se recolher, para convalescer. Reunidos na Faculdade

---

11 NAVA, Pedro. Chão de ferro. Rio de Janeiro: Editora José Olympio, 1976, p. 201.

12 No Rio de Janeiro, o foco principal das autoridades sanitárias foi na profilaxia individual. Dentre as instituições que tomaram medidas ativas contra aglomerações, destacaram-se os estabelecimentos de ensino. Ver: GOULART, Adriana da Costa. Um cenário mefistotélico: a gripe espanhola no Rio de Janeiro. 2003. Dissertação (Mestrado em História) – Universidade Federal Fluminense, p. 57.

13 Correio da Manhã, Rio de Janeiro, 16 out. 1918.

de Medicina, na Praia Vermelha, participantes do 7º Congresso Nacional de Medicina e da 2ª Conferência Sul-Americana de Higiene, Microbiologia e Patologia adoeceram. A Festa da Penha parou antes do terceiro domingo – era o principal evento da cidade em outubro. O Campeonato Carioca de futebol guardou as chuteiras a duas rodadas do fim. As janelas das casas, por trás das quais viviam famílias inteiras doentes, passaram a ser cobertas com panos pretos – um sinal e pedido mudo de socorro. Não houve ramo da vida social que tenha passado incólume. Do comércio, desabastecido, à telefonia, paralisada com o adoecimento das telefonistas; dos teatros e cinemas, abandonados pelo público e fechados, às igrejas, restritas a horários reduzidos para que os fiéis apelassem, entre outros, a São Sebastião, santo flechado, invocado para deter as flechas da peste; dos bondes, de frequência mais rara pelo afastamento dos condutores doentes, às prisões, desfalcadas de agentes e engajadas, por exemplo, em fornecer detentos como coveiros de ocasião. Calcula-se que até o fim do ciclo pandêmico no Rio de Janeiro a Gripe Espanhola tenha infectado 600 mil pessoas, o equivalente a 66% da população estimada da capital do Brasil à época (910.710 habitantes).[14]

Depois do vazio, reforçado pela 'fuga' de parte dos ricos para o interior, a doença fez saírem à rua as suas marcas. A morte ficou à vista de todos, perdeu o protocolo. A cidade não estava pronta para tantas mortes – a bem da verdade, no aspecto funerário, nenhuma cidade estaria preparada, nem mesmo no século XXI.

---

14 GOULART, Adriana da Costa. Revisitando a espanhola: a gripe pandêmica de 1918 no Rio de Janeiro. História, Ciências, Saúde – Manguinhos. v. 12, n. 1, jan-abr. 2005, p. 105.; GOULART, Adriana da Costa. Um cenário mefistotélico: a gripe espanhola no Rio de Janeiro. 2003. Dissertação (Mestrado em História) – Universidade Federal Fluminense, p. 40.; SANTOS, Ricardo Augusto dos. O Carnaval, a peste e a "espanhola". História, Ciências, Saúde – Manguinhos. vol. 13 (1), jan.-mar, 2006, p. 136. No Censo de 1920, realizado no segundo semestre de 1920, a população do Distrito Federal foi calculada em 1.157.873 pessoas. Disponível em: https://censo2010.ibge.gov.br/sinopse/index.php?dados=6. Acesso em 23 nov. 2021.

Entre o 1º e o 10 de outubro, as mortes por influenza representaram 1,5% do obituário geral na cidade do Rio de Janeiro (9 mortes por influenza/577 mortes no total); entre 11 e 20 de outubro, passaram a 63% (1.507/2.392); de 21 a 31 de outubro, bateram macabros 86% (7.317/8.516). Só em um dia, 22 de outubro de 1918, as autoridades registraram 930 mortes por influenza no Rio de Janeiro.[15] Os que morriam se dividiam entre os que morriam rápido, "numa hepatização brusca de ambos os pulmões, sufocando o paciente, que morria em asfixia" – às vezes logo no primeiro dia – e aqueles que, "no decurso de uma forma que parecia benigna" complicavam só dias depois.[16] Era, como apontou a jornalista Gina Kolata, como "um macabro conto da ficção científica em que o mundano se torna monstruoso". Matava 25 vezes mais do que as gripes convencionais.[17]

Naquelas jornadas de outubro de 1918, faltaram caixões, faltaram coveiros, faltaram funerárias, faltaram meios de transporte, faltaram tempo e covas (até coletivas) para enterrar todos à maneira convencional. Famílias aguardavam com os corpos em casa. Para chamar a atenção dos condutores de carroças, burros-sem-rabo, bondes, caminhões e carros particulares que conduziam os corpos a serviço da Assistência Pública ou não, os sobreviventes passaram a posicionar os cadáveres de parentes com os pés apoiados nas janelas, visíveis de fora. Isso até que o ar se empesteasse: daí, os corpos iam para fora, para as calçadas, onde, de tamanho acúmulo, cães e urubus rondavam. Vias, bairros: a cidade sem covas suficientes virara ela mesma um cemitério. Quando os caminhões passavam cheios, os corpos mais frescos eram baixados à rua, para dar lugar aos cadáveres podres expostos há horas no chão.

---

15 GOULART, Adriana da Costa. Um cenário mefistotélico: a gripe espanhola no Rio de Janeiro. 2003. Dissertação (Mestrado em História) – Universidade Federal Fluminense, p. 53.

16 Serviços sanitários a cargo da União. In: Relatórios do Ministério da Justiça e Negócios Interiores, 1919, p. 94.

17 KOLATA, Gina. Flu: The story of the great influenza pandemic of 1918 and the search for the virus that caused it. Nova York: Farrar, Straus, Giroux, 2011, p. 6.

Sobre esses caminhões – na maioria, requisitados pelo Estado a agentes privados –, vale notar: dentre os múltiplos elementos alusivos à passagem da Gripe Espanhola pelo Rio de Janeiro, nenhum outro surge de forma tão frequente em memórias e depoimentos de sobreviventes e cronistas.

O menino Nelson Antônio da Silva fez sete anos de idade bem no auge da passagem da Gripe pelo Rio de Janeiro, e viu aqueles caminhões passando diante da casa em que residia, na Rua Joaquim Silva, na Lapa. Décadas mais tarde, já crescido, evocaria a visão sombria na entrevista ao diretor Leon Hirszman, no documentário que levava o nome artístico de Nelson, Nelson Cavaquinho (1969):

> Os caminhões cheios de cadáver, em 1918. Nasci em 1910. Então, aqueles caminhões cheios de cadáver, eu digo: "aonde que vai essa gente?" Mas eu era menino ainda, com oito anos, e só via aqueles caminhões passarem.[18]

Como o resto da família, o menino Nelson, da Lapa, havia ficado doente, numa forma mais branda.

Da Rua Alegre, na Aldeia Campista, os caminhões (e carroças) impressionaram um xará: Nelson Rodrigues Falcão, Nelson Rodrigues, então com seis anos de idade.

> Diz alguém que a cama é um móvel metafísico, onde o homem nasce, sonha, ama e morre. Em 1918, a esquina, e o botequim, e a calçada, e o meio-fio seriam metafísicos também. Porque lá se morria, a toda hora. Mais eis o que eu queria dizer: – vinha o caminhão de limpeza pública, e ia recolhendo e empilhando os defuntos. Mas nem só os mortos eram assim apanhados no caminho. Muitos ainda viviam. Mas nem família, nem coveiros, ninguém tinha paciência. Ia alguém para o portão gritar para a carroça

---

[18] NELSON Cavaquinho. Direção de Leon Hirszman. Rio de Janeiro: Saga Filmes, 1969. Nelson evocou a visão dos caminhões também em uma entrevista ao Jornal do Brasil na edição de 8 de dezembro de 1972.

de lixo: – "Aqui tem um! Aqui tem um!" E, então, a carroça, ou o caminhão parava. O cadáver era atirado em cima dos outros. Ninguém chorando ninguém.[19]

Na mesma casa da Rua Alegre, estava o irmão de Nelson Rodrigues, Mário Leite Rodrigues Filho, Mário Filho. No romance O rosto, o jornalista e escritor lembrou assim:

> Morria muita criança na Rua Alegre. Enterro de gente grande só vi na Espanhola. E nem vi direito. Os mortos tinham de entrar na fila. Eram tantos que em alguns dias era preciso um caminhão para buscá-los. Não só da Rua Alegre, das outras ruas. Quando o caminhão chegava, já estava com uma porção de mortos arrumados, uns por cima dos outros, como sardinhas em lata. Às vezes, numa curva, caía um. Era um som seco, de corpo morto batendo no chão e ficando. Ficava como caía, sem se descompor, direitinho, os pés juntos, as mãos cruzadas sobre o peito. O caminhão parava, carregava-se o morto pelos pés e pelo pescoço, atirava-se o morto por cima dos outros. E o caminhão seguia viagem, os garotos atrás, os cachorros atrás dos garotos, latindo, numa alegria de caça.[20]

Com seis anos de idade, o menino Mário Lago pegou a Gripe Espanhola nos primeiros dias da doença no Rio de Janeiro e demorou a se recuperar de forma plena. Mesmo da cama, na casa da família no Centro, viu os caminhões. Coube à mãe, Francisca, contar mais tarde ao filho único que os corpos empilhados não eram de gente dormindo.

Numa passagem das mais pungentes da literatura brasileira, no clássico Chão de ferro, o escritor Pedro Nava relata:

---

[19] RODRIGUES, Nelson. Memórias: a menina sem estrela. Rio de Janeiro: Agir, 2009, p. 77.

[20] FILHO, Mário. O Rosto. Rio de Janeiro: Record, 1965, p. 201.

> Era de ver as ruas vazias cortadas de raro em raro pelos rabecões e caminhões de cadáveres. Pelo bagageiro do Jamanta. Um ou outro passante andando como se estivesse fugindo e trazendo no rosto a expressão das figuras do quadro de Edward Munch: *Angst*. Isso mesmo, angústia: faces de terror, crispações de pânico, vultos de luto correndo, pirando, dando o fora e, no fundo, um céu vangogue sangue ocre. Só que para quem viveu aqueles tempos – sua lembrança não vem com nenhuma cor viva como as daquela tela. Nenhuma tinta matinal, diazul, púrpura crepúsculo, prata, luar – tudo é dum cinza pulverulento, dum roxo podre, poente de chuva, saimento, marcha fúnebre, viscosidade e catarro.[21]

"Foi uma verdadeira tragédia; vi caminhões passarem cheios de mortos!"[22], relatou na década de 1980 ao Centro de Pesquisa e Documentação Contemporânea do Brasil da Fundação Getúlio Vargas (FGV/CPDOC) o ex-governador do estado do Rio de Janeiro, ex-presidente da Companhia Siderúrgica Nacional (CSN) e ex-ministro de Estado, Edmundo de Macedo Soares. Em outubro de 1918, Edmundo tinha 17 anos e estudava na Escola Militar do Realengo. Também ao FGV/CPDOC, o ex-ministro da Marinha do governo João Goulart, almirante Ângelo Nolasco de Almeida, relatou o que testemunhou menino, aos doze anos de idade: "Nós morávamos em Santa Teresa e eu me lembro de ver passarem caminhões carregando cadáveres, porque não havia nem jeito de ser..."[23]

Em paralelo, fervia uma crise na administração pública da saúde. No dia 17 de outubro, pediu demissão Carlos Seidl, o chefe da Diretoria Geral de Saúde Pública (DGSP), órgão submetido ao

---

[21] NAVA, Pedro. Chão de ferro. Rio de Janeiro: Editora José Olympio, 1976, pp. 205-206.

[22] SILVA, Edmundo de Macedo Soares e. Um construtor do nosso tempo: depoimento ao CPDOC. Lucia Hipolito e Ignez Cordeiro de Farias (Org.). Rio de Janeiro: Fundação CSN, 1998, p. 27.

[23] ALMEIDA, Ângelo Nolasco de. Ângelo Nolasco de Almeida (depoimento, 1986). Rio de Janeiro, CPDOC, 1990, 585 p.

Ministério da Justiça e Negócios Interiores. Pressionado por um emissário do presidente Wenceslau Braz e sob pesadas críticas da imprensa pela resposta insuficiente dos serviços de saúde, Seidl chegara a pedir a aplicação da censura dos jornais, "por incutirem pânico na sociedade carioca e ameaçarem a preservação da ordem pública".[24] Em resposta às tentativas de controle da informação, a Gazeta de Notícias manchetou no dia seguinte à saída de Seidl: "Num mar de rosas". O texto seguia assim:

> Não podemos, hoje, falar como desejávamos.
>
> À vista disto, damos a seguir as informações colhidas nos meios oficiais sobre os aspectos da vida carioca.
>
> 1º Não existe mais epidemia.
>
> 2º Ninguém mais adoeceu.
>
> 3º A cidade apresenta o aspecto dos dias de Carnaval.
>
> 4º Reina a maior alegria entre o povo.
>
> [5º: Apagado]
>
> 6º As farmácias, ansiosas por bem servir, oferecem gratui tamente tudo quanto o cliente pede e ainda o manda levar de automóvel à casa.
>
> 7º Os restaurantes, as confeitarias, os cafés e as casas de diversões regurgitaram de fregueses e a satisfação é geral.
>
> 8º O governo é aclamado por toda parte por ter providenciado com tanto acerto e rápidos para exterminar a epidemia.
>
> 9º O Dr. Carlos Seidl vai receber o título de reverendíssimo, sábio.
>
> 10º Todo e qualquer jornal que tiver a ousadia de, por especulação, não dizer o que acima está escrito, imediatamente

24 GOULART, Adriana da Costa. Revisitando a espanhola: a gripe pandêmica de 1918 no Rio de Janeiro. História, Ciências, Saúde – Manguinhos. v. 12, n. 1, jan-abr. 2005, p. 120.

ficará proibido de circular, e os jornalistas com certeza serão presos.

Eis aí o que colhemos de melhor na nossa reportagem de ontem...[25]

No lugar de Carlos Seidl, entrou Teófilo Torres na Diretoria Geral de Saúde Pública. Teófilo Torres tinha a missão de colocar em prática a ideia de estabelecer uma série de hospitais provisórios no Rio de Janeiro. Para implementar a tarefa, nomeou o sanitarista Carlos Chagas, considerado 'herdeiro científico' de Oswaldo Cruz (1872-1917). Até o fim do ciclo epidêmico no Distrito Federal, Chagas comandaria a instalação de cinco hospitais de emergência e 27 postos de atendimento.[26] No meio do processo, o próprio Chagas e a família adoeceriam (e se recuperariam). Sob Teófilo Torres, a Diretoria Geral de Saúde Pública colocou ênfase no isolamento dos sintomáticos, apelando a eles mesmos, como indivíduos:

> Nessas circunstâncias, só a profilaxia individual poderá dar algum resultado. O único meio será cada um isolar-se espontaneamente, desde que sinta qualquer indisposição que lhe faça acreditar estar gripado, ficando em domicílio, em repouso. Isso tem o duplo fim de se curar o indivíduo, pois está provado que o simples repouso é suficiente para que o gripado se reestabeleça, desde que não tenha complicação ou gravidade alguma, e de não transmitir a doença aos outros.[27]
>
> "Desconhecida a forma de contágio e seu agente causador, a solução encontrada foi a utilização de uma profilaxia individual e sintomática, dando margem a uma terapêutica

[25] Gazeta de Notícias, Rio de Janeiro, 18 out. 1918.

[26] SCHATZMAYR, Herman G.; CABRAL, Maulori C. A virologia no estado do Rio de Janeiro: Uma visão global. Rio de Janeiro: Fundação Oswaldo Cruz, 2012.

[27] Trecho do relatório do diretor geral da Saúde Pública, Teófilo de Torres, em "Serviços sanitários a cargo da União" (Relatórios do Ministério da Justiça e Negócios Interiores, 1919, p. 95).

extremamente heterogênea", resumiu a historiadora Adriana Goulart.[28] E, nessa 'ciranda terapêutica', giravam alopatas, homeopatas e outros agentes que atuavam em nome da cura, alguns deles apelando a saberes ancestrais. Os remédios atacavam os sintomas – mas onde estavam os remédios mesmo? Receitado pela maioria dos médicos da capital e distribuído em parte pelo Estado, o quinino praticamente sumiu – quando encontrado, saía pelos olhos da cara. Codeína, terpina, benzoato de sódio, esparteína e digitalina entraram na roda. Aspergidos, ingeridos, aplicados ou queimados, entraram também o mercúrio, o enxofre, o alcatrão, a naftalina, a cafeína, os purgantes, as alfazemas, o óleo canforado, a essência de canela, o chá de carqueja, as cebolas, o vinho do Porto, o champanhe, a cachaça, os limões e o caldo de galinha. De tão requisitado, o último item moveu o Estado a confiscar galinhas e frangos de granjas e residências particulares. As galinhas acabaram em postos como o Corpo dos Bombeiros – viraram caldo, distribuído aos pobres, e também item à venda, conforme relatou Edmundo de Macedo Soares ao FGV/CPDOC:

> Agora, lá em casa, todo mundo pegou. De forma que, quando pude sair da Escola [Militar de Realengo], cheguei à Rua Dezenove de Fevereiro [em Botafogo] e encontrei todo mundo de cama, sem comida. Fui ao vizinho, que tinha um grande galinheiro, e propus a comprar uma galinha, ele recusou. Eu então vi nos jornais que, no Corpo de Bombeiros, estavam vendendo comida. Eu então me fardei de aluno da escola, e fui ao Corpo de Bombeiros, ali perto do Campo de Santana e comprei três galinhas, comprei arroz, comprei batata e levei tudo isto lá para casa.[29]

---

28 GOULART, Adriana da Costa. Um cenário mefistotélico: a gripe espanhola no Rio de Janeiro. 2003. Dissertação (Mestrado em História) – Universidade Federal Fluminense, p. 84.

29 SOARES, Edmundo Macedo. Edmundo Macedo Soares (depoimento, 1986). Rio de Janeiro, CPDOC, 1992.

Na edição de 28 de outubro de 1918, o Jornal do Brasil descreveu uma dessas distribuições de galinhas pelos bombeiros. "Centenas de pessoas de todas as classes, idades e sexos aguardavam com resignação evangélica", relatou o jornal. Quando enfim começou a operação, "os mais ousados" assaltaram os cestos "e podia-se dizer que dois terços das pessoas presentes tiveram de se retirar com o dinheiro nas mãos e sem galinhas para alimentar os doentes que deixaram em casa". De acordo com o jornal, "só conseguiram galinhas quem dispunha de amigos no Corpo de Bombeiros" ou quem ousou enfiar a mão nos cestos.[30] Era reflexo não apenas da crença no poder curativo da canja de galinha, mas também da crise geral no abastecimento de alimentos – note-se: em tempos de Guerra Mundial e de aperto econômico, a oferta de alimentos a preços e quantidades razoáveis já se mostrava problemática antes mesmo da chegada da Gripe. Com a pandemia, o que já não funcionava explodiu, e saques a padarias, quitandas, armazéns e depósitos por "convalescentes esquálidos" se tornaram comuns.

Logo na abertura de novembro de 1918, as sociedades carnavalescas que, havia poucas semanas, anunciavam bailes, convocaram simpatizantes para suas missas no Dia de Finados, em sufrágio das almas dos sócios falecidos. Ao longo de novembro, confirmou-se a tendência de queda no número de mortos, iniciada já no apagar de outubro. De terça parte em terça parte de novembro, a proporção de mortes por gripe no obituário geral foi diminuindo, assim como os números absolutos: na primeira terça parte do mês, foram 2.274 mortes por influenza dentro de um total de 3.081 mortes (74%); na segunda terça parte, 650/1.403 (46%); na última terça parte, 238/1.062 (22,41%). Para dar uma medida: no dia 1º de novembro, morreram 402 pessoas pela influenza no Rio de Janeiro; no dia 31 de novembro, 16.[31]

---

30 Jornal do Brasil, Rio de Janeiro, 28 out. 1918. Também era distribuído pão aos mais pobres.

31 GOULART, Adriana da Costa. Um cenário mefistotélico: a gripe espanhola no Rio de Janeiro. 2003. Dissertação (Mestrado em História) – Universidade Federal Fluminense, pp. 53-55.

As marcas da morte seguiam na cidade. Corria um boato de que a Santa Casa de Misericórdia, principal hospital do Rio de Janeiro, oferecia um chá ('chá da meia-noite') para despachar os pacientes mais graves. Real – e verificável – era o papel da Santa Casa como foco de tensão entre governantes e governados, especialistas e leigos. Em novembro, a Santa Casa operava ainda muito além da capacidade, com camas servindo até três pacientes ao mesmo tempo, espalhadas por enfermarias e corredores. A imprensa não perdoava: "Santa Casa de Miséria e Corda", "Morte Pública" e "Casa do Diabo", passou a escrever de maneira sistemática o Correio da Manhã, que alvejava, antes de qualquer outro, o provedor da Santa Casa, Miguel de Carvalho. A proibição de visitas aos pacientes enfurecia quem levava doentes ao hospital, referência no atendimento aos mais pobres. Conta-se que o presidente Wenceslau Braz teve de ser escoltado pela polícia para fora da Santa Casa, para que não apanhasse durante uma inspeção do epicentro da crise sanitária no Distrito Federal. E aqueles que na Santa Casa estavam eram apenas os que chegavam ao hospital.

Entre setembro e novembro de 1918, morreram entre 11.890 e 14.279 pessoas pela gripe no Rio de Janeiro.[32] A cifra total orbita em torno 15 mil mortes, porém, é provável que esse número esteja bem aquém do que se passou no Distrito Federal. De início, ocorria de a gripe de inaudita ferocidade e multiplicidade de sintomas ser diagnosticada de outras formas, como tifo ou febre amarela, como varíola ou cólera, e até mesmo como peste bubônica. E ainda: a assistência – e a estatística – cobriam com mais eficiência as regiões centrais, fazendo com que as zonas rurais e os subúrbios em geral não fossem apenas subatendidas, mas também subcontadas. De resto, o próprio alcance e a gravidade da doença dificultavam a

[32] A cifra de 11.890 consta no relatório do Diretor Geral da Saúde Pública, Teófilo Torres, sobre os serviços de assistência no ano de 1918. O número cobria as mortes de outubro, novembro e dezembro de 1918: 8.444, 3.162 e 284, respectivamente. Ver: O Imparcial, Rio de Janeiro, 21 mar. 1919.

tarefa de manter registros: em três, quatro semanas entre outubro e novembro de 1918 no Rio de Janeiro, ficaram doentes médicos e não médicos, agentes públicos e cidadãos, e isso numa cidade esvaziada pelo medo, esgarçada na sua capacidade de minimamente funcionar. Quem contava ou reconstituía uma história quando morriam os adultos de uma família inteira?

A lista preencheria um catálogo. No Morro da Mangueira, morreram a mãe (Inês) e a irmã de Carlos Moreira de Castro, um adolescente de 16 anos de idade que, anos mais tarde, seria conhecido como Carlos Cachaça. Na Tijuca, na casa das irmãs, morreu o maestro e trombonista Luis Perrone, famoso por, nas salas de cinema, reger orquestras que tocavam músicas ajustadas à minutagem de cada filme. Na Lapa, morreu a cafetina Alice da Silva Ramos, a célebre Alice Cavalo-de-Pau, mulher enorme, senhora dos cabarés do bairro boêmio, figura de bailes carnavalescos (nos quais costumava surgir vestida de baiana) e frequentadora da Festa da Penha. O mundo do teatro também sentiu o baque. Da Companhia do Teatro São José, morreram a corista Luiza Lopes e a atriz portuguesa Beatriz Marins. Beatriz era casada com o jornalista Robespierre Trovão, secretário da Companhia do Teatro São José, que morreu também da Gripe depois de ficar dois dias velando em casa o corpo insepulto da esposa, à espera do recolhimento do cadáver. Da companhia João de Deus, do Teatro Politeama, do Méier, morreu a estrela-maior: a atriz e cantora portuguesa Virgínia Aço, fadista excepcional, que só se apresentara uma vez pela sua nova companhia, já doente. Morreu também João Carvalho, ator veterano, marido da atriz Luiza Nazareth (no futuro, sucesso também no rádio) e pai de uma menina de um ano e meio de idade: Zilka (anos mais tarde, Zilka Sallaberry, atriz famosa pela atuação na TV em papéis como a Dona Benta, de O Sítio do Pica-Pau Amarelo). Outro choque veio com a morte do ator e cantor Olímpio Nogueira, de quarenta anos de idade, versátil e conhecido, entre outros papeis, pelo Jesus Cristo em O mártir do calvário, de Eduardo Garrido. Do futebol, morreram Archibald French, meia do Fluminense, e o também meia

– e ídolo – João Cantuária, do São Cristóvão. Cantuária morreu da Gripe no fim de outubro, menos de três semanas após sua última partida, um empate com o Bangu por um a um, na última rodada antes da interrupção do Campeonato Carioca de 1918 – diz-se que jogou já doente. Tinha apenas 22 anos de idade. A morte de Cantuária marcou a história do São Cristóvão, a ponto de o nome do jogador vir a constar, décadas mais tarde, no hino do clube da Zona Norte.[33] Em contraste com a maioria dos mortos daquele período, Cantuária teve velório, e um velório digno de herói na Rua Figueira de Melo. Mesmo quem tentava escapar da cidade encontrava a peste na estrada, caso do fundador do inovador vespertino A Notícia, o jornalista de origem portuguesa Oliveira Rocha, o Rochinha, que deixou o Rio de Janeiro para se abrigar em ares mais puros no Guarujá. No segundo dia de hospedagem no litoral paulista, apresentou sintomas da Gripe Espanhola. Morreu em cinco dias. Teve o corpo transportado para o cemitério São João Batista, no auge da pandemia na capital:

> Quando ia ser conduzido o caixão fúnebre, em cujas alças seguravam os mais íntimos amigos do jornalista morto, uma das filhas de Oliveira Rocha lembrou um desejo que seu pai sempre expressara: o de quando ele morresse o seu caixão fosse carregado também por um vendedor do jornal. Chamaram então Luiz Santoro, antigo vendedor de jornais em uma banca da Central do Brasil, e a ele coube ajudar a conduzir até o túmulo o caixão em que se encerrava o corpo daquele homem realmente representativo da imprensa brasileira.[34]

---

[33] O nome do ídolo figura no hino do São Cristóvão, composto por Lamartine: "Estimulam tua fibra extraordinária/ Os grandes feitos do saudoso Cantuária". Aliás: em 1918, Lamartine, então um menino de 14 anos de idade, e o resto da família haviam sido acometidos da Gripe Espanhola, numa forma branda. Ver: VALENÇA, Suetônio Soares. Tra-la-lá: vida e obra de Lamartine Babo. Rio de Janeiro: Funarte, 2014, p. 36.

[34] Jornal do Brasil, Rio de Janeiro, 06 jan. 1951.

Clubes, repartições, quartéis, empresas, comércios, escolas, irmandades, grupos carnavalescos: entre outubro e novembro de 1918, os lamentos pela perda coletiva de sócios, funcionários, oficiais, soldados, fundadores, dirigentes, alunos, professores e membros para a pandemia ocuparam colunas inteiras nos jornais cariocas.

Como bem apontaram Lilia Schwarcz e Heloisa Starling, a Gripe Espanhola não era uma "moléstia democrática", como parecia indicar a circunstância de atingir o conjunto das classes sociais: "foi especialmente violenta em áreas que apresentavam equipamentos urbanos deficientes e que mostravam total falta de estrutura sanitária".[35] Os dados gerais de mortalidade de 1918 no Distrito Federal apontam uma sensível diferença na mortalidade entre subúrbios e freguesias urbanas: 1.291 óbitos por cem mil habitantes nos subúrbios contra 1.105 nas freguesias urbanas.[36] No Morro da Favela, atual Morro da Providência, a dor que, no geral, passaria anônima entrou por uma brecha de nota no Correio da Manhã: um homem de nome Francisco Leite de Azevedo desesperou-se com a perda do filho de um ano e meio, Antenor, enquanto Rosa, mãe de Antenor e esposa de Francisco, lutava pela vida. Em choque, com o caixão do filho na rua, Francisco teve de aguardar por quase quatro horas pela chegada do veículo funerário da Santa Casa.[37]

Diretamente da Zona Norte, os Tenentes do Diabo de Madureira ofereceram ao Governo Federal, no auge da pandemia, a sua sede para a instalação de trinta leitos. Uma semana depois, a proposta da sociedade carnavalesca seguia sem resposta. "O povo de Madureira continua a lutar com a falta de recursos para combater a pandemia e, também, com a falta de gêneros de primeira necessidade para

---

35 SCHWARCZ, Lilia M.; STARLING, Heloisa M. A bailarina da morte: A gripe espanhola no Brasil. São Paulo: Companhia das letras, 2020, p. 143.

36 Dados do Departamento Nacional de Saúde Pública (1932). BRITO, Nara de Azevedo. *La dansarina*: a gripe espanhola e o cotidiano na cidade do Rio de Janeiro. História, Ciências, Saúde – Manguinhos, 1997, V. 4, n. 1, p. 28.

37 Correio da Manhã, Rio de Janeiro, 16 out. 1918.

sua manutenção", registrou o Jornal do Brasil. Nos piores dias da Espanhola, Madureira não tinha posto de auxílio.[38]

O que se desenrolava no Rio de Janeiro nos dias da Gripe começava em cada domicílio e se esbarrava em cada rua, multiplicado por dezenas, centenas, milhares de instâncias numa cidade confrontada como nunca com seus limites. Quem viu guardou em silêncio – ou contou, como o professor de filosofia Nelson Antonio Freire, entrevistado em 1990 por Adriana da Costa Goulart:

> Feche seus olhos por um momento e tente se imaginar entrando num quarto onde, num leito, se estende um corpo com o rosto azulado, cianótico, uma pessoa morrendo asfixiada com os pés pretos – o sinal de que a hora era chegada. Agora imagine que essa pessoa é um irmão, um pai, uma mãe, ou qualquer ente querido seu. Se isso acontecesse com você e sua família, é lógico que você iria querer entender o que aconteceu.[39]

Porém, quando já estavam claros os sinais da passagem do pico da Gripe, os jornais já misturavam Carnaval para falar da doença, como no caso dessa nota no Jornal do Commercio, dando conta das lições que chegaram tarde demais:

> Já é demasiado tarde para tratar dos meios de evitar a gripe, agora que o mal epidêmico se retirou desta Capital por não ter mais a quem atacar. Estão, pois, chegando lamentavelmente atrasadas as revistas europeias e americanas que largamente se ocupam da profilaxia da gripe – também lá assunto do dia. Assim não nos aproveitam mais os seus conselhos. Ao menos, por enquanto...

---

38 A Noite, Rio de Janeiro, 28 out. 1918; Jornal do Brasil, Rio de Janeiro, 27 out. 1918; O Imparcial, Rio de Janeiro, 29 out. 1918. Os Tenentes do Diabo de Madureira eram inspirados nos Tenentes do Diabo originais, que tinham sede na região central do Rio de Janeiro.

39 GOULART, Adriana da Costa. Revisitando a espanhola: a gripe pandêmica de 1918 no Rio de Janeiro. História, Ciências, Saúde – Manguinhos. v. 12, n. 1, jan-abr. 2005, pp. 116-117.

> Todos esses estudos afirmam que a moléstia se transmite diretamente de pessoa a pessoa, graças aos micróbios que o gripado projeta em torno de si quando fala, tosse ou espirra – os quais penetrando no indivíduo são pelo nariz e pela boca vão levar-lhe a moléstia.
>
> Nestas condições, o mais seguro meio de preservar da gripe é trazer no rosto um pedaço de gaze dobrada quatro vezes, destinado a proteger as cavidades por onde o germe da doença costuma penetrar.
>
> Houvesse esse meio de defesa sido aqui conhecido a tempo e, sem dúvida, durante a epidemia, teríamos visto nas ruas do Rio inúmeros destes mascarados. E ao menos dessa vez os moralistas não teriam de censurar os cariocas por sua paixão pelo Carnaval.[40]

Mais de cem anos depois, em outra pandemia, as máscaras enfim 'pegaram' no Rio de Janeiro. Quanto aos moralistas e fiscais do Carnaval, seguem eles bem vivos.

---

[40] Jornal do Commercio, Rio de Janeiro, 7 dez. 1918.

O meia Cantuária, ídolo do São Cristóvão, homenageado um mês e meio após a morte por Gripe Espanhola. FONTE: VIDA SPORTIVA, 07/12/1918

Procissão de São Benedito e São Sebastião partindo da Igreja de Nossa Senhora do Rosário e São Benedito dos Homens Pretos, no Centro do Rio de Janeiro, durante outubro de 1918.
FONTE: FON-FON, 21/10/1918

Charge de K. Lixto (Calixto Cordeiro) dando conta da iminente chegada da Gripe Espanhola ao Rio de Janeiro; no diálogo, a Espanhola solicita o anúncio de sua presença ao diretor-geral da Saúde Pública, Carlos Seidl; a representação da doença como uma caveira disfarçada de espanhola se consolidaria nos meses seguintes como a dominante na imprensa carioca.
FONTE: GAZETA DE NOTÍCIAS, 29/09/1918

GAZETA DE NOTICIAS

Rio de Janeiro — Sexta-feira 18 de Outubro de 1918

UM MAR DE ROSAS...

E' a opinião do governo, diante do "mal de Seidl"

As providencias tomadas contra a...

M. J. de Oliveira Rocha

O seu fallecimento em Santos

Os que cahiram hontem

A censura prohibe a publicação do numero dos que hontem foram atacados.

Os casos fataes

A censura prohibe a sua publicação.

A "Gazeta" ao publico

Estando atacados pela epidemia reinante, em quasi sua totalidade, os nossos companheiros das differentes secções da "Gazeta", fomos forçados a reduzir a duas paginas apenas o numero de hoje, sacrificando assim grande parte das noticias do dia, pelo que pedimos desculpas aos nossos leitores.

A epidemia e a censura

NOTAS OFFICIAES

Que belleza!

ULTIMA HORA

EMFIM!

O Dr. Carlos Seidl já não é director da Saude Publica!

Foi nomeado director interino o Dr. Theophilo Torres

O dr. Carlos Seidl pediu hontem exoneração do cargo de Director Geral da Saude Publica, em carta que dirigiu ao Sr. presidente da Republica.

O Sr. Dr. Wenceslau Braz concedeu a exoneração, sendo nomeado interinamente para o cargo de Director Geral da Saude Publica o Dr. Theophilo Torres.

Capa histórica da Gazeta de Notícias em protesto contra o intento de censura de notícias relativas à Gripe Espanhola; além de dramatizar a interdição da divulgação de informações, o jornal listou de forma irônica "notícias boas", todas falsas e implausíveis, de modo a ilustrar o absurdo da censura; não havia, na realidade, nenhum "mar de rosas".

FONTE: GAZETA DE NOTÍCIAS, 18/10/1918

Avenida Rio Branco esvaziada no auge da pandemia, em outubro de 1918.
FONTE: FON-FON, 21/10/1918

PRÉ-CARNAVAL

PARTE 1

NO DIA 9 DE NOVEMBRO DE 1918, enquanto Berlim se recuperava do baque do destronamento do Kaiser Guilherme II e de duas proclamações da República Alemã no mesmo dia, a gafieira Lírio do Aragão realizava um baile na sua sede, um salão sobre um botequim na Rua Conde de Bonfim, 131, na Tijuca. Puxava a farra um certo Bloco do Seu Macio, associado à gafieira. No dia seguinte, um domingo, o Lírio repetiria a dose, com outro baile. A pressa do Lírio fazia jus à fama de brigador. Em julho de 1918, quatro meses antes, a diretoria da gafieira havia recorrido à Justiça pelo direito de dançar sem constrangimento. E isso pelo seguinte: apesar de possuir licença de funcionamento, o Lírio vivia marcado pela Polícia, que, de quando em quando, barrava seus bailes.[41] Num

[41] A perseguição ao Lírio do Aragão vinha também de parte da imprensa. Na edição de 16 de julho de 1917, o redator de Lanterna espumou contra o grupo em nome da tradicional família tijucana, dizendo-o frequentado por "gente da pior espécie, desordeiros conhecidos e cafajestes, mulheres vagabundas, que durante os bailes promovem sempre grande algazarra". Já em 1919, o Lírio do Aragão solicitaria licenciamento à Polícia para sair como grupo carnavalesco – e conseguiria. Além de uma visita à redação do jornal A Época, ficaria o registro de uma marcha que brincava, num trecho, com a capacidade de se realizar um inédito Carnaval externo: "Que belos dias folguemos/ Com maior satisfação,/ Pois vamos buscar vitória/ Pro Lírio do Aragão/ Nós vamos crentes, bem crentes,/ Que nossa fraca harmonia/ Há de uma vez e sempre/ Dar glórias ao nosso pavilhão." Ver: O Paiz, Rio de Janeiro, 28 fev. 1919 e 1º mar. 1919; A Rua, Rio de Janeiro, 10 fev. 1919; Correio da Manhã, Rio de Janeiro, 1º fev. 1919 e 1º mar. 1919; Gazeta de Notícias, 1º mar. 1919; A Razão, Rio de Janeiro, 1º mar. 1919; A Época, Rio de Janeiro, 4 mar. 1919.

pedido de *habeas corpus*, o grupo se dizia vítima de constrangimento ilegal por parte da delegacia da região. De pouco adiantou o selo de seu patrono e entidade do Carnaval carioca, o baiano Lellis (Lelé) de Aragão, tipógrafo da Imprensa Nacional, fundador de grupos e ranchos na chamada Pequena África do Rio de Janeiro, além de tremendo cozinheiro de vatapá. O pedido acabou indeferido por uma questão técnica – o *habeas corpus* não listava o nome dos representantes da gafieira. E o Lírio seguiu dançando, ainda que marcado.

Nos mesmos sábado e domingo, 9 e 10 de novembro, bailou também a Sociedade Familiar Dançante e Carnavalesca Kananga do Japão, na Rua Senador Euzébio, 44, na região da Praça Onze. Até então, o espaço "estava fechado por motivo da epidemia", conforme o anúncio do grupo no Jornal do Brasil.[42] Quem assinava o reclame promovendo a reabertura era o "Secretário PAIVA", José de Paiva Brito, carteiro, um dos senhores de um salão onde imperava a "valsa lenta" e a "polca amaxixada".[43] Na Kananga do Japão – nome inspirado em um perfume –, que fora rancho com direção musical de João da Baiana e depois se tornara gafieira de sucesso, a trilha magna vinha do piano de nomes como José Barbosa da Silva, o Sinhô.

Dos grupos mais ativos, foram o Lírio e a Kananga que abriram a porteira da retomada recreativo-carnavalesca. Daí em diante, outros grupos se aventurariam a reavivar suas atividades – com um detalhe: no meio do caminho, no dia 11 de novembro, uma segunda-feira, acabou a Primeira Guerra Mundial, com a assinatura de um armistício entre os vitoriosos Aliados e a derrotada Alemanha. A informação chegou ao Rio de Janeiro pela manhã daquela segunda-feira, por telégrafo. O Jornal do Brasil se apressou a afixar a notícia à porta de sua sede, na Avenida Rio Branco, logo

---

[42] Jornal do Brasil, Rio de Janeiro, 9 nov. 1918.

[43] EFEGÊ, Jota. Figuras e coisas do carnaval carioca. Rio de Janeiro: Funarte, 2007, p. 202.

atraindo curiosos. Daí até o fim do dia, o Rio se embandeirou. Os sinos das igrejas ressoaram. Oradores pipocaram a cada esquina. A certa altura, surgiram duas bandas na Avenida, uma da Marinha e outra dos Bombeiros, puxando a massa. Estudantes tentaram extrair de uma funerária um caixão para enterrar de forma simbólica o Kaiser Guilherme II – os gaiatos acabaram dissuadidos pela Polícia. No lugar do caixão, o 'funeral' do Kaiser acabou passando pela Rio Branco com uma caixa cheia de batatas, decorada com folhas verdes. Um corso improvisado se estabeleceu ao longo da Avenida, com os ocupantes dos carros lançando confete e serpentina sobre quem aplaudia. A festa se esticou até meia-noite, três horas depois do governo brasileiro ser enfim informado oficialmente sobre o armistício. Recorda Pedro Nava:

> O fim da Guerra, a 11 de novembro, sacudiu um pouco o Rio triste onde aqui e ali ainda se morria de gripe. Mas a epidemia estava sendo superada e esperava-se que o ano novo próximo tudo mudasse como se outra verdade existisse nesse baixo mundo além da que diz que somos o que éramos e seremos o que somos.[44]

No dia seguinte, 12 de novembro, terça-feira, declarado feriado, houve mais festa nas ruas, com destaque para o rancho União da Aliança, verde, vermelho e branco de Laranjeiras, que desceu a pé do bairro rumo à Avenida Rio Branco cantando suas marchas, acompanhado de orquestra. Por conta de um termo assinado dentro de um vagão-restaurante na Floresta de Compiègne, na Picardia, norte da França, as massas haviam retornado às ruas do Rio de Janeiro, depois de semanas de vazio e medo. Nos últimos dias de novembro, a festa nas ruas do Rio de Janeiro chegou às telas de cinema, documentada, com O castigo do Kaiser, uma curta de atualidades que entrou em cartaz no Odeon. Castigo, aliás, passou a

---

[44] NAVA, Pedro. Chão de ferro. Rio de Janeiro: Editora José Olympio, 1976, p. 214

sofrer a figura do Kaiser nas páginas de A Noite, na forma de um concurso de respostas à pergunta "Que castigo merece o Kaiser?" – dentre as selecionadas de novembro, a do leitor Heitor Vieira: "Condutor de bondes de segunda classe no Rio e, no Carnaval, nu da cintura para cima, sofrer a ira carnavalesca".[45]

O fim da Grande Guerra logo migrou para os convites dos grupos carnavalescos. No anúncio de um "colossal baile aos seus associados", marcado para o sábado, 16 de novembro de 1918, o Yayá Formosa, do bairro do Catumbi, invocava "Direito, Democracia e Liberdade" para homenagear "a grandiosa Vitória obtida pelos Aliados". O Sonho das Flores, do Santo Cristo, também dançaria no mesmo dia "em comemoração à Vitória dos Aliados e à reabertura dos nossos salões, que mais uma vez se erguem às suas tradicionais glórias".[46] Para promover uma matinê no domingo, 17 de novembro de 1918, o Retiro da América, clube da Rua do Livramento, no Centro, falava de Guerra e Gripe em seu pufe (anúncio em forma de poesia ou prosa poética):

> Depois da crise horrorosa
> Da peste, fome e da guerra
> De lembrança tenebrosa
> Que assusta ainda, que aterra,
>
> Depois de tanta tristeza,
> Que felizmente passou,
> É justo, é com certeza
> O que dizer aqui vou:
>
> Do – Clube América – ó gente!
> Correi alegre, contente
> Vinde a sorrir, ternamente
> Vossas mágoas expandir!

---

[45] A Noite, Rio de Janeiro, 30 nov. 1918. Duas edições depois, da lavra do leitor Eliseu Rodrigues viria: "Tirar-se-lhe a pele para dela serem feitos pandeiros para o Carnaval".

[46] Jornal do Brasil, Rio de Janeiro, 16 nov. 1918.

A guerra matou e morreu;
A epidemia, cedeu...
Toucinho, o gato comeu;
Vamos, pois folgar e rir!

Abrimos nossos salões;
Abri vossos corações!
Tesoureiro – abra os cordões
Da bolsa que guarda os cobres,
Para a grande funçanata [festa]
De amanhã na serenata
Queremos dança e mamata
Mas nada de coisas pobres!

Assim, pois, venham "meninas"
Borboletas dançarinas;
Vós, que sois as peregrinas
Mensageirinhas do amor!
Vinde alegrar-vos e a nós;
Nossa alegria sois vós;
Quer "pintadas", quer sem pós,
Sois cada qual, uma flor!

Eu "que pinto", e não me pinto
Porque não é necessário
Me assigno: – Juvêncio Pinto
(Sem ser pinto) Secretário.[47]

O rancho Flor do Abacate, do Catete, dobraria a dose, com bailes no sábado (16/11) e no domingo (17/11), "em virtude de estar quase extinta a Gripe Espanhola".[48] Àquela altura, ainda que em claro recuo, a doença seguia fazendo vítimas no Rio de Janeiro, e suas sequelas podiam ser vividas, vistas e ouvidas. O Jornal do Brasil ainda considerava cedo para falar de carnaval:

---

[47] Jornal do Brasil, Rio de Janeiro, 16 nov. 1918.

[48] Jornal do Brasil, Rio de Janeiro, 16 nov. 1918.

> Positivamente, quem melhor representa o povo brasileiro não é Jeremias, porém Demócrito.
>
> Ainda não estamos completamente livres da epidemia, nem todos os hospitais estão fechados, e já há quem esteja pensando diabruras do Carnaval.
>
> Acreditamos não ser muito confortável uma perene dedicação às coisas tristes e sombrias. Uma população de casuarinas seria horrível. E ninguém suportaria a transformação de cada homem num cipreste de ramagens vergadas sobre o silêncio dos túmulos.
>
> Mas não podemos concordar com que esta oportunidade seja propícia à meditação das coisas que dizem respeito à folia carnavalesca. É o mesmo que misturar dobres de sinos com o som alacre de guizos.
>
> Deixemos o Carnaval para depois...[49]

O minieditorial se chamava "O pranto e a gargalhada".

Pranto, gargalhada e grito. Passado o pior da pandemia, voltou a ecoar a insatisfação operária, acirrada pelo agravamento das condições de vida. A Gripe abafara com seu silêncio de morte o zunzum das greves e mobilizações de trabalhadores tão diferentes quanto tecelões, marceneiros, marmoristas, carvoeiros, estivadores, chapeleiros e sapateiros. Na pauta desses atos, que chegaram ao ápice nos meses de junho, julho e agosto de 1918, estivera o disparo do custo de vida. A Gripe chegou por cima e acrescentou ainda mais desabastecimento e fome. Nos últimos dias de outubro, organizações operárias chegaram a estabelecer um Comitê Pró-Combate à Epidemia, mas os integrantes acabaram presos. Em novembro de 1918, quando a doença entrou em baixa

---

[49] Jornal do Brasil, Rio de Janeiro, 21 nov. 1918. Para além do atomismo, o filósofo clássico grego Demócrito passou à posteridade e sobretudo à iconografia como o "filósofo que ri" – ao que consta, o pensador grego de fato ria largado. No minieditorial, o profeta Jeremias é acionado, em contraste, como imagem da severidade e da rigidez.

relativa, a tensão acumulada entre os trabalhadores organizados explodiu. Face à rearticulação dos sindicatos, o chefe da Polícia, Aurelino Leal, assumiu de vez o estilo 'prendo e arrebento'. De acordo com A Razão:

> O Sr. Aurelino Leal, o homem mais nefasto e arbitrário que já passou pela chefia da polícia, querendo tornar-se agradável ao novo governo do Sr. Rodrigues Alves, está, sem o menor pretexto, cometendo as maiores torpezas, amordaçando, prendendo, punindo o operariado carioca, aproveitando-se ignobilmente da situação anormal e angustiosa por que ele passa, devastado pela peste da guerra e ameaçado pela fome, que já lhe invade os lares. Tudo tem um limite.
>
> E essas infames violências poderão trazer para o governo que vai começar no dia 15 [do presidente eleito Rodrigues Alves] uma surpresa desagradável: a greve geral, como protesto coletivo a essas vilanias do Sr. Aurelino, e talvez até uma revolução popular.[50]

A energia do movimento dos trabalhadores teve sua descarga no dia 18 de novembro, segunda-feira, dia agendado para uma greve e uma insurreição anarquista. O movimento tinha hora para deslanchar: em torno de quatro horas na tarde, com concentração no Campo de São Cristóvão, reunindo operários mobilizados desde mais cedo. De acordo com as informações colhidas por um espião da Polícia, a ideia era tomar de assalto uma delegacia e a sede da Intendência de Guerra (atual Museu Militar Conde de Linhares) para se apossar de armas e uniformes e, mesmo a partir de uma situação inicial de confronto, atrair militares à causa. Daí em diante, o plano seria dinamitar a Prefeitura, atacar as sedes da Polícia e, a partir da ação de uma frente de trabalhadores na Gávea e no Jardim Botânico, ocupar o Palácio do Catete e a Câmara dos Deputados,

---

50 A Razão, Rio de Janeiro, 7 nov. 1918.

prendendo os líderes da República.[51] Quando desabasse a última peça do dominó, os anarquistas içariam a bandeira vermelha e declarariam um Conselho de Operários e Soldados:

> Na verdade, seu objetivo mais amplo era concretizar a utopia libertária, tornar realidade a desejada revolução social. Com base numa greve geral, pretendiam pela força das armas derrubar o governo constituído e, a exemplo da Rússia Soviética, formar uma junta de operários e soldados, abrindo caminho dessa forma à construção de uma sociedade sem classes e sem exploração, sem Estado e sem dominação.[52]

Deu quase tudo errado – quase. Os líderes da insurreição não deram nem para o começo – já espionados, acabaram presos às duas horas da tarde do 18 de novembro, o dia marcado. Estavam eles no escritório do professor José Oiticica (anarquista, futuro avô de Hélio Oiticica), na Rua da Alfândega. A greve, entretanto, saiu. "A eles se uniram muitas pessoas que não eram socialistas, comunistas ou qualquer outro 'ista', mas sim pessoas indignadas com a falta de condições de vida e com as mazelas que passamos durante a pandemia", relatou décadas depois o contemporâneo Nelson Antonio de Freire à historiadora Adriana Costa Goulart.[53] Em número estimado em mais de 20 mil, trabalhadores do setor têxtil suspenderam as atividades não apenas no Rio ou em Niterói, mas também em cidades como Magé e Petrópolis. Metalúrgicos e trabalhadores da construção civil aderiram. Como combinado, o

---

51 NÉBIAS, Wellington Barbosa. A greve geral e a insurreição anarquista de 1918 no Rio de Janeiro: um resgate da atuação das associações de trabalhadores. 2009. Dissertação (Mestrado em História Comparada) – Universidade Federal do Rio de Janeiro, pp. 171-176.

52 ADDOR, Carlos Augusto. A insurreição anarquista no Rio de Janeiro. Rizoma Editorial, 2015.

53 GOULART, Adriana da Costa. Um cenário mefistotélico: a gripe espanhola no Rio de Janeiro. 2003. Dissertação (Mestrado em História) – Universidade Federal Fluminense, p. 153.

destino de parte desses trabalhadores acabou sendo o Campo de São Cristóvão, onde a Polícia, já informada por infiltrados, aguardava em peso. O impasse desandou em confronto. Houve tiroteio entre operários e policiais, que recuaram. Os insurretos chegaram a tomar a delegacia do Campo de São Cristóvão, dinamitando o que encontraram pelo caminho, inclusive uma viatura. O jogo só virou para as forças do Estado com a chegada da cavalaria do Exército, que dispersou o movimento. Os presos chegaram a duzentos, entre militantes e operários, anarquistas e não anarquistas. A partir daquele dia, a repressão cairia ainda mais forte sobre sindicatos e outras associações de classe obrigadas a fecharem as portas. Do Hospital Central do Exército, onde estava internado desde o início de novembro, após fraturar a clavícula em meio a uma crise alcoólica, o jornalista e escritor Lima Barreto reagiu:

> O ofício que o Senhor Aurelino dirigiu ao Senhor Amaro Cavalcânti, pedindo a dissolução da União Geral dos Trabalhadores, é deveras interessante e guardei-o para minha coleção de cousas raras.
>
> Gostava muito do Senhor Aurelino Leal, pois me pareceu sempre que tinha horror às violências e arbitrariedades da tradição do nosso Santo Ofício policial.
>
> Quando a "Gazeta de Notícias" andou dizendo que Sua Senhoria cultivava amoricos pelas bandas da Tijuca, ainda mais gostei do doutor Aurelino.[54]

---

[54] BARRETO, Lima. Toda Crônica: Lima Barreto. Vol. I. Rio de Janeiro: Agir, 2004, p. 402. De acordo com o escritor Josué Montello, o jovem cadete Costa e Silva, de 20 anos de idade, internado com um problema na espinha, foi companheiro de estada de Lima Barreto no Hospital Central do Exército naquela passagem da vida do escritor. Décadas mais tarde, o cadete viraria marechal e presidente da República na ditadura. Ver: Jornal do Brasil, Rio de Janeiro, 06 out. 1966 e 19 nov. 1977.

Depois de relatar a conversão de Aurelino num "inquisidor do candomblé republicano", "não hesitando em cercear a liberdade de pensamento e o direito de reunião", Barreto reprovou no chefe de Polícia o desconhecimento e a ojeriza à experiência da Rússia revolucionária:

> Esse ódio ao maximalismo russo que a covardia burguesa tem, na sombra, propagado pelo mundo; essa burguesia cruel e sem coragem, que se embosca atrás de leis, feitas sob a sua inspiração e como capitulação diante do poder do seu dinheiro; essa burguesia vulpina que apela para a violência pelos seus órgãos mais conspícuos, detestando o maximalismo moscovita, deseja implantar o "trepoffismo", também moscovita, como razão de Estado; esse ódio – dizia – não se deve aninhar no coração dos que têm meditado sobre a marcha das sociedades humanas. A teimosia dos burgueses só faria adiar a convulsão que será então pior; e eles se lembrem, quando mandam cavilosamente atribuir propósitos iníquos aos seus inimigos, pelos jornais irresponsáveis; lembrem-se que, se dominam até hoje a sociedade, é à custa de muito sangue da nobreza que escorreu da guilhotina, em [17]93, na Praça da Grève, em Paris. Atirem a primeira pedra...[55]

Nem tudo seria perdido, entretanto, como indicou o professor Carlos Augusto Addor:

> Trazendo a "questão social" para as manchetes das primeiras páginas da grande imprensa, a greve carioca de 1918 também contribuiu para chamar a atenção do Estado para a urgência da questão operária, acelerando o encaminhamento, ao nível do poder público, da produção de uma legislação social.[56]

---

[55] BARRETO, Lima. Toda Crônica: Lima Barreto. Vol. I. Rio de Janeiro: Agir, 2004, p. 402. O "trepoffismo" remete à linhagem de repressores políticos dos tempos do czarismo: Fyodor Trepov (pai) e Dmitri Feodorovich Trepov (filho), entre meados do século XIX e o início do século XX.

[56] ADDOR, Carlos Augusto. A insurreição anarquista no Rio de Janeiro. Rio de Janeiro: Rizoma Editorial, 2015.

Outro legado: meses mais tarde, a insurreição viraria tema de Carnaval.

Aqueles dias de novembro de 1918 foram de fato cheios no Rio de Janeiro. Entre o marco da retomada das atividades das associações carnavalescas, no dia 9 de novembro, o impacto popular do fim da Grande Guerra, no dia 11, e a insurreição implodida no Campo de São Cristóvão, no dia 18, o governo dos Estados Unidos do Brasil havia trocado de comando. Eleito oito meses antes como vice de chapa do paulista Rodrigues Alves, o mineiro Delfim Moreira assumiu as funções da Presidência no lugar do titular, que convalescia, entre outros males, da Gripe Espanhola e mal encontrava energia para enviar uma carta de próprio punho.[57] Delfim ratificou escolhas de Rodrigues Alves para o gabinete de ministros, entre elas a do ministro de Viação e Obras Públicas, o também mineiro Afrânio de Melo Franco, que, de tão influente, passaria em breve a ser tratado como "primeiro-ministro" ou "regente".

A rotina voltava aos poucos. Na revista "Fon-Fon", um redator se perguntava se a população carioca já não havia se acostumado com a pandemia a ponto de retrabalhá-la em carnaval:

> Com tudo o homem se acostuma e mais depressa do que geralmente se pensa, mesmo com as maiores desgraças. E ai da pobre humanidade se não fosse assim!
>
> A gente de Paris habituou-se de tal modo com o terrível Terror da Revolução, que, dentro de algum tempo não fazia mais caso das execuções diárias e empregava na moda, com elegante indiferença, denominações de arrepiar. Assim, é que havia janelas à guilhotina e penteado de senhora à Vítima.
>
> A espanhola ceifou-nos meio milhar de pessoas, diariamente, durante uma quinzena. Cenas horrorosas desenrolaram-se no Rio de Janeiro. Pois bem, a alma do povo foi logo se acostumando com a desgraça.

---

57 FRANCO, Afonso Arinos de Melo. Rodrigues Alves: apogeu e declínio do presidencialismo. Vol II. Brasília: Senado Federal, 2001, p. 481.

(...)

Não duvido nada que no próximo carnaval surjam aí nas ruas cordões de espanholados e cantigas referentes à tristíssima crise por que o pobre Rio de Janeiro passou.

Não era possível a vida sobre a terra sem o esquecimento.[58]

No dia 1º de dezembro de 1918, num anúncio no Jornal do Brasil, saiu a chamada: "Festa da Penha e Grande Romaria / Em continuação / Nos dias 8 e 16 de dezembro" – domingo e segunda-feira? Não, estava errado: o correto era 8 e 15 de dezembro, nos costumeiros domingos. A Mesa da Venerável Irmandade de Nossa Senhora da Penha de França havia interrompido a festa antes do terceiro domingo de outubro, auge da epidemia, centrando esforços a partir de então na distribuição de comida e dinheiro aos mais carentes. "Debelada a peste, voltando a população à sua vida normal, a Irmandade resolveu continuar nos domingos 8 e 15 do corrente as festas que haviam sido transferidas *sine die*", resumiu o colunista Francisco Guimarães (Vagalume).[59] No balanço do colunista do Jornal do Brasil, o primeiro domingo da retomada surge intenso, mais agitado do que os domingos de outubro e mais eletrizante do que os relatos de jornais como A Noite e A Época, para quem a "dizimação dos fiéis" ajudara a esvaziar o evento. De acordo com a estimativa mais corrente, sete mil fiéis passaram pela festa no dia 8 de dezembro. No arraial, diz o Vagalume, os barraqueiros e as barraqueiras "'tiraram o pé do lodo' ou o 'ventre da miséria'", vendendo quitutes e muita cerveja – não à toa, esses comerciantes tinham a atenção disputada a tapa pelos representantes das cervejarias Brahma, Polônia e Hanseática. Esses homens e mulheres administravam barracas de nomes como Gruta da Penha, União Carnavalesca, Embaixadores, Olinda, São Cristóvão, Zazá, Guerra

[58] Fon-Fon, Rio de Janeiro, 23 nov. 1918.

[59] Jornal do Brasil, Rio de Janeiro, 9 dez. 1918.

Junqueira, Barraca dos Aliados, Pimpões, União Fluminense, O Sol nasce para todos, Rio Branco, Barraca do Antônio do Comércio e Cabana do Pai Tomás. As barracas eram como embaixadas – de grupos recreativos, de bairros, de diásporas. Nelas e entre elas, topavam-se os integrantes da nata do carnaval carioca. Ano a ano, lá estavam as tias baianas da Pequena África, algumas delas barraqueiras, e os integrantes de suas famílias ampliadas, figuras como João Machado Guedes, filho da baiana Tia Perciliana e, por isso, João da Baiana – neto de ex-escravizados, cria das rodas e dos terreiros, vértice percussivo do que Martinho da Vila chamou de Santíssima Trindade da Música Popular Brasileira, que se formaria com o tempo ao lado de Ernesto Joaquim Maria dos Santos (Donga) e Alfredo da Rocha Vianna Filho (Pixinguinha).[60] Também passavam pela Penha figuras dos ranchos, compositores em ascensão, nomes de frente das grandes sociedades (entre eles, o Lorde Jamanta) e, claro, jornalistas da imprensa carnavalesca. Circulavam ainda pela Festa da Penha autoridades e outros mandarins bem brasileiros. Em 1919, na retomada, o Vagalume lamentava que esses VIPs tivessem de se submeter a medidas de segurança ao desembarcarem nas estações de trem da Praia Formosa e da Penha (ambas da Estrada de Ferro Leopoldina):

---

60 Em dezembro de 1918, João da Baiana tinha 31 anos de idade; Donga, 28; e Pixinguinha, 21. Eram todos nascidos no Rio de Janeiro. Sobre João da Baiana, fico com a descrição de João Carlos de Souza Peçanha: "De uma forma geral, podemos observar a trajetória única realizada por João da Baiana. Ele conseguiu unir influências religiosas e musicais do Rio de janeiro e da Bahia de uma forma muito peculiar. A forma pessoal de JB tocar seu pandeiro, valorizando a polirritmia e o tempo forte no contratempo, possui forte correlação com a atuação dos atabaques nos toques rituais da macumba. Apesar da óbvia correlação devida à origem cultural comum, reafirmamos que esta parece ser essa uma proposta de JB – o evidenciar mais extremado, dentro da sua musicalidade, dessas características rituais." Ver: PEÇANHA, João Carlos de Souza. A trindade da música popular (afro)brasileira – João da Baiana, Donga e Pixinguinha: redimensionamentos das contribuições das matrizes africanas na formação do choro e do samba. 2013. Dissertação (Mestrado em Música) – Programa de Pós-Graduação em Música do Departamento de Música, Universidade de Brasília, p. 62.

> Com que direito a polícia sujeita ao vexame de uma revista em público cidadãos pacatos, de posição definida na sociedade, como sejam funcionários públicos, negociantes, capitalistas e até oficiais do Exército e da Marinha?
>
> O que é mais censurável é que os vagabundos conhecidos, os indivíduos suspeitos, em sua maior parte escapam a esse inútil rigor.[61]

Apesar das demarcações sociais, a Festa da Penha fazia diferentes classes se esbarrarem fora do mundo do trabalho, seja nas missas e batizados realizados por ocasião da festa, seja no arraial, domínio dos barraqueiros, barraqueiras e dos números musicais. Em tempos ainda sem rádio, era no arraial da Festa da Penha que se testavam canções para o carnaval seguinte:

> Tínhamos então ali no arraial, animado pelos conjuntos musicais, o prelúdio do Carnaval que ia acontecer poucos meses depois.
>
> Nas barracas, em redor das mesas onde se comia e bebia à farta, lançavam-se as primeiras composições para o tríduo de Momo, soltava-se o repertório que ia ser cantado nos três dias de folia.[62]

E não foi diferente na retomada da edição de 1918. No terceiro domingo, primeiro da retomada, Donga, e Otávio da Rocha Vianna, o China, irmão de Pixinguinha, foram tocar e testar "Você me acaba". Era composta por eles e pelo letrista Boabdil Miranda, o Mirandela, folião do Grupo dos Trouxas, ligado ao Clube dos Democráticos. A canção, que exaltava o ato de sambar como cura para as dores de amor, seria gravada para a Odeon no ano seguinte por Manuel Pedro dos Santos, o cantor conhecido como Bahiano.

---

[61] Jornal do Brasil, Rio de Janeiro, 9 dez. 1918.

[62] EFEGÊ, Jota. Figuras e coisas da música popular brasileira. Vol. I. Rio de Janeiro: Funarte, 2017, p. 24.

Enquanto o terceiro domingo da Festa se desenrolava na Penha, entre rezas e batucadas, o Rio de Janeiro era cena de outro marco da recuperação dos ânimos da cidade, mais precisamente no Estádio da Rua Paysandu, no bairro das Laranjeiras. No campo, de propriedade da família Guinle e alugado ao Flamengo, o Fluminense derrotou o E. C. Mangueira, rubro-negro da Tijuca, por 2 a 0, gols do centroavante Henry Welfare (o Tanque Inglês) e do atacante Ernesto Machado. O Fluminense assegurou assim, com uma rodada de antecipação, o título do Campeonato Carioca de 1918, torneio que havia sido interrompido por 56 dias por conta da epidemia.[63] Quando marcou o segundo gol do Fluminense, Machado, improvisado, ocupava a meia-esquerda, posição que, até a interrupção do Carioca, era de Archibald French, o jogador tricolor que morreu na Gripe Espanhola.[64] Assim como outros times do Carioca, o Fluminense se ressentira da falta de entrosamento e preparação na volta ao futebol – o que explicava, de acordo com a imprensa, a vitória magra sobre um adversário que, no torneio, havia encarado goleadas da escala de um 9 a 0 (aplicado pelo Botafogo) e de um 8 a 2 (ministrado pelo Flamengo). Aquele título carioca do Fluminense em 1918, a segunda estrela de um tricampeonato que se completaria no ano seguinte, fazia parte da memória afetiva de Nelson Rodrigues, um menino de seis anos de idade à ocasião. Em uma crônica publicada no Jornal dos Sports em 1961, o cronista recordaria da seguinte forma o feito tricolor:

---

63 ASSAF, Roberto; MARTINS, Clovis. Campeonato Carioca – 96 Anos de História – 1902/1997. Rio de Janeiro: Ed. Irradiação Cultural, 1997, p. 88.

64 FERNANDEZ, Renato Lanna. Fluminense Football Club: a construção de umaidentidade clubística no futebol carioca (1902 – 1933). 2010. Dissertação (Mestrado em História, Política e Bens Culturais) – Centro de Pesquisa e Documentação de História Contemporânea do Brasil – CPDOC, Fundação Getúlio Vargas, p. 78.

> Eu me lembro, sobretudo, de 18, que associa o Fluminense à Gripe Espanhola. Hoje a gripe se banalizou de maneira mais deprimente. Repito: – a gripe está reduzida a uma pobre e miseranda coriza. Mas, em 18, foi uma tragédia, amigos, foi uma tragédia. Houve na cidade uma enchente de caixões. Pergunto: – "Quem não morreu na Espanhola?".
>
> A impressão que me ficou daqueles dias foi a de que morreu todo mundo e de que não escapou nem rato. Ou por outra: – só escapou o Fluminense. Enquanto a Morte, com M maiúsculo, fazia o seu Carnaval, o Fluminense teve forças para pôr no bolso mais um título.[65]

No domingo seguinte, dia 15 de dezembro de 1918, a Festa da Penha teve seu desfecho – um tanto esvaziado pela chuva. Mesmo sob mau tempo, pequenos foliões ligados ao rancho infantil Riso Leal, do bairro do Santo Cristo, cantaram uma versão de "Não és tão falado assim", de Hilário Jovino Ferreira, em homenagem ao Clube dos Democráticos. Lalau de Ouro ou tenente Hilário, título da Guarda Nacional, era ninguém menos que o introdutor dos ranchos no Carnaval carioca, conhecido também como mestre-sala dos mestres-salas de rancho. "Não és tão falado assim" voltaria a ser cantada em outras ocasiões até o Carnaval de 1919. Outra canção lançada naquele domingo foi "Fica calmo que aparece", composição de Donga letrada pelo repórter e folião Mauro de Almeida, mais conhecido pelo apelido de "Peru dos Pés Frios". Dedicada ao Clube dos Zuavos e apresentada como samba, "Fica calmo que aparece" abria com um convite: "Vem ver teu amor chorar/ Mas não me faças zangar". Testadas no arraial da Festa da Penha em seu último dia, "Não és tão falado assim" e "Fica calmo que aparece" eram duas das respostas do círculo de baianos, descendentes e chegados a Sinhô, por conta do lançamento de "Quem são eles" pelo pianista carioca. Era mais um capítulo de uma das

65 RODRIGUES, Nelson. A pátria em chuteiras: novas crônicas de futebol. Rio de Janeiro: Companhia das Letras, 1994, pp. 71-72.

mais produtivas brigas da história da música popular brasileira, a ser recuperada adiante.

Outra canção também ficou da Festa da Penha de 1918, ainda que não se saiba exatamente em qual domingo foi cantada: "Gripe Espanhola", de Caninha. Oscar José Luiz de Morais era personalidade dos ranchos carnavalescos e ex-vendedor de roletes de cana na Central do Brasil. No samba amaxixado com o nome da pandemia, Caninha cantava assim:

> A Espanhola está aí
> A Espanhola está aí
> A coisa não está brincadeira
> Quem tiver medo de morrer não venha
> Mais à Penha.[66]

A canção de Caninha pegou no arraial e o afirmou como compositor, para além da carreira de instrumentista em conjuntos como o Grupo do Caxangá, em que tocava ao lado dos amigos Pixinguinha e Donga. Na década seguinte, sua carreira seria marcada pela rivalidade com Sinhô.

O ano era 1918 ainda, e a notícia veio dar as caras em uma casa na Rua Barão de Itambi, 35, em Botafogo. Às cinco e meia da manhã do dia 28 de dezembro de 1918, um sábado, morreu naquele endereço o poeta e jornalista Olavo Bilac. Tinha 53 anos. Lidava com um quadro crônico de insuficiência cardíaca. Nos dois, três meses anteriores à morte, sofrera de forma mais aguda com problemas respiratórios, refletidos em episódios de dispneia e insônia que varavam as madrugadas. E foi depois de mais uma noite inquieta que o poeta, figura dominante do parnasianismo e intelectual de escola do Brasil Republicano, pediu à parentada reunida, de acordo com a lenda: "Já raia a madrugada. Deem-me

66 VASCONCELOS. Ary. Panorama da música popular brasileira. Vol. 1. São Paulo: Editora Livraria Martins, 1964, p. 59.

café. Vou escrever".[67] Não escreveu, antes desabando sobre uma cadeira e lá expirando. De acordo com Ruy Castro, Bilac teria contraído a Gripe Espanhola "de forma benigna, mas isso contribuiu para sua grave condição cardíaca".[68] Bilac era um homem já doente quando a cidade que ele amava como "um pé dolorido a um calçado confortável" adoecera ela mesma.[69]

Em 1918, Bilac já não era tão homem de carnaval quanto na juventude, quando começou a escrever pufes para grandes sociedades. Mas, mesmo entre os apertos na saúde e os compromissos com a Liga da Defesa Nacional, que ajudara a fundar em 1916, encontrou espaço para o carnaval em Tarde, livro de poesia publicado de forma póstuma em 1919.[70] Tarde é um livro de crepúsculos pessoais, de divagação madura sobre o início do fim da vida – numa coincidência retrospectiva, a dedicatória, dirigida à memória do abolicionista e amigo José do Patrocínio, tem a data de 8 de outubro de 1918, quando a pandemia já dava as caras no Rio de Janeiro. O carnaval em Tarde surge em "Último carnaval":

---

[67] A Noite, Rio de Janeiro, 28 dez. 1918; Jornal do Brasil, Rio de Janeiro, 29 dez. 1918; Gazeta de Notícias, Rio de Janeiro, 29 dez. 1918; O Paiz, Rio de Janeiro, 29 dez. 1918.

[68] CASTRO, Ruy. Metrópole à beira-mar: o Rio moderno dos anos 20. São Paulo: Companhia das Letras, 2019, p. 20.

[69] Os trechos são de uma pequena autobiografia de Bilac publicada na revista portenha Caras y Caretas em 3 de novembro de 1900.

[70] A Liga da Defesa Nacional foi uma organização surgida em meio à Grande Guerra, em prol do "nacionalismo de Estado". A Liga, capitaneada de início por figuras como Olavo Bilac, o ministro do Supremo Tribunal Federal Pedro Lessa e o ex-ministro da Indústria, Viação e Obras Públicas e ex-deputado federal pela Bahia Miguel Calmon, atribuía às Forças Armadas indisputável relevo na tarefa de modernização da sociedade brasileira. No topo das prioridades da Liga, estava a instituição do serviço militar obrigatório, enxergado como "escola da cidadania". Ver: OLIVEIRA, Tiago Siqueira de. A Liga da Defesa Nacional: um projeto de modernização pra o Brasil. 2012. Dissertação (Mestrado em Ciências Sociais) – Faculdade de Filosofia e Ciências, Universidade Estadual Paulista.

Íncola de Suburra ou de Síbaris,
Nasceste em saturnal; viveste, estulto,
Na folia das feiras, no tumulto
Dos caravançarás e dos bazares;

Morreste, em plena orgia, entre os esgares
Dos arlequins, no delirante culto;
E a saudade terás, depois sepulto,
Herói folião, dos carnavais hílares...

Talvez, quem sabe? a cova, que te esconda,
Uma noite, entre fogos-fátuos, se abra,
Como uma boca escancarada em risos:

E saltarás, pinchando, numa ronda
De espectros aos tantãs, dança macabra
De esqueletos e lêmures aos guizos...[71]

Num livro assumidamente crepuscular, de um autor boêmio e carioca, não poderia faltar um carnaval crepuscular. Como aponta Victor Palomo, "Último carnaval" descreve "um herói folião errante do delirante culto dionisíaco".[72] O herói é o "íncola" (habitante) das zonas de má-fama (o bairro popular de Suburra, da Roma antiga) e do prazer (a colônia grega de Síbaris, na Calábria, reputada terra de prazeres e *dolce far niente*). O herói é quem viveu na "folia" e no "tumulto" dos "caravançarás" (entrepostos) e bazares exóticos, e morreu em "plena orgia". Depois de enterrado, o mesmo herói se tornará o espectro com saudade dos "carnavais hílares", a esperar saltar um dia da cova "escancarada" como "uma boca em risos", para se juntar a uma "dança macabra" de "esqueletos e lêmures", ao som de "tantãs". E, por último, o herói "nasceu em saturnal" – ora, e quem nasceu às portas da Saturnal? O próprio Bilac, vindo

[71] BILAC, Olavo. Tarde. Rio de Janeiro: Livraria Francisco Alves, 1919.

[72] PALOMO, Victor Roberto da Cruz. Samba, suor e cerveja: a poética do mascaramento no Carnaval modernista. 2019. Tese (Doutorado) – Faculdade de Filosofia, Letras e Ciências Humanas, Universidade de São Paulo, p. 76.

ao mundo no 16 de dezembro de 1865, na véspera da antiga festa romana em tributo ao deus Saturno, maratona de inversão de papeis, jogos e alegria que se estendia do 17 ao 25 de dezembro do calendário juliano. O tal herói teria algo de Bilac projetado?

Ao longo de sua trajetória, Bilac escreveu sobre o Carnaval como articulista e poeta. Foi do descritivo ao prescritivo, do concreto ao idealizado – seus carnavais eram tanto do Rio de Janeiro quanto do Olimpo. Como cronista, testemunhou as transformações do Carnaval carioca, entre os estertores do Império e as primeiras décadas do Brasil Republicano. Escreveu com ambiguidade sobre o entrudo, o perseguido jogo carnavalesco dominante nas ruas do Rio de Janeiro até a segunda metade do século XIX: "Todos os que se rebelam contra as brutalidades do entrudo e do jogo de confete são os primeiros a perder a cabeça, quando caem no âmago de uma destas batalhas carnavalescas".[73] Apesar de colaborar com as grandes sociedades do Carnaval carioca, grupos da elite que se atribuíam função 'civilizatória' na festa, reservou a elas algumas palavras de reprovação, entre outros motivos, pelos seus "préstitos (desfiles) glorificadores da indecência e da prostituição".[74] Tratou da ascensão dos cordões, grupos de forte elemento popular, forjados nas muitas solidariedades de origem, vizinhança e ocupação – para Bilac, esses grupos "recrutados nas alforjas da Gamboa e da Saúde" eram espetáculos de "barbaridade", que "sujavam com a sua presença a Avenida [Central]".[75] No Bilac cronista, o Carnaval carioca surge como um acúmulo de frestas pelas quais insistiam em passar o velho e o bárbaro, o pavoroso e o indecoroso, mas também como parte inseparável da vida do Rio de Janeiro, conforme uma crônica publicada em 1907:

---

[73] BILAC, Olavo. Ironia e piedade. Rio de Janeiro: Livraria Francisco Alves, 1916, p. 121.

[74] Kosmos, ano I, nº 3, março de 1904. In: DIMAS, Antonio. Bilac, o Jornalista: Crônicas. Volume 2. São Paulo: Imprensa Oficial do Estado de São Paulo, Edusp, Editora da Unicamp, 2006, p. 335.

[75] Correio Paulistano, São Paulo, 13 mar. 1908.

> É que só há no Rio de Janeiro uma festa verdadeiramente alegre, – o Carnaval. Em todas as outras, há um constrangimento, um receio, ou uma vergonha de rir, de falar alto, de gritar, de delirar. Só sabemos rir, os cariocas, em plena loucura; desconhecemos essa alegria normal e equilibrada, que, em outros povos, é um estado psicológico habitual.[76]

Em outra crônica publicada na primeira década do século XX, a demarcação da diferença do Carnaval carioca se concentra na figura do carnavalesco:

> O carnavalesco é um homem que nasceu para o Carnaval, que vive para o Carnaval, que conta os anos de vida pelos carnavais que tem atravessado, e que, na hora da morte, só tem uma tristeza: a de sair da vida sem gozar os carnavais incontáveis, que ainda se hão de suceder no Rio de Janeiro pelos séculos sem fim.
>
> Que se hão de suceder no Rio de Janeiro – escrevi eu. Porque o verdadeiro, o legítimo, o autêntico, o único tipo de carnavalesco real é o carnavalesco do Rio de Janeiro. A espécie é nossa, unicamente nossa, essencialmente e exclusivamente carioca: só o Rio de Janeiro, com seus carnavais maravilhosos, delirantes e inconfundíveis, possui o verdadeiro carnavalesco.[77]

Cerca de dois meses depois da morte de Bilac, começaria o Carnaval de 1919. A homenagem ao poeta e cronista viria popular – e esmerada – nas fantasias e na evolução do Mimoso Crisântemo, um rancho carnavalesco do Porto Velho, em São Gonçalo, perto do limite com Niterói. Com investimento e ambição inéditas em sua história, o rancho sairia inspirado no poema "Via Láctea", o clássico celebrizado pela estrofe "Ora (direis) ouvir estrelas! Certo/

76 Correio Paulistano, São Paulo, 18 set. 1907.

77 Gazeta de Notícias, Rio de Janeiro, 10 fev. 1907.

Perdeste o senso!" E eu vos direi, no entanto/ Que, para ouvi-las, muitas vezes desperto/ E abro as janelas, pálido de espanto..."[78]

Ecoa um trecho de uma crônica de Bilac, colhida no livro Ironia e piedade, dando conta do nível de entrega dos cariocas ao Carnaval. De acordo com o relatado por Bilac, um cortejo funerário tentou certa vez cruzar as ruas do Rio de Janeiro bem numa Terça-Feira Gorda perdida nos anais do Carnaval. Ao esbarrar com uma batalha de confete numa praça, bem no ápice da folia, o cortejo teria sido engolfado e paralisado – por uma hora. Resgatado da farra, o coche em que ia o cadáver teria saído com as coroas de flores emaranhadas em serpentinas e o caixão revestido de confete. Como no poema "Último carnaval", Bilac imaginou a partir desse episódio uma espécie de ressurreição carnavalesca:

> Ora, bem! Imaginai agora que o homem não estivesse morto, mas simplesmente mergulhado na treva espessa de um sono cataléptico, e que despertasse naquele momento: cuidais acaso que o redivivo permaneceria transido de horror, meditando no atroz perigo de que acabava de ser milagrosamente salvo? Nada! O redivivo compraria um saco de confete, e num momento saltaria da inércia da morte para a alegria e a agitação do Carnaval.[79]

Quem renasceu para a história em 1918 foi o despachante aduaneiro e remador do Clube de Regatas Botafogo Álvaro Gomes de Oliveira, sobrevivente da Gripe Espanhola. Em um fim de tarde perdido depois da passagem do pior da epidemia, novembro ou dezembro de 1918, Álvaro entrou no Bar Nacional, na Galeria Cruzeiro, na Avenida Rio Branco. Carregava as marcas da doença, na forma da perda de peso e de massa muscular. No bar, aguardavam-no

---

[78] BILAC, Olavo. Poesias: Edição definitiva. Rio de Janeiro: H. Garnier, 1902, p. 51.

[79] BILAC, Olavo. Ironia e piedade. Rio de Janeiro: Livraria Francisco Alves, 1916. Ver também: JORGE, Fernando. Vida e poesia de Olavo Bilac. Osasco: Novo Século Editora, 2007, p. 319.

companheiros de jornadas pós-expediente: médicos, advogados, empresários e funcionários, todos foliões. A exemplo de seus amigos de copo, Álvaro também tinha um codinome carnavalesco – "Lorde Trinca Espinha", apelido recebido no Clube dos Democráticos, sociedade frequentada por ele desde moleque. Trinca Espinha tinha história. Era um agitador carnavalesco com um pé na desobediência civil, que, em 1917, ajudara a passar pela Avenida Rio Branco o cordão Só se Bebe Água, criado por ele e outros em desafio ao veto policial aos cordões, tidos como desordeiros. Em 1917, o Trinca Espinha não tinha problemas para, junto a outros remadores, assegurar no braço o cordão e seu estandarte, em que dominava a imagem de um barril de chope ligado às bocas caricaturadas de seus fundadores. No último trimestre de 1918, a força do Trinca Espinha já não era mais a mesma – e isso ficou claro aos olhos de seus amigos reunidos no bar naquele fim de tarde de data imprecisa. Ali, o Trinca Espinha morreu, para nascer o Caveirinha – ou K. Veirinha, a gosto da crônica carnavalesca do período. O Bar Nacional não existe mais, nem tampouco a Galeria Cruzeiro – deram lugar ao Edifício Avenida Central. Até o final de 1918, o neomagro Caveirinha e sua célula de foliões subversivos lançariam ao mundo uma outra criação cultural que sobreviveria ao bar, à galeria, a outras epidemias, a todos eles e até ao Rio de Janeiro que conheceram – o Cordão da Bola Preta.

A data oficial é 31 de dezembro de 1918. Foi fixada para esse dia a fundação do mais popular bloco da história do Carnaval carioca. A gênese do Bola Preta, que se deu, na prática, alguns dias antes, é cercada de mitologia. De certo, sabe-se que seus fundadores eram homens de frente em sociedades carnavalescas, todos gastos pelas formalidades desses grandes grupos da elite do Carnaval. Entre os pioneiros, estavam o sobrevivente Caveirinha, dos Democráticos, e o também remador Francisco Brício Filho, o Chico Brício, dos Tenentes do Diabo. E também, entre outros: Mirandela, o mesmo que letrara "Você me acaba", canção defendida por Donga e China na Festa de Penha; Lorde Jamanta, o mesmo que conduzira o bonde funerário pelas ruas do Rio no auge da Gripe; e os irmãos Roxo (Jair, Jorge e Joel), que ocupariam funções no grupo ao longo das próximas décadas. O cordão no Cordão da Bola Preta era mais um manifesto do que uma descrição exata de funcionamento, do que foi, desde o início, mais clube ou bloco. Era menos cordão, inclusive, do que o finado Só se Bebe Água, de Trinca-Espinha/Caveirinha, Chico Brício & Cia. Na realidade, o Cordão da Bola Preta era uma espécie de réquiem festivo para os cordões:

> Um marco na história do desaparecimento dos cordões é, paradoxalmente, a fundação do Cordão da Bola Preta, em 31 de dezembro de 1918, um clube carnavalesco que existe até hoje (...). Tal percurso demonstra evidentemente que o Bola Preta nunca foi de fato um cordão, já que no artigo primeiro de seus estatutos aprovados em 1926 está escrito que "é sociedade recreativa e tem por objetivo único manter a tradição dos antigos cordões", e seu parágrafo único prevê que, como seu objetivo é "cuidar de manter tais tradições", a designação cordão jamais poderá ser alterada, pois isto "implicará na dissolução do Bola Preta".[80]

Os carnavalescos que fundaram o Bola já se esbarravam há anos pela cidade. Fora do Carnaval, eles se topavam nos bares do Centro e da Glória, e nas festas, como nas realizadas na República dos Trouxas, sede do Grupo dos Trouxas, polo dinâmico do Clube dos Democráticos. No Carnaval, eles se encontravam nas ruas, onde ajudavam a desfilar grupos e sociedades, e nos salões, para os bailes. Compartilhavam e seguiram compartilhando experiências, mas, mesmo décadas depois da fundação do grupo, não conseguiram concordar sobre o porquê da Bola Preta. Uma homenagem a uma foliã sem nome com quem Caveirinha havia pulado o Carnaval de 1918,

---

[80] FERNANDES, Nelson da Nobrega. Escolas de samba: sujeitos celebrantes e objetos celebrados, Rio de Janeiro, 1928–1949. Rio de Janeiro: Secretaria das Culturas, Departamento Geral de Documentação e Informação Cultural, Arquivo Geral da Cidade do Rio de Janeiro, 2001, p. 31.

na Glória, antes de se perder dela – um pierrô de bola preta? Um tributo a uma mulher com *collant* preto e branco que passara diante da turma de Caveirinha e Brício num bar? Uma menção à bola mais valorizada na modalidade de bilhar praticada pelos amigos? Uma forma de subverter o ritual de avaliação de novos integrantes nos círculos e clubes mais fechados da elite carioca (onde bola branca é igual a aprovado e bola preta, a rejeitado)? Talvez tenha sido um pouco de tudo: a sincronicidade que veio dar à rua.

No ano de 1919, o Cordão da Bola Preta enfim deixaria de ser ideia para se transformar em fato, realização humilde, mas palpável: alguns amigos com um estandarte em preto e branco. Daí em diante só cresceria de ano a ano: dos meio improvisados bailes ao ar livre aos bailes em ambientes fechados e ricamente decorados nos anos 1920, e, depois, destes aos desfiles de grande apelo popular a partir dos anos 1930. Como pensar, hoje, a folia no Rio de Janeiro sem a abertura colossal do Bola Preta no sábado de carnaval?

Para quem já era uma realidade no Carnaval carioca, o 31 de dezembro de 1918 foi de superação e expectativa de dias melhores, depois de um ano assolado pela Guerra e pela Gripe. Foi na chave da regeneração que os grupos, sociedades e ranchos carnavalescos chamaram associados e outros foliões para a virada rumo a 1919. O Clube dos Pingas Carnavalescos, alvirrubro do bairro do Engenho de Dentro, foi mais genérico:

> Ano Novo, vida nova...
> Já dizia o SANCHO PANÇA,
> Cantemos, pois, essa troca
> Da esperança!...[81]

Os Tenentes do Diabo, uma das três grandes sociedades do Carnaval carioca, chamaram seus integrantes "À luta":

[81] Jornal do Brasil, Rio de Janeiro, 31 dez. 1918.

Chegou a hora da onça
Beber água, ó pessoal!
Ó gente do beco sonsa
Sacuda essa preguiça
E acorda pro Carnaval!

Não façam todos os dias
Desculpas esfarrapadas,
Não há mais epidemias
E as crises não são harpias
Que embaraçam as calçadas.[82]

O rancho Ameno Resedá, verde, grená e amarelo do Catete, convidou sócios, amigos, pastores e pastoras para um "Grande e extraordinário REVEILLON, a fim de comemorar a triunfal entrada do futuroso 1919, e expurgar-se o ESPANHOLADO e cabuloso ano que felizmente finda-se, 1918".[83] No Ano Novo propriamente dito, o Ameno ensaiou marchas-rancho, desfilou pelo Largo do Machado e emendou um baile até o sol raiar.

No discurso oficial das agremiações, um novo ano assinalava a liberação de Momo, o deus grego do sarcasmo e da ironia, para que tomasse a cidade e se tornasse rei do Carnaval. As 'regras' da folia se aplicavam à virada. O lança-perfume já imperava em batalhas de confete realizadas no último dia do ano, como nas do Engenho de Dentro, Engenho Novo e bairro do Riachuelo. Na batalha de confete da Avenida Rio Branco, desfilaram grupos carnavalescos como o Estrelas do Brasil, da Saúde, o Paraíso da Mocidade, do Catumbi, o Felismina Minha Nega, de Quintino, e o Congresso dos Boêmios, da Lapa, todos fora do eixo das grandes sociedades. Nos bailes a fantasia do Recreio dos Artistas, da Rua Buenos Aires, do Lusitano Club, da Rua Uruguaiana, e do Filhos de Talma, de São Cristóvão, valia para o Ano Novo o que valia para os eventos carnavalescos: nada de apaches, marinheiros e pijamas.

---

[82] Jornal do Brasil, Rio de Janeiro, 31 dez. 1918.

[83] Jornal do Brasil, Rio de Janeiro, 31 dez. 1918.

No Ano Novo, as canções lançadas na Festa da Penha ou depois dela passavam por outro teste. No Clube dos Democráticos, o Grupo dos Trouxas, núcleo de foliões que fez muito pela entrada do choro, do maxixe e do samba nas grandes sociedades, puxou a farra cantando "Confessa, meu bem", a nova de Sinhô. No Clube dos Fenianos, o Grupo dos Embaixadores cantou, até o raiar do primeiro dia de 1919, "Pombinha", lançamento de Pixinguinha e Donga que dizia assim num trecho:

Sapateia, minha bela
Num requebro nem seguro
Neste samba da pombinha
Gato preto... é bicho duro.

Olé! Olá!
Que galante feiticeira
Que teteia, que beleza
Que pombinha tão brejeira.[84]

Da Kananga do Japão aos Tenentes do Diabo, do Andaraí Clube Carnavalesco aos Fenianos de Cascadura, quem costumava botar os pés na rua durante o Carnaval realizava, no geral, um baile de Ano Novo – e, no mais das vezes, com ceia, tendo a peixada e a feijoada como opções correntes. Alguns clubes até repetiam a dose no dia seguinte, em franca homenagem a Momo, como o fizeram no primeiro dia de 1919 o Yayá Formosa, do Catumbi, e o Rancho Paz e Amor, do Engenho de Dentro.

---

[84] Jornal do Brasil, Rio de Janeiro, 2 jan. 1919. No pufe do baile de Ano Novo, os Fenianos anunciavam que davam espaço a "sambas verdadeiros". Citavam "Até parece coisa feita", de Caminha (sic), "Pombinha", de Donga e Pixinguinho (sic) e "Já te digo", de China e Pixinguinho (sic). Ver: O Paiz, Rio de Janeiro, 31 dez. 19.

Propagandas de uma marca de lança-perfume, ainda em dezembro de 1918.
FONTE: REVISTA DA SEMANA, 07/12/1918 E 21/12/1918

LANÇA PERFUME

PIERROT E IDEAL

Carnaval 1919

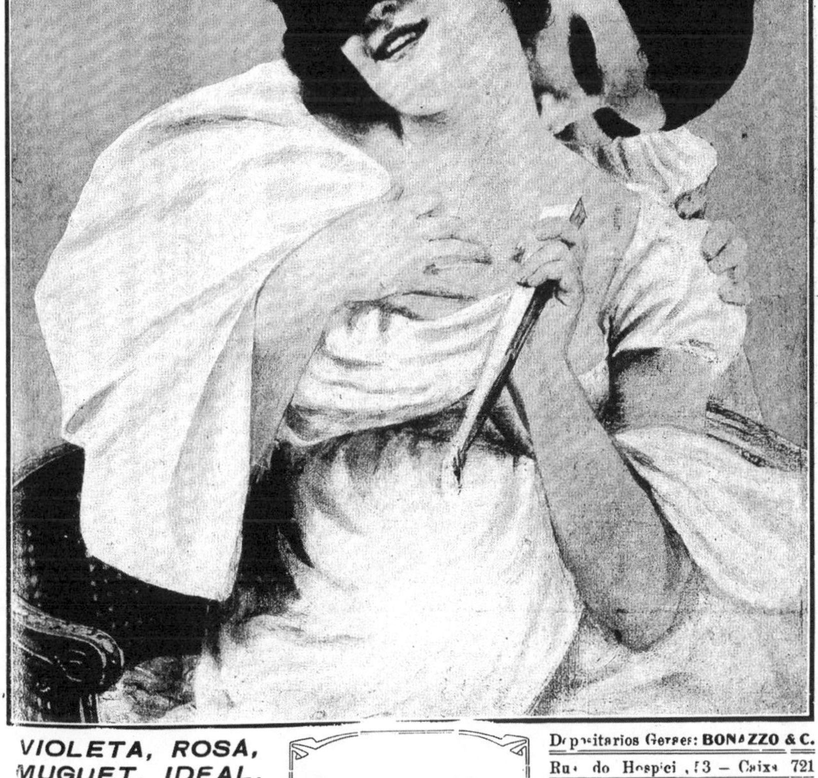

VIOLETA, ROSA,
MUGUET. IDEAL,
EAU DE COLCGNE,
ACACIA.

NÃO ARDE OS OLHOS.
PERFUME AGRADAVEL.

QUALIDADE
EXTRA FINA

Depositarios Geraes: BONAZZO & C.
Rua do Hospicio, 53 – Caixa 721
:: :: RIO DE JANEIRO :: ::

PREÇOS SEM COMPETENCIA
PARA OS
ATACADISTAS

Caveirinha, um dos fundadores do Cordão da Bola Preta.
FONTE: JORNAL DO BRASIL, 22/01/1970

PRÉ-CARNAVAL

PARTE 2

NA NOITE DO 26 DE JANEIRO DE 1919, um domingo, José Fernandes Porto Júnior morreu no bairro do Engenho de Dentro enquanto tocava um samba ao piano. O cenário era a sede da Sociedade dos Pingas Carnavalescos, grupo carnavalesco com uma maioria de funcionários da Estrada de Ferro Central do Brasil. Fernandes era um desses funcionários, conhecido também nas rodas pelo codinome Dom Esguio.[85] "Ao meio de uma contradança, o piano parou inesperadamente, e quando várias pessoas se acercaram dele, verificaram o caso do súbito falecimento do pianista, vitimado por um insulto apoplético [derrame hemorrágico]", registrou o Correio da Manhã.[86] O salão virou capela e o baile, velório. Por opção da diretoria da sociedade alvirrubra, o corpo de Fernandes permaneceu no local até a tarde do dia seguinte, quando partiu o cortejo rumo ao Cemitério de Inhaúma, onde seiscentas pessoas homenagearam Fernandes, casado, pai de quatro filhos pequenos e dínamo carnavalesco. Além de funcionário da Central do Brasil, Fernandes era colaborador de jornais e revistas, e chegou a assinar, na condição de secretário, comunicados dos Pingas. Era poeta também, e um

---

85 Jornal do Brasil, Rio de Janeiro, 28 jan. 1919. Sobre o perfil operário dos Pingas Carnavalescos, ver: SERFATY, Elaina. Identidades, diferenças e redes de relações dos trabalhadores do Engenho de Dentro (1890-1910). In: XVII Encontro de História da Anpuh-Rio, 2016, Rio de Janeiro. Anais do XVII Encontro de História da Anpuh-Rio: Entre o local e o Global, 2016.

86 Correio da Manhã, Rio de Janeiro, 27 jan. 1919.

de seus versos chegou a ser resgatado pelo Jornal do Brasil a título de quase-profecia: "Despedindo-me do mundo às gargalhadas".[87]

Em janeiro de 1919, a sociedade carnavalesca do Engenho de Dentro já girava na rotação do Carnaval. Duas semanas antes da morte de Fernandes, os Pingas haviam realizado no bairro uma das primeiras batalhas de confete da temporada. Os bailes, como o de 26 de janeiro, já eram semanais (e não mais mensais, como noutros períodos). Tais quais as grandes sociedades em que se espelhavam desde a fundação, há mais de três décadas, sociedades como os Pingas corriam para colocar o Carnaval de 1919 na rua. Eram diferentes das gigantes do Carnaval – menos ricas e menos brancas, mais operárias e mais familiares. Mesmo sem planejar, faziam o seu próprio caminho, ganhavam a sua própria cara, como indicam as poucas fotografias que restam.[88] A morte de Fernandes marcou essa trajetória, sem detê-la. Os Pingas seguiriam vivos, com Fernandes na memória – um ano depois, na sede do grupo no Engenho de Dentro, seria inaugurado um retrato do saudoso Dom Esguio.

Os Pingas estavam no fluxo da cidade. A partir do primeiro fim de semana do ano, nos dias 4 e 5 de janeiro de 1919, a agenda pré-carnavalesca começou a explodir: de cara, com os bailes; depois, com as batalhas de confete e os banhos de mar a fantasia. O Carnaval começava a circular como ideia, evento e negócio – em todas as regiões do Rio de Janeiro. Na edição do Jornal do Brasil de 6 de janeiro, uma segunda-feira, o colunista Francisco Guimarães (Vagalume) abriu os trabalhos do ano com exuberância:

> Eia, foliões!
>
> Para longe, muito longe mesmo, as tristezas que não pagam dívidas nem dão vida aos mortos e ponhamos o coração à larga, dando expansão ruidosa aos nossos sentimentos de alegria, que Momo vem aí!

---

[87] Jornal do Brasil, Rio de Janeiro, 28 jan. 1919.

[88] Fon-Fon, Rio de Janeiro, 10 mai. 1913.

> Após quatro anos de sangue e luta consequentes da guerra, após o flagelo da espanhola, essa peste terrível que quase liquidava a nossa Foliópolis, entoemos os nossos cânticos alegres ao Rei da Folia, ao Chefe Supremo do Carnaval.
>
> Evoé! Evoé!

A revista A Política também deu conta da agitação da cidade no início de janeiro de 1919. Na última edição sob direção de conteúdo do escritor, jornalista e político Coelho Neto, a revista, que se apresentava como combativa e ilustrada, documentou a animação crescente da seguinte forma, num texto assinado por um certo Julio:

> O Rio, que há mais dois meses, se tanto, flagelado pela mais violenta e cruel das epidemias, era a cidade da Morte, em cujos cantos só se ouviam soluços e gemidos, casando-se com as pancadas lúgubres dos martelos no preparo febril de caixões para a última viagem das vítimas que caíam aos milhares, passa neste instante pôr uma completa mutação, aparecendo como a Cidade da Vida, onde a alegria comunicativa transforma os prantos em risos e a saudade em esquecimento desses dias lutuosos.
>
> Eis-nos, enfim, no período fantástico das noites encantadoras dos sábados e domingos, sacudidos pelos tangos que preparam o monstro canto coral da massa anônima para a recepção desse gaiato amigo velho que é Momo, que atrai ao seu efêmero reinado, filhas desoladas e viúvas inconsoláveis, confundindo-lhes as vestes lutuosas com as cores alegres dos trajes das outras mulheres.
>
> Não as condeneis por isso, ó almas circunspectas, de costumes retrógrados, de prejuízos arcaicos!
>
> Os guizos de Momo perturbam a razão dos seres mais serenos, implantando em toda a parte uma desordem adorável.

> Depois, deveis reconhecer que é nesse período de loucura que o Rio vive, ri e goza.
>
> Viver, rir e gozar tão pouco, durante um ano inteiro de desespero, sobressaltos, agonias e até de lágrimas de dor sobre os corpos inanimados de entes que foram um pedaço do próprio coração dos que os perderam, sem dúvida nenhuma não é demais.
>
> Há para cada manifestação da alma um modo especial.
>
> O Carnaval é o bálsamo que suaviza – mais ainda – que anestesia todas as dores morais.
>
> Para chorar os que se foram virá depois... o dia de Finados.[89]

"Quase um mês antes" de começar, o Carnaval carioca já absorvia "todas as atividades", descreveu Lima Barreto a Monteiro Lobato numa carta enviada já depois do Carnaval de 1919. "O meu Rio é essencialmente carnavalesco e, ao que parece vai pegando a moléstia em todo o Brasil", completou Lima Barreto.[90]

Na superfície, parecia se aproximar um carnaval como o de qualquer outro ano. As grandes sociedades reclamavam apoio de associados, de comerciantes, de empresas e do poder público, e faziam da comunicação de que colocariam o Carnaval na rua um evento à parte, com a afixação de mensagens às portas de suas sedes, carreatas da diretoria e festas, como o baile do Clube dos Democráticos no dia 11 de janeiro de 1919. Esse baile, puxado pelo Grupo dos Ranzinzas, antecipava logo no convite um pouco do espírito do Carnaval que viria:

---

89 A Política, Rio de Janeiro, 10 jan. 1919. Sobre o papel de Coelho Neto em A Política, consultar: OLIVEIRA, Bruna Vieira Gomes. A Política Revista Combativa Ilustrada: O universo das crônicas de Coelho Neto. In: Revista Ars Historica, nº 8, Anais da VIII Jornada Discente do PPGHIS/UFRJ – 2013, pp. 236-246.

90 Carta de Lima Barreto a Monteiro Lobato, datada de 8 de março de 1919. Ver: CAVALHEIRO, Edgard. A correspondência entre Monteiro Lobato e Lima Barreto: com notas, manuscritos e acréscimos. Rio de Janeiro: Verso Brasil Editora, 2017, p. 60.

Assim que é! Viva a Folia!
Viva Momo! Viva a Troça!
Não há tristeza que possa
Suportar tanta alegria![91]

Os associados mais graduados das grandes sociedades se dividiam em comissões de trabalho, já com foco nos préstitos: "Comissão de frente", "Carros de crítica" (com temas relacionados a atualidades), "Livro de ouro" (coleta de fundos) e "Mulheres" (composta por homens, para recrutar destaques para os desfiles). No paralelo, Tenentes do Diabo, Democráticos e Fenianos disputavam entre si sinais de prestígio e ativos estratégicos, como a presença da Banda de Música do Regimento de Cavalaria da Brigada Policial em seus desfiles. Revisitadas, essas contendas se assemelham aos duelos que vemos hoje entre clubes de futebol por talentos. Para 1919, por exemplo, o Clube dos Democráticos havia se adiantado e pagado um sinal de trezentos réis (de um total de um conto e duzentos mil réis) à Banda da Brigada Policial. O problema: a banda fez questão de devolver dinheiro, alegando estar apalavrada com os Fenianos, rivais dos Democráticos. Os Fenianos não apenas acabaram levando a parada, como anunciaram que presenteariam, por meio do Grupo dos Embaixadores, o maestro José Nunes da Silva Sobrinho (J. Sobrinho) com um escudo de ouro, cravejado de brilhantes – J. Sobrinho regia a tão cobiçada fanfarra.

Os grupos menores se equilibravam como podiam, estivessem eles estabelecidos, como os ranchos da região do Catete e Laranjeiras; em vias de reestabelecimento, como o Clube dos Fidalgos, de Vila Isabel; ou recém-criados, como o bloco Resistente da Crise, de Santa Teresa, que cantava em marcha a importância de "esquecer

[91] Correio da Manhã, Rio de Janeiro, 11 jan. 1919. "Não há tristeza que possa suportar tanta alegria" foi o título do enredo escolhido pela escola de samba Unidos de Viradouro para o Carnaval de 2022, o primeiro depois da pandemia da Covid-19.

as plagas da sorte".[92] Com menos dinheiro, esses grupos contavam com associados e comerciantes locais, e viam seus talentos se desdobrarem, como o compositor de marchas e carteiro Pedro Paulo, que ensaiava doze ranchos para o Carnaval de 1919, entre eles o Caprichosos da Estopa, rancho formado por tecelões da Fábrica Corcovado, em Botafogo.

No dia 16 de janeiro, uma quinta-feira, um intervalo relativo: morreu aos setenta anos de idade, em um casarão na Rua Senador Vergueiro, no bairro do Flamengo, o presidente Rodrigues Alves. O prefeito interino do Rio de Janeiro, Cícero Peregrino, decretou luto de três dias. Por conta da morte do presidente, o Grupo dos Embaixadores, ligado aos Fenianos, transferiu o baile de aniversário, originalmente marcado para o sábado, 18 de janeiro, para a semana seguinte. É um dos poucos registros de mudança na agenda pré-carnavalesca. Os teatros, em contraste, não funcionaram em respeito à morte do homem de Estado. A longa agonia de Rodrigues Alves e o fato de sequer ter assumido o cargo em novembro do ano anterior de certa forma haviam preparado a opinião pública para a morte. Isso fica claro na leitura do noticiário político do período, focado desde o ano anterior no que seria o Palácio do Catete pós-Rodrigues Alves. Até hoje se debate de que exatamente morreu o 'conselheiro'.[93] O problema talvez esteja mais na pergunta do que na resposta. Rodrigues Alves sofria de anemia perniciosa, uma doença diagnosticada nele anos antes.[94] Quando contraiu o vírus H1N1, da Gripe Espanhola, em outubro de 1918, já exibia há tempos sinais agudos de fadiga, fraqueza, palidez e perda

92 Jornal do Brasil, Rio de Janeiro, 10 jan. 1919.

93 No Império, Rodrigues Alves atuou como deputado provincial, deputado geral e presidente da província de São Paulo. Em 1888, deixou o último cargo para voltar à Câmara dos Deputados, onde votou a favor da Lei Áurea. Três meses antes da Proclamação da República, foi designado conselheiro do Império pela princesa Isabel.

94 FRANCO, Afonso Arinos de Melo. Rodrigues Alves: Apogeu e declínio do presidencialismo. Vol II. Brasília: Senado Federal, 2001, p. 310.

de massa corporal. O atestado de óbito do ano seguinte aponta como causa básica a anemia perniciosa e como causa terminal uma parada cardíaca. Para complicar um juízo definitivo, o próprio Rodrigues Alves se queixava há anos de "restos de beribéri", mal que o havia afligido em 1896. Talvez seja difícil afirmar, como o fez Afonso Arinos (sobrinho), que o conselheiro morreu da Gripe. Mas é certo que a infecção por H1N1 em outubro de 1918 não fez nada para melhorar sua circulação pulmonar, já combalida.[95] Em resumo, Rodrigues Alves era – há muito – um homem doente. A morte do conselheiro deu início a uma nova corrida eleitoral, que logo se polarizaria entre os senadores Epitácio Pessoa, da Paraíba, e Rui Barbosa, da Bahia. A quatro dias do Carnaval, mesmo à distância do plenário do Senado, Epitácio Pessoa – àquela altura na Convenção de Paz de Versalhes – seria sagrado candidato na Convenção do Partido Republicano Conservador, por 139 votos contra 42 de Rui Barbosa. A disputa não acabaria ali.

Se a morte de Rodrigues Alves não entrou na ordem do dia dos grupos carnavalescos, a Morte, maiúscula, pautou algumas dessas agremiações. À medida que o Carnaval se aproximava, com bailes, festas e batalhas de confete, a memória da sombra que encobriu o Rio de Janeiro em 1918 se manifestava nos convites para eventos, nas canções e até nos nomes de novos grupos. A penumbra vinha tanto da Grande Guerra, que ajudara a esvaziar em parte o Carnaval de 1918, quanto da Gripe, que lançara a cidade ao colapso bem no momento em que as agremiações costumavam intensificar a programação de festas, em outubro e novembro. Na última semana de janeiro de 1919, o Grupo dos Embaixadores, ligado aos Fenianos, chamou associados e foliões para uma espécie de baile-cruzada:

[95] De acordo com Afonso Arinos (sobrinho), o atestado também citava leucemia. Uma hipótese é que a leucemia tenha sido lançada como explicação para dar conta de uma leucocitose severa, dentro de um quadro de sepse. Ver: Ver: FRANCO, Afonso Arinos de Melo. Rodrigues Alves: Apogeu e declínio do presidencialismo. Vol I. Brasília: Senado Federal, 2001,

Por isso, guerra à tristeza!
Pra bem longe a hipocondria!
Que seja a nossa alma presa
De transcendente alegria![96]

No início de fevereiro foi a vez do Clube dos Zuavos prometer um baile em que reinaria o "gozo do maxixe", para "fazer esquecer as misérias da terra, os ecos da gripe e a lembrança da guerra".[97] No convite para esse baile, marcado para 2 de fevereiro, um domingo, os Zuavos recordaram um revés sofrido dias antes: o secretário do grupo, Astolfo Sodré, conhecido como Dr. Ciência, havia sofrido um ataque a faca. O crime teria sido encomendado por um imigrante italiano que se julgara ofendido por um pufe assinado pelo Dr. Ciência – provavelmente o mandante seria residente num endereço vizinho à Caserna, como era conhecida a sede do grupo na Rua Visconde de Maranguape, na Lapa. Num pufe que havia sido publicado para o primeiro baile do ano, no dia 1º de janeiro, o grupo havia aludido aos vizinhos da seguinte maneira:

É certo que alguns vizinhos,
Da raça ruim dos daninhos,
Nosso pé querem morder,
Porém, nós não temos medo
Pois que somos qual rochedo
Bem difícil de abater.[98]

---

96 Jornal do Brasil, Rio de Janeiro, 25 jan. 1919.

97 Jornal do Brasil, Rio de Janeiro, 2 fev. 1919. O Clube dos Zuavos, ativo em 1919, havia sido fundado dez anos antes. Dos Zuavos Carnavalescos, sociedade fundada em meados do século XIX, e com papel na origem de outros grupos, como os Tenentes do Diabo, só tinham o nome. Zuavos eram soldados da Argélia e de outras partes da África que compunham regimentos no exército francês nos séculos XIX e XX. Zuavos também eram os integrantes de regimentos de soldados negros da Bahia e de Pernambuco na Guerra do Paraguai. Ver: MORAES, Eneida de. História do carnaval carioca. Rio de Janeiro: Record, 1987, p. 48; KRAAY, Hendrik. Os companheiros de Dom Obá: Os zuavos baianos de outras companhias negras na Guerra do Paraguai. Afro-Ásia, *[S. l.]*, n. 46, 2012.

98 Jornal do Brasil, Rio de Janeiro, 1º jan. 1919.

No pufe do baile de 2 de fevereiro, depois do crime, os Zuavos foram explícitos na atribuição do crime:

Houve um bandido estrangeiro,
Delinquente aventureiro,
Que um de nós quis abater;
Há de ser, porém, punido
Esse seu feito atrevido
Para outro igual não mais ter.

Felizmente, nesta terra
Que tanta beleza encerra
Como em Berlim, há juízes.
E o mandante carcamano
Há de ter pra mangas "pano"
O maior dos infelizes.[99]

O Dr. Ciência se recuperou do susto a tempo de retomar as funções e preparar os Zuavos para saírem à rua no Domingo de Carnaval.

Uma semana depois dos Zuavos, o Congresso dos Tenentes, do Centro, convocou para um baile a fantasia "arcorisante (*sic*) antigripal e desmanchadíssimo".[100] Para o último final de semana antes do Carnaval, o mesmo Congresso, que não tinha parte com os outros Tenentes (do Diabo), chamou para uma festa puxada por um tal Grupo dos Gripados.

Na dispersão dos pequenos blocos, muitos compostos apenas por amigos sem compromisso efetivo de saírem no Carnaval ou de colocarem mais do que um estandarte ou um conjunto de fantasias e instrumentos na rua, geralmente sem licença, a criatividade explodiu no pré-Carnaval. A aprovação automática de estudantes prejudicados pelo recesso forçado da Gripe motivou o surgimento de dois blocos antes do Carnaval: o Exames por Decreto e o Bacharelandos de 1918. Nos bairros do Riachuelo e

---

[99] Jornal do Brasil, Rio de Janeiro, 2 fev. 1919.

[100] Jornal do Brasil, Rio de Janeiro, 9 fev. 1919.

Honório Gurgel, na Zona Norte, a lembrança da pandemia embalou a criação de dois blocos chamados Chá da Meia-Noite, batizados com o nome da bebida que, de acordo com a crença popular, dava cabo dos pacientes mais graves na Santa Casa de Misericórdia. A mesma Santa Casa figurou como 'homenageada' no nome do bloco Miséria e Corda, de Madureira. Em Nova Iguaçu, na Baixada Fluminense, os foliões seriam ainda mais diretos e até o Carnaval criariam um bloco sem subterfúgio: Influenza Espanhola. No Rio, o colunista Vagalume anunciou que haveria um Bloco da Espanhola supostamente pronto para sair – detalhe: dizia-se fundado bem no auge da epidemia, em 20 de outubro de 1918. No pré-Carnaval, na Tijuca, o Grupo dos Virilhas cantou sua própria fundação com uma marcha que, num trecho da letra, dizia assim:

> Porém como a Espanhola
> Deixou os virilhas carecas,
> Foi tocando castanhola.
> Ai que beleza, o Carnaval,
>
> Para acabar com as mágoas
> De quem sempre anda a chorar
> Viva a Folia e o Carnaval,
> Que festa assim não tem igual.[101]

A verve desses blocos de ocasião encontrava par na imprensa, como neste trecho de uma nota publicada no Correio da Manhã por Pierrot, pseudônimo atribuído ao poeta, jornalista e bibliotecário Bastos Tigre, ardoroso folião do Clube dos Democráticos:

---

[101] De acordo com o Vagalume, a base da marcha era a "Marcha do Soldado Paulista". Provavelmente, Vagalume se referia ao dobrado "Capitão Caçulo (Canção do Soldado Paulista)", do compositor paraense Teófilo de Magalhães. A canção fez sucesso na segunda década do século XX. Ver: Jornal do Brasil, Rio de Janeiro, 16 fev. 1919; VASCONCELOS, Ary. A nova música da República Velha. Rio de Janeiro: s/ed, 1985, pp. 103-104.

> Quem não morreu da Espanhola, quem dela pode escapar, não dá mais tratos à bola, toca a rir, toca a brincar... A quadra não é de prantos! Tragam nos lábios sorrisos, pois já por todos os cantos se ouve a música dos guizos.[102]

A combinação entre morte e vida também figurava nas chamadas para a Batalha dos Cronistas Carnavalescos, uma batalha de confete que reunia dezenas de grupos numa Avenida Rio Branco adornada por bandeiras e lâmpadas coloridas:

> Terminada a guerra que enlutou o mundo, debelada a terrível epidemia que devassou todos os lares na Terra de Santa Cruz, livres de tais flagelos, é justo que ponhamos o coração à larga dando expansão ao nosso gênio folgazão, esquecendo dores, mágoas e politicagem, para render a Momo, o Rei da Galhofa, a mais justa das homenagens de um povo folião.[103]

O evento, realizado em 1919 no dia 8 de fevereiro, um sábado, era uma das prévias do Carnaval. Os eixos da festa eram pelo menos três coretos armados ao longo da Avenida, ao som de bandas militares. Entre nove da noite daquele sábado e duas da manhã do domingo, sociedades da região central e também dos subúrbios, ranchos da região do Catete e também da Pequena África, blocos com história e também blocos instantâneos, grupos de nomes tão díspares quanto Audax Club e Mamãe, a Galinha Comeu Gafanhoto passaram com seus estandartes e canções, testando a receptividade da multidão às suas mensagens. Entre esses grupos, estava o rancho infantil Riso Leal, sob a batuta de Hilário Jovino e do histórico mestre-sala de rancho (e genro de Tia Ciata) Germano Lopes da Silva. Um dos sucessos de público na noite foi o clube Filhos do

---

102 Correio da Manhã, Rio de Janeiro, 20 jan. 1919; CASTRO, Ruy. Metrópole à beira-mar. São Paulo: Companhia as Letras, 2019, p. 21.

103 Jornal do Brasil, Rio de Janeiro, 23 jan. 1919.

Castelo de Ouro, do Morro do Castelo, que matava a seca de quase dois anos sem pular – como tantos outros grupos, não havia realizado Carnaval externo em 1918, ano sob a marca da austeridade e da Guerra. No caso de agremiações como o bloco Baiano Burro Nasce Morto, lançamento do pioneiro Lellis (Lelé) do Aragão, a Batalha dos Cronistas de 1919 representava um batismo de fogo. Estreante, o bloco da Cidade Nova cantou assim:

> Requebra, meu bem, requebra
> Vai gozando o seu "pedaço"
> Machuca, meu bem, machuca
> Sempre firme no compasso.
>
> Seja velha, seja moça
> Seja solteira ou casada
> Perde a cabeça e se atira
> Na gostosa patuscada.
>
> Vou-me embora, vou-me embora,
> Vou pra casa descansar,
> Quem quiser gozar a vida
> Não procure se casar.[104]

Como de costume nas batalhas de confete, os grupos disputaram na Batalha dos Cronistas Carnavalescos prêmios relacionados a originalidade, performance musical e popularidade. Entre os grupos laureados: o Guarany Club, da Rua Sete de Setembro, merecedor de uma taça de prata por um desfile aberto por arautos fantasiados de indígenas e encerrado com a pancadaria de imensos bumbos de Zé Pereira; e o Borboletas Negras, um bloco feminino, que, da Batalha dos Cronistas, levou para a sua base na Zona Norte um porta-joias. Foliões e foliãs individuais também foram premiados.

A Batalha dos Cronistas de 1919 ainda teve uma dimensão adicional, atrelada a um contexto maior de vigilância e repressão

[104] Jornal do Brasil, Rio de Janeiro, 12 fev. 1919.

de expressões do Carnaval pelas forças de segurança. Naquele ano, o chefe da Polícia, Aurelino Leal, decidira fazer da batalha um teste para distinguir grupos reais de grupos de fachada. Aurelino mirava contra agremiações carnavalescas que, de acordo com a Polícia, contraíam dívidas impagáveis na praça para desfilar, possuíam diretores sem idoneidade ou que deviam a existência mais aos jogos de azar do que à folia. A tendência oficial era relacionar Carnaval externo (isto é, nas ruas) à legitimidade – quem saísse demonstraria, aos olhos da Polícia, razão de existir.

Além de sair, e de pagar pela licença anual para fazê-lo, os grupos carnavalescos passaram em 1919 a ter de desembolsar pela vistoria de suas sedes por um engenheiro designado pela Polícia, para avaliar a higiene e a segurança das sedes. O acúmulo de exigências parecia desenhado de forma a barrar agremiações menores e de componente mais popular.

Apesar dos obstáculos, a busca por licenças às vésperas do Carnaval daquele ano batia, de longe, a marca de 1918. A pouco mais de uma semana da abertura da folia, o número de pedidos de licença era praticamente o dobro do correspondente ao mesmo período do ano anterior.

A interferência da Polícia não poupava nem as grandes sociedades. Em 1919, a Polícia tentou até o limite redefinir os itinerários dos Tenentes do Diabo, dos Democráticos e dos Fenianos. A ideia era deslocar o eixo do desfile da Avenida Rio Branco para a Avenida Beira Mar, para liberar o trânsito na Avenida Rio Branco. Na Avenida Beira Mar, de acordo com o Jornal do Brasil, a Polícia considerava ser mais fácil organizar uma visita do presidente Delfim Moreira. As grandes sociedades discordaram desde o início do plano, que retiraria os préstitos do seu hábitat pouco mais de uma década depois da mudança do circuito do Carnaval do polo da Rua do Ouvidor para o polo da Avenida Rio Branco. Dentre as queixas dos Tenentes do Diabo, dos Democráticos e dos Fenianos em relação ao plano da Polícia, puxava a fila o impacto financeiro do novo percurso, mais longo: com mais chão para cobrir, seria necessário investir em mais fogos de bengala, para iluminar a passagem das alegorias e componentes, e também em mais tração animal, para puxar por mais tempo carros que pesavam até oito toneladas. Os representantes das sociedades chegaram a alertar até sobre a saúde dos foliões, pelo risco de choque térmico no deslocamento da multidão pela Avenida Rio Branco, mais quente, para a Avenida Beira Mar, mais arejada. Após uma série de reuniões, acompanhadas com interesse pela imprensa, que apoiava o pleito das sociedades, a Polícia enfim concordou em manter a Rio Branco como ponto focal dos préstitos.

Outro debate pré-carnavalesco envolvia o risco de retorno da Gripe Espanhola. A par das notícias do surgimento de uma segunda onda em diferentes partes do mundo, como nos Estados Unidos e na Espanha, o jornal A Noite procurou o chefe da Diretoria Geral de Saúde Pública, Dr. Teófilo Torres, para que respondesse se o Rio de Janeiro enfrentava ameaça semelhante. Vale notar que, em janeiro e fevereiro de 1919, a Gripe Espanhola ainda matava na capital – longe, entretanto, dos níveis de outubro e novembro: entre a última semana de janeiro e a segunda de fevereiro, o número de óbitos decorrentes da doença apresentava queda, de 16 para 13 óbitos e depois para oito óbitos por semana (num universo de cerca de 450 óbitos totais, por quaisquer causas, por semana). O Dr. Teófilo negou haver razão para alarme, mas não descartou a possibilidade, ainda que remota, na visão dele, de uma segunda onda. "A Saúde Pública está vigilante e, ao primeiro sintoma, decretará imediatamente as medidas a serem tomadas, principalmente as de profilaxia individual", afirmou o chefe da Saúde Pública.[105] Depois de publicada a primeira notícia, o Dr. Teófilo fez questão de procurar A Noite para detalhar a sua posição:

[105] A Noite, Rio de Janeiro, 21 fev. 1919.

> Em aditamento à minha nota de ontem e que tivestes a bondade de publicar, sobre a recrudescência da Gripe, e para evitar um equívoco de onde poderia resultar uma falsa segurança para a população desta capital, devo dizer que, se até hoje a Gripe não recrudesceu aqui, não quer isso dizer que, de um momento para outro, tal não possa acontecer. Sendo a Gripe uma doença nimiamente [demasiadamente] contagiosa e expondo-se o indivíduo a contraí-la com a simples aproximação de um doente, mesmo da forma mais benigna, segue-se a dificuldade evitar o contágio.
>
> A profilaxia individual a que ontem me referi consiste em cada um evitar as aglomerações e a aproximação de pessoas acometidas da doença, mesmo de caráter brando. Aos primeiros sinais da invasão do mal, caracterizado pelo cansaço e dores no corpo e dor de cabeça, acompanhados ou não de reação febril, deve-se guardar o leito, mantendo-se em repouso. A maior parte das vezes basta esse cuidado para em um dia ou dois restabelecer-se o doente. Tem isso, além do mais, a vantagem de se não transmitir a doença aos outros. Todas as circunstâncias que quebram a resistência do organismo são favoráveis à invasão da Gripe. Assim, os resfriamentos, as indigestões, o uso de bebidas alcoólicas, são outras tantas condições que a favorecem.
>
> Para evitar que a doença se propague, é necessário que cada um se compenetre de que não deve escarrar ou cuspir no chão, pois o catarro, a saliva e as mucosidades nasais são os principais transmissores da doença.
>
> O Carnaval proporcionando perigo pelas aglomerações, será prudente que cada um se precavenha, evitando todo e qualquer excesso, não devendo sair de casa desde que se sinta adoentado.[106]

O fato é que, na imprensa, o medo de uma segunda onda epidêmica no Carnaval não atraía nem de longe o interesse que

[106] A Noite, Rio de Janeiro, 22 fev. 1919.

despertava, por exemplo, a disputa em torno do itinerário das grandes sociedades. Sem sinais de recrudescimento da doença, o debate quase sumiu. Uma das raras exceções veio num chiste do Comedia: Jornal de Theatro:

> Em quase vésperas do Carnaval, o nosso inefável Diretor Geral de Saúde Pública tem zelos pelo bem-estar da nossa população e oferece conselhos salutares para evitar nova epidemia de gripe; entre outros, que se evite a aglomeração e quando se sentir adoentado que não saia de casa.
>
> O nosso médico, que conhece os efeitos dessa terrível moléstia, aconselha mais as seguintes preocupações:
>
> a) para quem tiver sede, beber;
> b) para quem tiver fome, comer;
> c) para quem tiver sono, dormir;
> d) para quem não tiver vontade de fazer coisa alguma, nada fazer.
>
> É um bom meio de evitar a moléstia e de não morrer mais depressa.[107]

Depois do mais esvaziado Carnaval de 1918 (o único carnaval da Guerra, pois o Brasil só entrara de forma oficial no conflito no fim de 1917 e se mantivera em estado de sítio desde então), o Carnaval de 1919 marcava também um retorno da economia carnavalesca à escala dos anos de paz. Com sociedades e ranchos de volta às ruas, reaquecia-se o aluguel de sacadas na Avenida Rio Branco.[108]

---

[107] Comedia: Jornal de Theatro, Rio de Janeiro, 1º mar. 1919.

[108] Em 1918, os Democráticos chegaram a cogitar um "préstito cívico de propaganda patriótica", mas desistiram por falta de dinheiro. Os Fenianos também não saíram. Dentre as grandes sociedades, apenas os Tenentes do Diabo realizaram carnaval externo, sem esquecerem de pedir doações para a Cruz Vermelha. Todas, entretanto, sediaram bailes. Entre os ranchos, Ameno Resedá e Flor do Abacate, do Catete, Cangaceiros do Caju e Quem Fala de Nós Tem Paixão, do Estácio, firmaram um convênio e não desfilaram. Ver: Jornal do Brasil, Rio de Janeiro, 19 jan. 1918, 9 fev. 1918, 3 fev. 1919; O Paiz, Rio de Janeiro, 5 fev. 1918.

Embalada a expectativa para a Avenida, ativava-se também o mercado de aluguel de carros e contratação de choferes para o corso, o desfile carnavalesco de carros abertos de foliões particulares pelas ruas da cidade. Na contramão, os vendedores de automóveis tentavam convencer os foliões a comprarem carros novos – e isso de forma bem direta, como num anúncio do modelo Willys-Overland publicado no pré-Carnaval, que convocava os interessados a "cumprirem para com sua família" o dever de "dar-lhes o prazer" de atravessar as ruas "sem perigo, confortavelmente e quase de graça durante muitos carnavais".[109] Com a explosão de grupos registrados e não registrados, dos subúrbios às áreas centrais, também disparava a procura por itens de uso na folia, o que fez com que o horário de comercialização de artigos carnavalescos fosse estendido até dez horas da noite, duas semanas antes do Carnaval. Buscava-se "lança-perfume, serpentina, confete, camisas com golas náuticas, quepes, bonés, chapéus de palha, luvas, meias, leques, panos africanos, miçangas, quimonos, sombrinhas, ventarolas"[110], máscaras, itens de armarinho e de adorno para a confecção caseira de fantasias, e também fantasias prontas ou quase prontas. No pré-Carnaval de 1919, "sem abater de modo algum o aluvião de pierrôs", destacava-se a demanda por fantasias de Folia (para crianças), de Cupido (para mulheres) e de Kaiser (para os homens). O interesse pelo último item, em particular, caminhava lado a lado com o noticiário quase novelesco sobre o ocaso de Guilherme II, monarca desgraçado da Alemanha que, desde o fim da Guerra, vivia no exílio, na Holanda.[111]

A festa aquecia no Rio inteiro. Estava dentro e fora do circuito em torno da Avenida Rio Branco, como atesta a geografia das batalhas

---

109 A Noite, Rio de Janeiro, 22 fev. 1919.

110 CASTRO, Ruy. Metrópole à beira-mar: o Rio moderno dos anos 20. São Paulo: Companhia das Letras, 2019, p. 21.

111 O concurso de A Noite seguia: Seria preso? Seria julgado? Do que viveria? Viveria? "Ser exterminado com toda a sua maldita geração", "Vestido de pierrô, feito da bandeira alemã, ser engraxate na Central do Brasil" e "Posto desnudo num campo onde haja urtigas e espinhos" foram algumas das respostas de 1919. Ver: A Noite, Rio de Janeiro, 4 fev. 1919.

de confetes realizadas no pré-Carnaval de 1919. A região da Tijuca e de Vila Isabel puxava algumas das batalhas mais célebres, assim como, obviamente, as do Centro, mas o hábito de grandes e pequenos grupos carnavalescos, alguns com base limitada a uma vizinhança, de organizarem concursos e pequenos bailes em torno de um coreto ou de uma sede, ia muito além dos circuitos mais visados. Paquetá, Saúde, Santo Cristo, Rio Comprido, Benfica, São Cristóvão, Caju, Olaria, Ramos, Bonsucesso, Penha, Méier, Madureira, Rocha Miranda, Cascadura, Benfica, Quintino, Costa Barros, Ipanema, Santa Teresa, Alto da Boa Vista, Jacarepaguá, entre outros bairros, contavam com uma ou mais batalhas de confetes. Em 1919, a Urca teve a primeira batalha de confete da sua história. No Estácio, as batalhas de confete de 1919 ajudaram a reavivar o Carnaval do bairro, trazendo para a rua mesmo quem parecia afastado de vez, como os Mokas Carnavalescos, que não realizavam um evento há quase cinco anos.[112] Essas festas de base local ajudavam a sedimentar hierarquias e alianças entre organizadores de grupos carnavalescos, chefes políticos, comerciantes e representantes do poder público.

Além das batalhas de confete e dos bailes, outro tipo de evento ajudava a esquentar a cidade para o Carnaval nos bairros litorâneos, da Ponta do Caju ao Flamengo: os banhos de mar a fantasia. Com maiôs cobertos por fantasias de papel crepom, foliões e foliãs iam à praia ao som de bandas de música – inclusive nos meios de semana. Os responsáveis eram grupos como o Bloco Espanta Secos, da Praia do Flamengo, e o Bloco Pé no Fundo, ligado ao São Cristóvão de Futebol e Regatas, e o Bloco do Zezé – os dois últimos atuantes na Praia do Caju.[113]

---

[112] O Jornal, Rio de Janeiro, 2 fev. 1969. Em 1919, outra força histórica do Carnaval do Estácio, o rancho Quem Fala de Nós Tem Paixão, que já não havia desfilado em 1918, não realizou Carnaval externo. Organizou apenas bailes. Ver: Gazeta de Notícias, Rio de Janeiro, 3 mar. 1919.

[113] "Destaque para a composição da linha de frente do Bloco do Zezé: Cearense, Cangulo, Lacraia, Bibiana, Panelão, Maluco, Ventania e Chirimba". Ver: Jornal do Brasil, Rio de Janeiro, 28 jan. 1919, 18 fev. 1919.

Seja nos banhos de mar a fantasia, seja nas batalhas de confetes, seja nos bailes, o Rio de Janeiro já dançava e cantava a trilha do Carnaval. Naquela época, ainda sem o cartaz sonoro do rádio, a canção carnavalesca que não havia sido testada na Festa da Penha, no ano anterior, dependia do zunzum do pré-Carnaval para decolar, principalmente entre as bandas militares que animavam festas e bailes. As canções com maior chance de notoriedade estreavam em eventos de grupos carnavalescos – e, em muitos casos, eram dedicadas a esses grupos ou mesmo inspiradas nesses grupos. Lançadas, passavam a figurar em partituras comercializadas "pelas melhores lojas do ramo", onde "pianeiros" ajudavam a exibi-las, executando-as em público.[114] Os jornais também colaboravam com a divulgação, ajudando a fazer e desfazer ondas em torno de uma composição musical. Em 1919, ainda, uma canção carnavalesca não dependia de gravação e comercialização para pegar no pré-Carnaval – mesmo os casos de sucesso costumavam ser produzidos só depois da folia, quase como apostas certas.

Nos jornais, articulistas como o escritor Goulart de Andrade, integrante da Academia Brasileira de Letras, teorizavam sobre o estado da produção musical carnavalesca. Em um artigo chamado "Oposição Melódica", publicado em A Noite, Goulart de Andrade meditou sobre o papel social do borbulhar do cancioneiro:

> Não haverá anarquista, mais conhecedor que seja das alquimias revolucionárias, que consiga entre nós qualquer movimento coletivo das classes trabalhadoras nessa época do ano.

---

114 "Os pianeiros eram músicos que se utilizavam do piano para veicular a confluência dos gêneros europeus (em voga nos salões de elite) com os gêneros nacionais, como o lundu e o maxixe (em voga nas salas e terreiros da 'camada' pobre), por meio de uma música de entretenimento pago voltada para os urbanitas." Ver: ROSA, Robervaldo Linhares. Como é bom poder tocar um instrumento: Presença dos pianeiros na cena urbana brasileira – dos anos 50 do Império aos 60 da República. 2012. Tese (Doutorado), Universidade de Brasília, Instituto de Ciências Humanas, Departamento de História, p. 29.

É que o Carnaval vem como válvula de segurança, por onde escapa o excesso de pressão de toda a sorte de desgostos que o povo sofre.

Devastada pelas epidemias, coagida pelo capital, enganada pelos políticos e exaurida pela fome, a pobreza reage a seu modo, zurzindo a mala dos exploradores com as chibatas sonoras dos seu cancioneiro, a batucar para se aturdir ou a dançar para atingir a esfera dionisíaca do êxtase.

Canta assim o exagero das tributações, canta a deficiência dos recursos, canta a carestia da vida.

A canção é o caminho das suas reivindicações sociais. Se não conduzir à Vitória, não se dirá que faltou harmonia na ação...

(...) As canções carnavalescas são um misto de desejo sensual e de revolta contra opressões e vexames, índices verdadeiros dos estados d'alma da massa proletária, que reclama por solfa, ameaça em música e solicita pela letra das cantigas.[115]

O cancioneiro que circulou no pré-Carnaval de 1919 indicava, por óbvio, os caminhos do Carnaval. Nessa fase de aquecimento e preparação, predominou o samba, mas esse fato, em si, não constituía uma novidade. O Carnaval de 1918, marcado mais por bailes e batalhas de confete do que por préstitos ou passeatas, já tivera, no topo, sambas. O que o pré-Carnaval de 1919 sinalizava, e com força, era outro fenômeno: a explosão de um caldeirão sonoro aquecido desde as últimas décadas do século XIX na região da Pequena África. Explosão não é força de expressão. Sinhô, Pixinguinha, Donga, China, Hilário Jovino, todos assinaram canções que 'aconteceram' no pré-Carnaval de 1919, todos circulavam pela Pequena África e todos tinham lado em uma mesma briga.

115 A Noite, Rio de Janeiro, 14 fev. 1919.

A briga começara anos antes. Tinha como pano de fundo a autoria de "Pelo telefone", notabilizada sob os nomes de Donga (melodia) e de Mauro de Almeida, o Peru dos Pés Frios (letra). Lançado em 1917 pela Odeon, "Pelo telefone" foi o primeiro sucesso popular identificado como samba – apesar de ainda ter mais do maxixe, ou de ser, como Jairo Severiano e Zuza Homem de Mello definiram, "um samba de terreiro, de ritmo amaxixado, com quatro linhas melódicas distintas".[116] Virou sucesso na voz do cantor Bahiano. A canção era produto de uma noite de improviso e costura de referências musicais (enfim, de partido) na casa de Hilária Batista de Almeida, a Tia Ciata, *iyakekerê* (mãe-pequena), primeira auxiliar na casa do babalorixá João Alabá, quituteira, mulher de negócios e uma das matriarcas da colônia baiana no Rio de Janeiro.[117] Reunidos no endereço da Rua Visconde de Itaúna, 117, na Praça Onze, numa noite de agosto de 1916, partideiros e partideiras versaram inspirados por uma campanha do chefe da Polícia, Aurelino Leal, contra os jogos de azar, acrescentando e alterando trechos de outras canções. No ato, a mescla recebeu o nome de "Roceiro", e,

---

116 SEVERIANO, Jairo; MELLO, Zuza Homem de. A canção no tempo: 85 anos de músicas brasileiras. Vol. 1. 1907-1957). São Palo: Editora 34, 1997, p. 53.

117 Importante soar aqui o alerta interpretativo de Eric Brasil Nepomuceno: "A ideia de uma 'diáspora baiana' que teria gerado no Rio uma 'elite' entre a população negra, destacando-se como elemento central na criação da cultura negra carioca (liderando o processo de construção do samba como gênero musical e da criação dos ranchos carnavalescos) tem sido reproduzida acriticamente por diversos pesquisadores ao longo das últimas décadas." Pois "a experiência dos 'baianos' na cidade não se fez isolada dos demais grupos e tradições pré-existentes" e, "para que os emigrados conseguissem imprimir suas marcas foi necessário a elaboração de redes e o diálogo com grupos anteriormente estabelecidos". Entre esses grupos, de forma crucial para a conformação de expressões culturais como o samba, estavam "descendentes da última geração de africanos escravizados do sudeste, oriundos dos velhos vales do café do interior do estado do Rio de Janeiro, Minas Gerais e São Paulo". Ver: NEPOMUCENO, Eric Brasil. Carnavais Atlânticos: cidadania e cultura negra no pós-abolição. Rio de Janeiro e Port-of-Spain, Trinidad (1838-1920). 2016. Tese (Doutorado) – Departamento de História, Universidade Federal Fluminense, pp. 128-129. Ver também: LOPES, Nei. O Negro no Rio de Janeiro e sua tradição musical: partido-alto, calango, chula e outras cantorias. Rio de Janeiro: Pallas, 1992.

nas noites de festa seguintes, continuou sendo cantada. Três meses depois, Ernesto Joaquim Maria dos Santos, o Donga, registrou a partitura na Biblioteca Nacional com o nome de "Pelo telefone", sem letra. Em dezembro de 1916, "Pelo Telefone" foi enfim gravada na pioneira Casa Edison, representante da Odeon, na Rua Sete de Setembro, 90. Partituras se espalharam pela cidade, chegando às bandas militares, que da canção fizeram um sucesso instrumental antes mesmo do Carnaval de 1917. Quando, em janeiro de 1917, surgiu a letra mais consagrada, de Mauro de Almeida, "Pelo telefone" já era atração em festas de grupos carnavalescos e peças de teatro.[118]

Na esteira de tanto cartaz, veio o furdunço. No Jornal do Brasil de 4 de fevereiro de 1917, o colunista Vagalume publicou uma contestação à primazia de Donga, atribuindo o arranjo a Sinhô e a autoria ao bamba do Morro de Santo Antônio João da Mata, ao mestre-sala Germano Lopes da Silva, ao pioneiro Hilário Jovino e à anfitriã Tia Ciata – todos presentes, como o próprio Donga, em noites em que se versara por cima de "Roceiro"/ "Pelo telefone".[119] Donga não respondeu. Mauro de Almeida afirmou-se, em reação, apenas "arreglador" de estrofes do "canto popular".[120] No Carnaval de 1917, cantada em diversas variações, "Pelo telefone" tomou tudo.[121] Apesar dos arranhões e da desconfiança de alguns,

---

[118] NETO, Lira. Uma história do samba: volume 1 (as origens). São Paulo: Companhia das Letras, 2017.; ALMIRANTE. No tempo de Noel Rosa. Rio de Janeiro: Editora Livraria Francisco Alves, 1977.; EFEGÊ, Jota. Figuras e coisas da música popular brasileira. Vol II. Rio de Janeiro: Funarte, 1979.

[119] No cruzamento das memórias dos bambas do período, o rol de potenciais coautores de "Roceiro"/ "Pelo telefone" surge ainda maior, com figuras como Didi da Gracinda e Minan. João da Baiana, Buci Moreira, Caninha e Pixinguinha também frequentavam o "laboratório de ritmos" na casa de sala de visita ampla e três quartos de Tia Ciata e, em mais de um relato, aparecem na periferia da canção. Ver: TINHORÃO, José Ramos; CABRAL, Sérgio. 'Pelo telefone' deu nome a Donga, mas muitos nomes entraram na mesma linha. Jornal do Brasil, Rio de Janeiro, 05 jan. 1962. mar. "/1919, "io"", indicou a "sa.l hos.

[120] NETO, Lira. Uma história do samba: volume 1 (as origens). São Paulo: Companhia das Letras, 2017, p. 95.

[121] ALENCAR, Edigar. O carnaval carioca através da música. Vol. I. Rio de Janeiro, Livraria Ferreira Bastos, 1965, pp. 100-103.

Donga brotou maior. Sinhô, que ainda não era o Rei do Samba da década de 1920, saiu espicaçado.

No Carnaval da Guerra, Sinhô explodiu com a canção "Quem são eles", que, no papel, era dedicada a um grupo de mesmo nome dentro do Clube dos Fenianos. Na prática, foi entendida pela colônia baiana do Rio de Janeiro como uma provocação, logo na abertura:

> A Bahia é boa terra
> Ela lá e eu aqui, iaiá,
> Ai, ai, ai
> Não era assim que o meu bem chorava.
>
> Não precisa pedir que eu vou dar
> Dinheiro não tenho, mas vou roubar.

A menção à Bahia seria, numa leitura caridosa, uma alusão às guerras por influência entre dois gigantes da política baiana de então: o ex-governador e senador J.J. Seabra e o também senador Rui Barbosa. Mas a leitura predominante foi outra. Como bem resgatou Lira Neto:

> Que história era essa de o carioca Sinhô dizer ser a Bahia uma terra boa, mas "ela lá" e ele "aqui"? Como se não bastasse, na segunda estrofe da gravação feita pelo onipresente Bahiano ouvia-se o seguinte trecho: "Não precisa pedir que eu vou dar / Dinheiro não tenho, mas vou roubar".
>
> Isso seria alguma espécie de insinuação contra a honestidade dos baianos? Para completar a infâmia, a capa da edição da partitura posta à venda por Sinhô trazia uma ilustração, no mínimo, discutível. Mostrava um veleiro elegante, a bordo do qual um homem branco, de fraque, cartola e ares plácidos, pescava um peixe graúdo. Enquanto isso, um negro se debatia nas águas, afogando-se e pedindo socorro.[122]

---

[122] NETO, Lira. Uma história do samba: volume 1 (as origens). São Paulo: Companhia das Letras, 2017, p. 101.

Sinhô era filho de pai negro. Na Rua Senador Pompeu, 114, no Centro, perto da Gamboa e da Pedra do Sal, Sinhô cresceu entre baianos e descendentes de baianos. Tocava piano nas agremiações dançantes e carnavalescas da Pequena África, frequentadas também por baianos e descendentes de baianos. "Resposta à inveja", de 1917, sua primeira composição conhecida, citava as baianas das Sabinas, grupo que ele mesmo dirigiu na Sociedade Dançante Carnavalesca Familiar Kananga do Japão. Como é que Sinhô se movera da proximidade de amigo, de vizinho e de parceiro dos baianos à desconfiança expressada em forma de pergunta naquela canção de 1918: "Quem são eles"?

No pré-Carnaval de 1919, quem havia se julgado contemplado pela terceira pessoa do plural em "Quem são eles" respondeu com música. Para ser mais preciso: 'Eles' rebateram em três parcelas. Na Festa da Penha de 1918, descrita no capítulo anterior, Donga, filho da baiana Amélia Silvana de Araújo (Tia Amélia), e Hilário Jovino, pernambucano criado em Salvador, já haviam lançado, respectivamente, "Fica calmo que aparece" e "Não és tão falado assim". Da letra cantada na Penha, "Fica calmo que aparece" oferece poucas pistas da briga dos baianos com Sinhô – os versos de Mauro de Almeida falam de um amor chorado, capaz de tomar emprestado o sabor ao limão. De acordo com Lira Neto, isso "talvez sugerisse ter existido outra versão, mais picante, não publicada, hoje desconhecida".[123] Em contraste, a letra entoada na Penha para "Não és tão falado assim", de Hilário Jovino, tinha mais tempero. A partir do universo do Clube dos Democráticos, a quem o samba era dedicado, Hilário exaltava foliões célebres da sociedade (Jamanta, Mirandela, Fera, Gostoso) e se dirigia a interlocutores nomeados (colunistas e foliões de outras sociedades) e também a não nomeados, repetindo "Não é/ És tão falado assim", como no trecho:

[123] NETO, Lira. Uma história do samba: volume 1 (as origens). São Paulo: Companhia das Letras, 2017, p. 101. Para a posteridade, ficou apenas a versão instrumental de "Fica calmo que aparece", de 1919, "samba executado pelo Grupo do Pixinguinha para a Casa Edison do Rio de Janeiro", conforme anunciado como de costume nas gravações da época.

Sossega, minha Dondoca
Meu formoso querubim!
Deixa de fita, menina,
Não és tão falada assim!

É uma canção de desafio, típica da provocação entre sociedades carnavalescas, com o detalhe de que, nela, o 'eu' é também o combativo Hilário:

Comigo ninguém se meta
Não tenha pena de mim
Não sou "gato" [dos Fenianos] nem "baeta" [dos Tenentes do Diabo]
E não sou tão falado assim. [124]

Mais do que um ataque a Sinhô, não sinalizado de forma direta ou por alegoria mais óbvia, "Não és tão falado assim" soa como uma afirmação do Tenente Hilário. Em retrospectiva, era como se o tenente da Guarda Nacional estivesse afiando a lâmina para o que viria a seguir.[125]

Completava a trinca "Já te digo", dos irmãos Da Rocha Vianna, Alfredo Filho e Otávio, ou melhor, Pixinguinha e China. Das três réplicas, era, de longe, a mais direta. A canção, executada no pré-Carnaval pelo Grupo do Pixinguinha em eventos como os dos Pierrôs da Caverna, braço dos Tenentes do Diabo, atacava os atributos

---

124 No Jornal do Brasil de 16 de dezembro de 1918 consta a única versão conhecida da letra de "Não és tão falado assim".

125 Em 1920, Hilário lançaria "Entregue o samba a seus donos", essa sim um petardo sem ambiguidades contra Sinhô, a quem acusava de plagiário. Ver: EFEGÊ, Jota. Figuras e coisas da música popular brasileira. Vol I. Rio de Janeiro: Funarte, 2017, pp. 44-46.

físicos e lembrava da fama de falastrão de Sinhô.[126] A letra original de China era obra de quem conhecia Sinhô e sua vaidade de perto, a ponto de saber que sua magreza "o fazia sofrer com a imposição do colarinho":[127]

> Um sou eu
> E o outro eu não sei quem é
> Ele sofreu
> Pra usar colarinho em pé.
>
> Vocês não sabem quem é ele
> Pois eu vos digo
> Ele é um cabra muito feio
> E fala sem receio
> E sem medo de perigo.

E China e Pixinguinha de fato conheciam Sinhô de perto. Além de bater ponto nas rodas de choro organizadas pelo pai de China e Pixinguinha, o funcionário público e flautista Alfredo Vianna, Sinhô fora um dos hóspedes na Pensão Vianna, como era conhecida a casa de oito quartos, quatro salas e quintal da família no bairro de

---

[126] Jornal do Brasil, Rio de Janeiro, 18 fev. 1919 e 22 fev. 1919. Na batalha de confetes dos Pierrôs da Caverna, no dia 15 de fevereiro de 1919, um sábado, foram armados pelo menos três coretos. A atração principal? Pixinguinha, "que executará o samba carnavalesco 'Já te digo'", tido como "hino dos Pierrôs". Na semana seguinte, O Paiz registrou a letra de uma paródia à canção original, exaltando os próprios Pierrôs da Caverna e os Tenentes do Diabo: "Sou de fato/ Com muito prazer me gabo/ Sou da Caverna/ Dos Tenentes do Diabo./ Como é belo ver-se os sambas/ Bem requebrados/ Nesta dança ninguém zomba/ E no passo de sambista/ Só dançam endiabrados./ Nesta bela brincadeira/ Ninguém se meta/ Que este samba com certeza/ Desta bela pagodeira/ É decerto dos baetas." Ver: O Paiz, Rio de Janeiro, 19 fev. 1919. Para Lucas Cardoso Alvares, "tratava-se de mais um passo da integração do samba aos desfiles" e a paródia em si representava "o protótipo do samba-exaltação". A letra está em A Noite de 19 de fevereiro de 1919. Ver: ALVARES, Lucas Cardoso. O Rio civiliza-se: memórias das sociedades carnavalescas, uma perspectiva brasileira. Dissertação (Mestrado em Memória Social) – Universidade Federal do Estado do Rio de Janeiro, Rio de Janeiro (2014), pp. 107-108.

[127] SODRÉ, Muniz. Samba, o dono do corpo. Rio de Janeiro: Mauad, 1998, p. 81.

Catumbi, abrigo habitual de músicos em viagem ou em dificuldades. Em "Já te digo", Sinhô era descrito com a impiedade dos íntimos:

> Ele é alto, magro e feio
> *É desdentado*
> Ele fala do mundo inteiro
> E já está avacalhado
> Lá no Rio de Janeiro.

Afora o feio, o resto era incontroverso: alto e magro Sinhô era; desdentado, também – o que, segundo o biógrafo Edigar de Alencar, "não lhe causava maior vexame, embora lhe originasse o cacoete de levar instintivamente a mão à boca quando ria, para disfarçar um pouco a derrocada dentária".[128]

Há ainda registro na imprensa de outras duas estrofes, ambas ausentes da primeira gravação com o cantor Bahiano, em 1919. Foram adicionadas ao longo do pré-Carnaval, já depois das primeiras performances:

> No tempo em que tocava flauta
> Que desespero
> Hoje ele anda janota
> *À custa dos trouxas*
> Do Rio de Janeiro.
>
> Ele agora tem o todo
> De Americano
> Mas quem lhe tirou do lodo
> Foi o desejado Clube dos Fenianos.[129]

A primeira agulhada: Sinhô tentou – e nunca conseguiu – tocar flauta a contento (Pixinguinha, em contraste, já era reconhecido em

---

[128] ALENCAR, Edigar de. Nosso Sinhô do samba. Rio de Janeiro: Civilização Brasileira, 1965, p. 15.

[129] Jornal do Brasil, Rio de Janeiro, 2 mar. 1919.

1919 como virtuose no instrumento; na definição de Vagalume, "o maior flautista e flauteador dos tempos modernos"[130]). A segunda agulhada: as duas estrofes sugeriam que Sinhô ascendia ("hoje ele anda janota", "agora tem o todo de americano") sem lealdade a seus benfeitores, sem gratidão. E de onde vinha isso? No Carnaval de 1918, Sinhô explodira com "Quem são eles", dedicada a um grupo de mesmo nome dentro do Clube dos Fenianos – que teriam tirado o sempre enroscado Sinhô do lodo. Para o Carnaval de 1919, Sinhô lançou, à frente de outras canções inéditas suas, "Confessa, meu bem", oferecida ao Clube dos Democráticos e dedicada ao maior polo de renovação dentro daquela velha sociedade do Carnaval carioca, o Grupo ou República dos Trouxas – para os Fenianos, os homenageados do ano anterior, não havia rival maior do que o Clube dos Democráticos.[131] Os "trouxas do Rio de Janeiro" eram, possivelmente, os trouxas assumidos dos Trouxas – trouxas que, aliás, conviviam com Pixinguinha em noitadas de choro na sede do grupo, a República dos Trouxas.[132]

"Confessa, meu bem", de Sinhô, era entendida como resposta quase imediata à versão original, sem as duas estrofes adicionais, de "Já te digo", de Pixinguinha e China. Isto é, o "Quem são eles", de Sinhô, de 1918, inspirou "Já te digo", de Pixinguinha e China, que inspirou "Confessa, meu bem", de Sinhô, que inspirou o acréscimo de versos a "Já te digo", já em cima do Carnaval de 1919. No pré-Carnaval de 1919, esse duelo deu frutos para ambos os lados. "Já te digo" e "Confessa meu bem" já disputavam preferências – em

[130] Jornal do Brasil, Rio de Janeiro, 28 jan. 1919.

[131] Para o Carnaval de 1919, Sinhô levou nada menos que seis composições: além de "Confessa, meu bem", levou também "Só por amizade", "Tirando o retrato", "Casinha de sapê", "Não tens futuro" e "Deixe deste costume". Ver: Jornal do Brasil, Rio de Janeiro, 11 mar. 1919.

[132] A República de Trouxas começou na Rua do Senado, em 1915. Moveu-se para a Rua do Lavradio, onde aparentemente estava instalada em 1919. E encontrou pouso definitivo na Avenida Mem de Sá. Ver: EFEGÊ, Jota. Figuras e coisas do carnaval carioca. Rio de Janeiro: Funarte, 2007, p. 121.

janeiro e fevereiro de 1919.[133] A escalada de provocações entre Sinhô e Pixinguinha fazia o colunista Vagalume se perguntar, em tom de chiste, se "não seria preciso um interventor".[134]

"Confessa, meu bem" não maldizia a Bahia, não a desejava longe, nem lançava sombra sobre a sua gente. Divulgada pela primeira vez na unha, pelo próprio Sinhô ao piano no Clube dos Democráticos, a canção dizia:

> Confessa, confessa, meu bem
> Fala, fala, fala, meu bem
> Que eu não digo nada a ninguém.
>
> Língua malvada e ferina
> Falar de nós é tua sina.
>
> Vou-me embora, vou-me embora
> Desse meio de tolice
> Estou cansado de viver
> De tanto disse-me-disse
> Ai, que gente danada
> Ai! Não confesso nada.

---

133 No caso específico de "Já te digo", mesmo antes do Carnaval a canção já inspirava paródias. Do lado de Sinhô, dentre as suas seis canções lançadas para o Carnaval de 1919, duas menos cotadas do que "Confessa, meu bem" também se queixavam do maldizer: "Não tem futuro" (Ora, deixe que eles/ Falem de nó / Pois isso não tem futuro/ Esta gente que tem a língua comprida/ Devia aguentar no duro./ Tanto barulho! Ai/ Pois te juro que tudo isso não tem futuro) e "Deixe deste costume" (Eu hei de acabar/ Com este costume/ Que você tem./ Falando de mim/ Dizendo horrores/ Me querendo bem). Ver: Jornal do Brasil, Rio de Janeiro, 3 mar. 1919. E também em partituras do Instituto Piano Brasileiro.

134 Em algum momento não precisado de 1919, Sinhô também teria surgido com uma certa "Três macacos no beco", da qual se conhece apenas o título. Para Jota Efegê, invocando o historiador Vasco Mariz, a referência seria a Pixinguinha, Donga e Hilário. Para Ary Vasconcelos, a Pixinguinha, Donga e China. Não há registro da canção em nenhuma outra forma conhecida que não a da literatura. Ver: EFEGÊ, Jota. Figuras e coisas da música popular brasileira. Vol I. Rio de Janeiro: Funarte, 2017, p. 132. Ver também: VASCONCELOS, Ary. A nova música da República Velha. Rio de Janeiro: s/ed, 1985, p. 201. E ainda: ALENCAR, Edigar de. Nosso Sinhô do Samba. Rio de Janeiro: Civilização Brasileira, 1965, p. 163.

Não era rendição. Isso era Sinhô querendo mais briga, chamando seus rivais de mexeriqueiros e dissimulados. Se houve em algum momento "cansaço de viver de tanto disse-me-disse" da parte de Sinhô, esse foi logo superado. Seguindo por 1919, entrando por 1920 e se estendendo pela nova década, a batalha verbal entre Sinhô e os baianos e seus chegados renderia mais música adiante, de lado a lado – com suspeitas de plágio e mau olhado, coco e pimenta na receita, mas, ao que conste, nada além de música. Na história da briga, o pré-Carnaval e o Carnaval de 1919 representaram o momento de 'tiroteio': as canções-resposta voaram nos salões e nas ruas, quentes, quase sem atraso.

Dentre os outros lançamentos do pré-Carnaval, cantou-se Gripe, Guerra e política. A Gripe ecoava com "O Chá da Meia-Noite", tango carnavalesco de autoria atribuída ao cantor Bahiano, que caiu no gosto de bandas militares.[135] Uma canção de mesmo nome, sem autor atribuído, teve a letra divulgada no Jornal do Brasil já em cima do Carnaval do 1919:

Deixe o chá da meia-noite
Que aí vem o Carnavá
Minha prima lá de riba.
Se queria suicidá
Com o chá da meia-noite
Pra suas mágoas matá.

Ô de lê lê
Ô de lê lá.

[135] Nos jornais, Bahiano foi nomeado como o autor de "O chá da meia-noite" em um anúncio da Cooperativa Barbosa, um estabelecimento que realizava sorteios próprios na Rua da Constituição, 51, no Centro. Em uma das extrações, "melhores que o jogo do bicho", o cantor saiu vencedor. Quase três décadas depois, "O Chá da Meia-Noite", de Bahiano, ganharia uma gravação belíssima num arranjo de Pixinguinha para a Orquestra da Velha Guarda. Disponível em: https://pixinguinha.com.br/sheets/o-cha-da-meia-noite/. Acesso em: 30 nov. 2021.

Mas dispois que ouviu baruio
Do Carnavá que aí veio
Botou as mágoas pro lado
Caiu no samba também.[136]

A Guerra estava em "Kaiser em fuga", de Caninha, canção em tributo aos vencedores da Primeira Guerra Mundial, anunciada como um tango carnavalesco. Um trecho:

Ai! Ai! Ai!
Que grande satisfação
Do Kaiser ter disparado
E abandonado a Nação.

Monsieur, cadê ele?
O Kaiser já fugiu
Já sumiu-se pra bem longe
Que o inimigo não viu.[137]

A política veio com "Seu Derfim tem que vortá", que convidava o presidente interino Delfim Moreira, tido popularmente como indeciso e tardo, a retornar para Minas Gerais. A versão instrumental, mais executada, era do maestro Eduardo Souto. A letra, menos popular, era do cronista carnavalesco conhecido como K. K. Reco – aqui, no trecho:

Nhô Derfim tem que vortá
Por vontade ou sem querê
Por que aqui na Capitá
Não tem mais nada a fazê
Nhô Derfim, boa viage
Escreva sempre p'ra cá
Bem pensado é bobage
Sê mandante sem mandá.

136 Jornal do Brasil, Rio de Janeiro, 03 mar. 1919.

137 ALENCAR, Edigar. O carnaval carioca através da música. Vol. I. Rio de Janeiro, Livraria Ferreira Bastos, 1965, p. 114.

O trem apita
Chegou a hora
Cabou a fita
Pode i s'imbora
Porém na Centrá
O nosso homenzinho
Ficou prá embarcá
Molinho, molinho...[138]

De acordo com pelo menos um relato, "Seu Derfim tem que vortá" seria um retrabalho em cima de "Seu Chico não vem", também de Eduardo Souto e K. K. Reco. A letra original, que também circulou no pré-Carnaval de 1919, falava da longa convalescença do presidente eleito (Francisco de Paula) Rodrigues Alves, conforme o trecho:

Seu Chico não vem
Mas o que será
Qui o prendi tão bem
A Guaratinguetá.[139]

Guaratinguetá era a cidade natal de Rodrigues Alves, onde mantinha sua base e havia passado parte da sua recuperação. Na edição do dia 15 de janeiro de 1919, o diário matutino O Imparcial registrou numa breve nota o recebimento da partitura de "Seu Chico não vem", um tango carnavalesco, "composição cheia de encantos e deliciosa no seu gênero, fadada ao grande sucesso". Um pouco depois da meia-noite, já entrando no dia seguinte ao da publicação, morreu Rodrigues Alves.[140]

Além das canções que ferveram no pré-Carnaval, a partir do zunzum entre as bandas militares, ao redor das lojas que vendiam partituras, no meio das rodas e ensaios de grupos carnavalescos,

---

[138] A Época, Rio de Janeiro, 13 fev. 1919.

[139] Jornal do Brasil, Rio de Janeiro, 3 mar. 1919.

[140] FRANCO, Afonso Arinos de Melo. Rodrigues Alves: Apogeu e declínio do presidencialismo. Vol II. Brasília: Senado Federal, 2001, p. 498.

outras surgiram por empurrão – e não qualquer empurrão, mas um empurrão pioneiro.

No dia 16 de fevereiro de 1919, domingo, o farmacêutico, médico e empresário Dr. Eduardo França comandou o primeiro concurso de músicas carnavalescas, para um lotado Teatro Lírico. Foi o primeiro concurso centrado em maxixes, sambas e tangos carnavalescos, um molde para outras disputas que surgiriam nas próximas décadas. O Dr. França era o produtor e cartaz-humano do Vermutin, uma bebida que, nas propagandas, era vendida como "deliciosa, no gênero dos vermutes, moderna, elegante, original", "possuindo virtudes radioativas e rejuvenescendo a todos que fizerem o uso dele". "Beba todos os dias e será sempre jovem": a promessa era imensa, e o Dr. França buscava, desde 1917, associá-la ao Carnaval. No anúncio mais célebre da bebida, um pierrô despachado servia uma foliã insinuante. No concurso de 1919, as regras eram claras: as canções deveriam ser inéditas, alusivas ao Vermutin e executadas todas pela mesma orquestra, a do Batalhão Naval. O vencedor levava um conto de réis de prêmio, a partir do que uma comissão julgava ser a reação da plateia, mas, importante, "se nenhuma composição produzisse entusiasmo ao público, o concurso seria declarado nulo".[141] Venceu o maxixe "Prove e beba Vermutin", do trombonista pernambucano Abdon Lira. Todas as estrofes, sem exceção, mencionavam o Vermutin – era um *jingle* descarado, que cantava num trecho:

> Lá na serra onde moro,
> Onde sou bem conhecido,
> Todos dizem com orgulho:
> Vermutin é o preferido![142]

---

[141] Gazeta de Notícias, Rio de Janeiro, 12 jan. 1919; A Época, Rio de Janeiro, 16 dez. 1918; O Malho, Rio de Janeiro, 11 jan. 1919.

[142] ALMIRANTE. No tempo de Noel Rosa. Rio de Janeiro: Livraria Francisco Alves Editora, 1977, p. 176.

A canção pegou no Teatro Lírico naquele domingo, e só – não aconteceu no pré-Carnaval, não aconteceu no Carnaval; nem ela, nem nenhuma outra canção do concurso.[143] Anos mais tarde, o cronista Benjamin Costallat faria um balanço crítico do concurso de 1919 e de outras iniciativas de marketing do Dr. França: "Tudo, porém, foi inútil. O Vermutin não agradou – decepcionou e falhou".[144] Quem foi ao Lírico naquele domingo pré-carnavalesco de 1919 teve o duplo consolo de não gastar um tostão (as entradas eram distribuídas de graça) e de ainda sair com brindes, na forma de "garrafinhas de Vermutin, ventarolas, relógios de sol, bombons e chocolatinhos".[145]

O Carnaval estava próximo. No dia 22 de fevereiro de 1919, um sábado, o bloco K. K. Reco organizou uma batalha de confetes na Praça Saens Peña, na Tijuca. Jornais como A Rua prepararam a ocasião: chamaram o povo, listaram categorias, anunciaram prêmios. Ranchos, choros e blocos disputariam de pinturas com temas carnavalescos a taças de prata. Aos ocupantes do carro mais enfeitado, "uma caríssima e grande corbeille de flores naturais, oferecida pela Casa Jardim".[146] Ao segundo carro mais enfeitado, uma estátua de terracota com a figura de Max Linder, astro francês do cinema mudo. Para o "rapaz com mais espírito, fantasiado, uma rica carteira de couro da Rússia". Para o que contasse melhor piada 'decente', um "chapéu de palha, último modelo, oferta da Casa Leivas". Ao segundo, um "magnífico pijama".[147] No total, foram distribuídos mais de setenta prêmios. No comando, o jornalista Norberto Bittencourt (o K. K. Reco). Era uma batalha importante, das mais importantes da cidade, chamada de "batalha mater" ou "batalha monstro", mas, em retrospectiva, pode-se afirmar que

---

143 A Noite, 18 fev. 1919. Ver também: MORAES, Eneida de. História do carnaval carioca. Rio de Janeiro: Record, 1987, p. 147.

144 Jornal do Brasil, Rio de Janeiro, 26 set. 1954.

145 Correio da Manhã, Rio de Janeiro, 15 fev. 1919.

146 A Rua, Rio de Janeiro, 22 fev. 1919.

147 Correio da Manhã, Rio de Janeiro, 22 fev. 1919.

foi mais do que isso. Pois pela Praça Saens Peña, naquele sábado, passou parte da história do Carnaval de 1919.

Lá brilhou o "menino bom que se tornou imortal", conforme cantava o samba de enredo do vice-campeonato da Portela em 1974: Pixinguinha. Naquele sábado, naquela praça, Alfredo da Rocha Vianna Filho, 21 anos de idade, puxava com sua flauta o Grupo dos Embaixadores, ligado aos Fenianos. Vinte automóveis formaram o cortejo dos Embaixadores em torno da praça. No imediato pré-Carnaval, o nome de Pixinguinha já era grande o suficiente para figurar à frente de qualquer outro nas notícias sobre a performance vitoriosa dos Embaixadores na Batalha da Saens Peña. De prêmio por serem o "melhor rancho", levaram quatro dúzias de garrafas de cerveja.[148]

Pelo cruzamento de relatos, é muito provável que estivesse lá também o menino Nelson Rodrigues, levado por vizinhas da Aldeia Campista, aos seis anos de idade:

> Tudo aconteceu nas imediações do carnaval. A cidade estava incendiada de batalhas de confetes. E houve uma na Praça Saens Peña. O carnaval era, então, um alto acontecimento erótico.[149]

O "acontecimento erótico" do pequeno Nelson era uma loura fantasiada de odalisca, de pé sobre um carro:

> Podia ser vinte vezes odalisca e não teria importância. O pior é que havia uma abertura na fantasia, por onde irrompia o cavo e deslavado umbigo. Eu falei em "nudez" e já retifico. Era uma modesta nesga de carne, insinuada no decote abdominal. Mas esse umbigo revelado era pior do que a nudez absoluta.
>
> (...)

---

148 Jornal do Brasil, Rio de Janeiro, 1º mar. 1919.

149 RODRIGUES, Nelson. Memórias: a menina sem estrela. Rio de Janeiro: Agir, 2009, p. 56. No pré-Carnaval de 1919, houve só uma grande batalha de confetes na Praça Saens Peña.

> O umbigo tinha qualquer coisa de irreal. E essa nesga de carne, vista, entrevista num segundo fulminante, comoveu e marcou toda a minha infância.[150]

Vencida por Pixinguinha, talvez testemunhada por Nelson Rodrigues, a Batalha da Saens Peña foi um dos últimos grandes atos do pré-Carnaval de 1919. No dia seguinte, um domingo, a chuva esvaziaria e até forçaria o cancelamento de outras batalhas e eventos abertos pela cidade. O jornal A Rua teve a batalha de confetes marcada para a Avenida Rio Branco adiada do domingo pré-carnavalesco para a quinta-feira. Chegada quinta-feira, A Rua dizia-se "sem saber o que fazer ou dizer", pois "a vontade de realizar da anunciada 'batalha' hoje é muita, mas a chuva é maior".[151] Mas o tempo abriu, e a batalha acabou sendo realizada naquela quinta-feira mesmo, com povo na Avenida, três coretos com música e direito a iluminação especial. Entre os prêmios oferecidos, estavam "seis mimosos leques com alegorias espanholas".[152]

---

150 RODRIGUES, Nelson. Memórias: a menina sem estrela. Rio de Janeiro: Agir, 2009, pp. 56-57.

151 A Rua, Rio de Janeiro, 27 fev. 1919. Na quarta-feira (26 de fevereiro), apesar do mau tempo, foi realizada uma batalha de confetes organizada por comerciantes na Praça Tiradentes e na Rua da Constituição, no Centro. Duas bandas da Polícia e outra particular tocaram em dois coretos e um palco montados. Imperaram "os cantos dos sambas mais populares", indicou a A Rua.

152 Jornal do Commercio (Edição da Tarde), Rio de Janeiro, 26 fev. 1919. Mais batalhas foram realizadas a partir de quinta-feira, com destaque para duas realizadas na quinta-feira mesmo, ambas na região de Vila Isabel: uma na Rua Dona Zulmira, com duas bandas militares, e outra no Boulevard 28 de Setembro, com quatro bandas e uma leva de prêmios doados por comerciantes locais. Entre os premiados no Boulevard, estavam grupos como "a Baratinha, Africanos, Preto no Branco e outros". Ver: A Rua, 27 fev. 1919; A Noite, 28 fev. 1919; O Paiz, 1º mar. 1919.

À ESQUERDA: O chargista J. Carlos imaginou o Carnaval esganando a "Politicalha", em alusão à disputa pela presidência, de temperatura amainada pela chegada do carnaval.
FONTE: PARA TODOS, 01/03/1919

ABAIXO: Vlan e Rodo: duas das marcas mais famosas de lança-perfume em propaganda no pré-carnaval.
FONTE: FON-FON, 15/02/1919

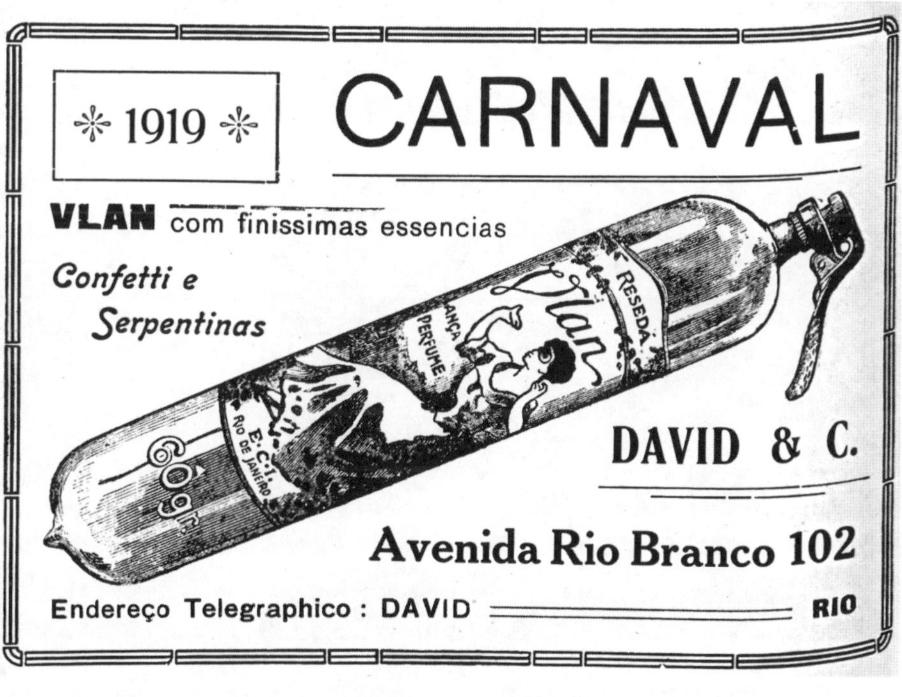

À DIREITA: Grupo dos Trouxas paramentado e instrumentado num baile do Clube dos Democráticos.

ABAIXO: Batalha de confetes no Alto da Boa Vista, no pré-carnaval.

Registro da famosa batalha de confetes da Praça Saens Peña, na Tijuca, no pré-Carnaval de 1919.

FONTE: FON-FON, 01/03/1919

À ESQUERDA: Família no corso da Batalha dos Cronistas Carnavalescos, na Avenida Rio Branco.

ABAIXO: Veículo adornado de flores na Batalha dos Cronistas Carnavalescos, na Avenida Rio Branco.

FONTE: CARETA, 15/02/1919

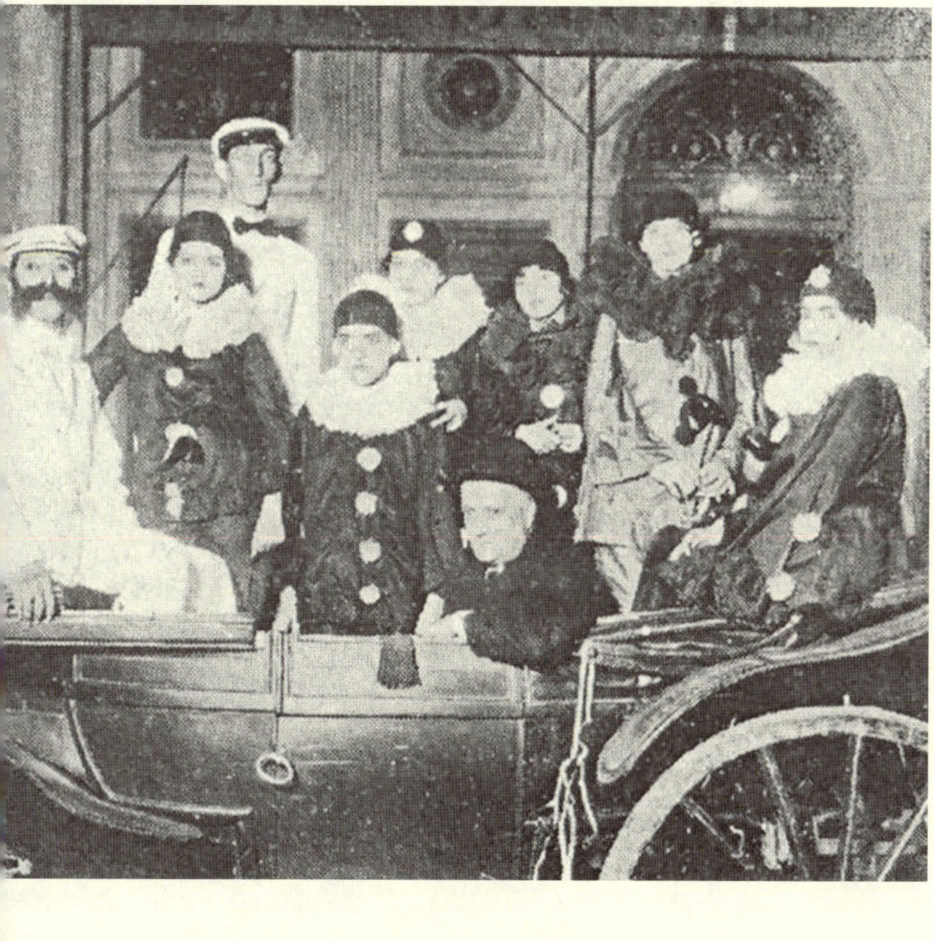

ABAIXO: Foliões aglomerados diante da redação do jornal A Rua (Avenida Rio Branco, 129), numa das festas de pré-carnaval.
FONTE: FON-FON, 22/02/1919

Foliões a cavalo às margens da Batalha dos Cronistas Carnavalescos; pertenciam, provavelmente, ao Guarany Club.
FONTE: FON-FON, 22/02/1919

Foliões num veículo de tração animal, na Batalha dos Cronistas Carnavalescos, na Avenida Rio Branco; atenção ao cocheiro, de quepe branco.
FONTE: CARETA, 15/02/1919

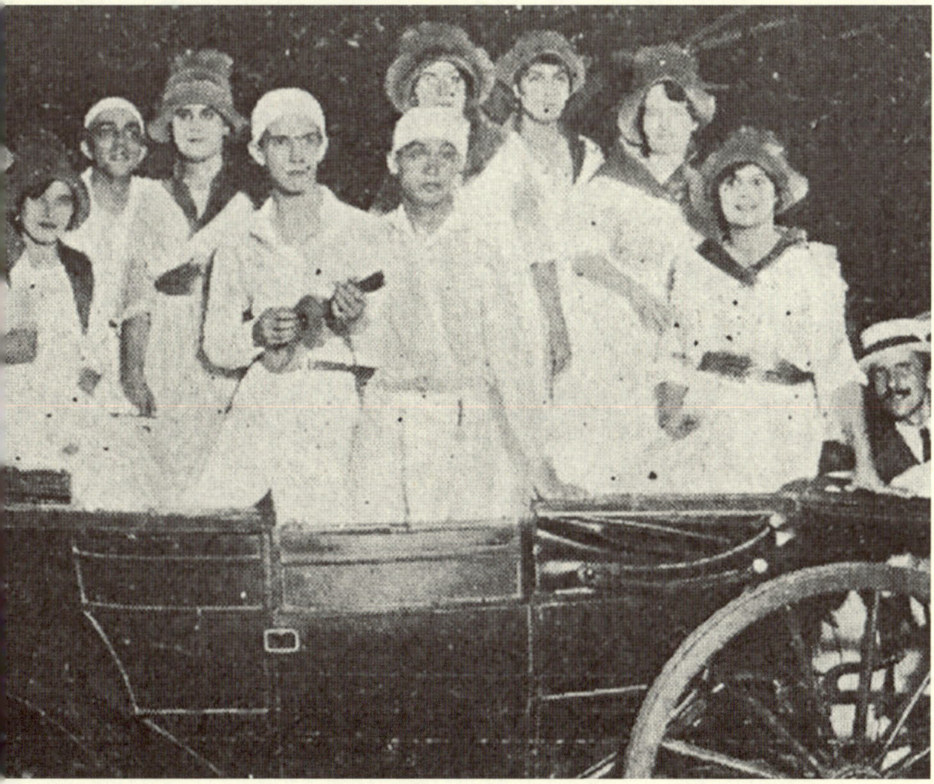

Capa da revista Fon-Fon, no pré-Carnaval de 1919.
FONTE: FON-FON, 22/02/1919

A um mês e meio do Carnaval, a revista O Malho anunciava a chegada da “próxima paz universal, o próximo Carnaval carioca”.
FONTE: O MALHO, 11/01/1919

Em charge de J. Carlos, a colombina da Política esnoba os pierrôs da sucessão presidencial.
FONTE: PARA TODOS, 01/03/1919

ABAIXO: Carro de crítica imaginado pela revista Dom Quixote, às vésperas do Carnaval de 1919: duas caveiras carregam um caixão sobre qual está outra caveira, paramentada de espanhola – no caixão, lê-se a inscrição incompleta: "Aqui jaz..."
FONTE: DOM QUIXOTE, 26/02/1919

ACIMA: A uma semana do Carnaval, o ilustrador Julião Machado inclui duas menções à festa entre as suas "vinhetas da semana"; à esquerda, Rei Momo com um gigantesco frasco de lança-perfume ; à direita, uma espanhola mascarada, levando um leque na mão direita e tufos de cabelo na mão esquerda – os tufos remetiam à calvície, uma das sequelas percebidas da Gripe Espanhola.
FONTE: A NOITE, 23/02/1919

Foliões num baile pré-carnavalesco do Clube dos Democráticos.
FONTE: FON-FON, 01/03/1919

Depois do surto de Gripe Espanhola em outubro de 1918, as páginas dos jornais cariocas foram invadidas por propagandas de fórmulas e tônicos capilares que prometiam a "cura" contra a queda de cabelo, uma das sequelas percebidas da Gripe. FONTE: CORREIO DA MANHÃ, 04/02/1919

Anúncio da música O Chá da Meia-Noite, de autoria atribuída ao cantor Bahiano.
FONTE: COMEDIA: JORNAL DE THEATRO, 01/03/1919

Imagem do concurso de músicas carnavalescas patrocinado pelo fabricante do Vermutin, o Dr. Eduardo França. Realizado a duas semanas do carnaval, a disputa não cumpriu o objetivo de emplacar suas canções na folia.
FONTE: FON-FON, 22/02/1919

SÁBADO

AS FOTOGRAFIAS E OS FILMES DOS CARNAVAIS do Rio de Janeiro do início do século XX retratam intensa atividade econômica em torno da folia. Choferes de quepe dirigem os carros do corso. Cocheiros fantasiados apressam os cavalos para transportarem alegorias armadas sobre carroças. Vendedores de serpentina pegam carona em bondes e outros veículos, levando as bobinas à clientela.

Longe das câmeras, ainda raras, outros trabalhadores de diferentes categorias faturavam. Dentre muitos: vendedores de lança-perfume (estabelecidos e ambulantes), locadores clandestinos de cadeiras para acompanhar desfiles e até videntes que ofereciam leituras do que estaria por vir.

No Carnaval de 1919, um desses adivinhadores era Manoel Mendes Câmara, conhecido como M. Câmara. Ele era apenas um dentre as dezenas de indagadores do futuro ativos na capital nas primeiras décadas do século XX, mas, mesmo no meio do bolo, podia clamar certo *pedigree*. Era viúvo de Hermínia Lacerda do Nascimento Câmara, a Madame Zizina, reconhecida enquanto viva como a maior vidente do Rio de Janeiro. Madame Zizina havia morrido em casa, na Tijuca, de morte natural, em 1915:

> Mme. Zizina? – M. Câmara, viúvo e successor desta notável pitonisa, acaba de reconstituir o seu consultório em Niterói, em frente às barcas na Rua Visconde de Rio Branco, nº 389, onde atenderá às suas antigas clientes. Os seus trabalhos com o tarô, os grafológicos e as respostas de pensamento que fizeram sucesso em Vila Isabel e na Avenida Central nos dias de Carnaval falam bem alto sobre a perícia do seu trabalho. M. Câmara propõe-se a lecionar o tarô pelo sistema de Mme. Zizina a todo aquele que desejar. No seu consultório, será mantida a mesma ordem e seriedade de sempre. Consultas das 11 às 5 da tarde. Te: 1361. Niterói.[153]

O anúncio, publicado no Correio da Manhã depois do Carnaval, indica que M. Câmara fez em 1919 o mesmo que a esposa fazia nos dias de festa: deslocou-se para a Avenida Rio Branco para fazer propaganda viva de seus serviços.

Vinda do interior, ativa por duas décadas no Rio de Janeiro, Mme. Zizina fizera carreira abrindo as cartas do tarô egípcio a damas da sociedade e também a filhos da classe média, a jornalistas e políticos, a clientes vindos dos subúrbios da capital e também de diferentes regiões do Brasil. "Madame Zizina prevê todas as desgraças que vão acontecer no ano seguinte, mas reserva um bom futuro para os consulentes", contaria décadas mais tarde Carlos Drummond de Andrade na crônica "O Rio que não vi". De acordo com o obituário publicado no mesmo Correio da Manhã, Mme. Zizina se celebrizara ainda mais no governo do marechal-presidente Hermes da Fonseca, entre 1910 e 1914, pois, de acordo com os seguidores da vidente, ela:

---

153 Correio da Manhã, Rio de Janeiro, 8 mar. 1919.

> (...) anteviu a revolta dos marinheiros [a Revolta da Chibata], a luta civil nos estados, a morte do Barão do Rio Branco [em 1912, às vésperas do Carnaval], quase todas as misérias que recorreram no governo d'Ele [do Marechal Hermes da Fonseca]; depois, disse mais: que teríamos a guerra, a grande guerra entre as potências da Europa, um governo que não seria tão mal como o d'Aquele. Mme Zizina, de fato, foi feliz na sua previsão: os fatos estão aí.[154]

O choque da Grande Guerra, em particular, transformara Mme. Zizina em referência, para além da clientela mais imediata que se acomodava em seu consultório na Rua da Quitanda, 157, entre "estátuas negras, tapetes escuros, dois ou três gatos de veludo preto, de olhos fosforescentes, trepadeiras e ramagens pendentes, a cujas pontas balouçavam querubins e microscópicos focos de luz elétrica".[155] Em dezembro de 1914, cinco meses depois do início da Guerra, Mme. Zizina lançou um almanaque de previsões para o ano seguinte – o prefácio coube a ninguém menos que o cronista João do Rio. Em 1915, seu último ano na Terra, Mme. Zizina ajudou a lotar certa vez o Teatro Apolo, na Rua do Lavradio. O motivo: o mero anúncio prévio de sua presença num camarote para "irradiar sobre todos os espectadores a sua influência benéfica" era

---

[154] Correio da Manhã, Rio de Janeiro, 1º dez. 1915. O curioso é que a própria morte da Mme. Zizina teria sido prevista por outro vidente, conhecido como Mr. Edmond. Depois da morte de Zizina, Mr. Edmond passou a anunciar o feito em anúncios de jornais, vide o Correio da Manhã de 05 de dezembro de 1915. Resulta que Mr. Edmond, de nome Plínio de Lacerda, era irmão de Mme. Zizina. Em 1916, ele contestaria publicamente o inventário dela, por julgá-lo manipulado pelo viúvo, M. Camara, segundo O Imparcial de 28 de janeiro de 1916. Em 1917, Mr. Edmond, que também se anunciava sucessor de Mme. Zizina, seria um dos alvos de uma operação da Polícia contra cartomantes. Ver: Correio da Manhã, Rio de Janeiro, 20 jun. 1917.

[155] A descrição do consultório de Mme. Zizina consta em uma reportagem de Fim de Ano, publicada na capa do jornal A Noite, em 30 de novembro de 1911.

suficiente para chamar gente.[156] Enquanto viva, Mme. Zizina chegara a inspirar ela mesma uma peça de teatro (não autorizada).[157]

M. Câmara, viúvo de Mme. Zizina, carregou a chama adiante. Sob o choque da morte da esposa, em 1915, M. Câmara chegara a anunciar o fechamento do consultório da esposa, negando propostas de compra e se abstendo de se apresentar como seu sucessor espiritual. Mudou de ideia. Não se sabe se, em 1919, M. Câmara vestiu o manto de Mme. Zizina a ponto de conduzir à Avenida Rio Branco a 'baratinha' enfeitada de flores da vidente, uma premiada quase-instituição do Carnaval carioca. De acordo com a crônica carnavalesca da época, Mme. Zizina foi a primeira cartomante a se tornar personalidade do Carnaval carioca – e a baratinha fazia parte do número. Se, em 1914, as profecias de Mme. Zizina chegaram a ser tema de carro alegórico dos Fenianos, o seu viúvo e relutante herdeiro não passava de um nome no Carnaval de 1919.

Naquele ano, o Carnaval começou logo no aniversário de fundação da cidade, um primeiro de março. Nas primeiras décadas do século XX, os sábados eram dias de transição e partida para a folia. Carregavam à luz do dia a marca dominante do pré-Carnaval, com batalhas de confete à mancheia, e esquentavam mais à noite, com dezenas de bailes espalhados pela cidade e a moda do corso varando a madrugada na Avenida Rio Branco.

Na edição do sábado, A Rua saudou o fato de já ser Carnaval:

> Já não era sem tempo, pois que aí andávamos com a alma cheia de pontas de prego, endemoninhados pela "espanhola" e pela falta de dinheiro.[158]

---

156 EFEGÊ, Jota. Meninos, eu vi. Rio de Janeiro: Funarte, 1985, p. 121.

157 A peça foi a cartaz em 1914. O Jornal do Commercio registrou de forma cômica a desvinculação de Mme. Zizina da representação teatral: "Pede-nos a nossa querida irmã em Satanás, Mme. Zizina, para declararmos que nada tem de comum com a peça de igual nome que se representa no Teatro Apolo." E completou: "Evitávamos dizê-lo, com medo de desgostar a elegante pitonisa, mas já desconfiávamos isso mesmo". Ver: Jornal do Commercio (Edição da Tarde), Rio de Janeiro, 9 mar. 1914.

158 A Rua, Rio de Janeiro, 1º mar. 1919.

O dia começou de céu limpo. Era um alento em relação ao fim de semana anterior, de festa empapada pela tempestade, e também em relação ao Carnaval de 1918, o Carnaval da Guerra, e da chuva por quatro dias. O céu preocupava cronistas e redatores, conforme este trecho de A Rua de 27 de fevereiro de 1919, a quinta-feira que antecedeu o Carnaval:

> Se a "espanhola", de regresso, já estivesse em Cascadura; se à disenteria se juntassem, em Niterói, o cólera, a bubônica e a febre amarela, ameaçando toda a nossa cidade de uma invasão simultânea e terrível, tais vizinhanças nem de leve preocupariam a alma carioca (...).
>
> A política, os interesses da Pátria, a carestia, o Comissariado, as candidaturas, tudo isso nada vale diante da obsessão que assedia, esmaga e constrange 90% da nossa população: Choverá no Carnaval?!

Sem sustos do céu, os foliões iniciaram no sábado a tomada das ruas. Nos bairros, mais de uma dezena de batalhas de confete asseguraram a festa mais próxima dos moradores, de Cascadura à Ponta do Caju, de Vila Isabel a Quintino. O movimento, entretanto, tinha um sentido preponderante – o Centro:

> Para a tarde, as ruas foram se povoando de centenas, de milhares de criaturas, como se as casas devessem, por uma terrível contingência, ser abandonadas, deixadas desertas. Essa gente, porém, que assim as procurava as avenidas, as ruas, os logradouros públicos, vinha rindo, cantando, de faces incendiadas e olhos febricitantes. Uma força irresistível a compelia e, como se os seus cantos, suas risadas, suas vibrantes exclamações não bastassem, munida de mil e um instrumentos produtores de álacres sonidos, enchia os ares desse alarido indescritível, que é o ruído do Carnaval do Rio de Janeiro.[159]

---

[159] Jornal do Brasil, Rio de Janeiro, 2 mar. 1919.

A massa foliã se movia a pé ou de bonde. Se de longe, vinha de trem ou barca. Carruagens de tração animal completavam o panorama. O deslocamento por automóveis era em si uma atração, reservado ao espetáculo do corso e ao seu engarrafamento colorido. Àquela altura, eram apenas três mil os carros matriculados na cidade do Rio de Janeiro; pouco menos da metade era particular e o resto, conduzido por choferes de praça. Já era o suficiente para o item "atropelamento por automóveis" figurar entre as cinco maiores causas para atendimento médico durante o período da folia.[160]

Quando não se levava lanche, quem chegava à região central da cidade recorria a restaurantes, botequins e ambulantes, e tinha de lidar com preços em disparada. Comia-se menos por mais, como por sanduíches que o redator de A Época descrevia como "pães duros com verdadeiras amostras de presunto e queijo". O custo da cerveja também salgava no Carnaval: os preços das marcas mais baratas saltavam para o patamar das mais caras – nada que abalasse o crescente avanço da bebida no gosto popular.[161]

Num eco de carnavais passados e seguintes, a infraestrutura de banheiros de livre acesso nos pontos quentes do Carnaval do Rio de Janeiro ficava entre o impróprio e o insuficiente, tendendo ao primeiro. O pouco que havia já estava lá antes da folia, caso dos sanitários fixos das estações de trem. Em bairros populares, com razoável atividade carnavalesca, como a Saúde, praticamente não havia mictório público oficial, apenas improvisado. Desses elos

---

160 Gazeta de Notícias, Rio de Janeiro, 8 mar. 1919.

161 A Época, Rio de Janeiro, 6 mar. 1919. No Rio de Janeiro, o empurrão para a difusão da cerveja passa pela instalação da fábrica de cerveja da Rua da Guarda Velha (atual Avenida Treze de Maio), em 1863, que possuía um jardim com mesas e cadeiras para consumo e confraternização. A industrialização do setor deixou marcas logo cedo na vida cultural do Rio de Janeiro. Na segunda década do século XX, cervejarias como a Brahma e a Hanseática marcavam presença em eventos como a Festa da Penha, buscando parceria com barraqueiros, e com o próprio Carnaval, figurando entre as doadoras para as grandes sociedades. Ver: MELLO, Paulo Thiago de; SEBADELHE, Zé Octávio. Memória afetiva do botequim carioca. Rio de Janeiro: José Olympio, 2015, pp. 138-143.

perdidos do alívio urbano, restaram descrições como as de um mictório de uso regular em Todos os Santos: "composto com três chapas de ferro, guarnecido com bacias indecentes e sem fechamento externo".[162] Onde havia boa oferta de mictórios, inclusive públicos, como na região da Praça Quinze, no Centro, faltava manutenção no período de Carnaval. No Carnaval de 1916, o que não havia descido de um mictório próximo à Bolsa de Valores escorreu pela rua. No geral, quem quisesse ir ao banheiro no Carnaval que se virasse entre os botequins abertos e os cantos de rua.

Para 1919, os avanços em termos de infraestrutura se concentraram na melhoria da qualidade da iluminação no Centro do Rio de Janeiro. As estátuas do Marechal Floriano Peixoto (na Praça Floriano Peixoto) e do Visconde de Mauá (na Praça Mauá) ganharam novos refletores, com potência expandida e impacto no entorno, 'encaixotando' as pontas da Avenida Rio Branco com mais luz. Era resultado de uma parceria entre a Prefeitura e a Companhia *General Electric* do Brasil, que, como se imaginaria, fez questão de propagandear. "A iluminação causou completo deslumbramento cujo juízo deixamos ao critério do público, que poderá de *visu* observar essa iluminação sem igual a não ser nas cidades da América do Norte onde, nos dias de festa, os monumentos são iluminados por forma excepcionamente *yankee*", anunciou um publieditorial no Correio da Manhã.[163]

De resto, chegar ao Centro do Rio de Janeiro ao anoitecer do Sábado de Carnaval, quando a festa engatava, era topar com um mosaico de grupos carnavalescos, das mais diferentes matrizes. O Sábado de Carnaval não tinha uma forma majoritária de pular, como o Domingo dos ranchos e das sociedades ascendentes ou a Terça-Feira das grandes sociedades, nem tampouco era um dia de passagem como a Segunda-Feira, em que até ponto obrigatório houve em 1919 nas repartições federais. O que assegurava

---

162 Correio da Manhã, Rio de Janeiro, 28 mar. 1910.

163 Correio da Manhã, Rio de Janeiro, 2 mar. 1919.

a diversidade ao Sábado de Carnaval no Centro era o hábito de os grupos visitarem as redações de jornais, com destaque para a redação da Gazeta de Notícias, na Rua do Ouvidor. Na sede da Gazeta, mas também historicamente na do Jornal do Brasil, na Avenida Rio Branco, as agremiações buscavam seus estandartes depositados no piso térreo, onde até aquele momento haviam ficado em exposição. A entrega e, depois, a coleta do estandarte eram rituais de encontro entre a imprensa e os grupos – e era buscada pelos segundos como um selo adicional de legitimidade, para além da licença policial (a duras penas conseguida).

O registro dos contatos imediatos daquele Sábado não difere tanto do relato clássico do cronista Luís Edmundo sobre a rotina dos cordões de carnavais anteriores:

> Só duas vezes sai o cordão de seu bairro e se dirige ao centro da cidade. A primeira para levar, com pompa e gáudio, ao saguão do Jornal do Brasil, o pendão social, que fica lá exposto, por muitos dias ou semanas; a segunda, para trazê-lo, de novo, à sede. Que vai fazer, entanto, essa festiva insígnia na benquista gazeta? Buscar popularidade, crédito, anúncio e fama.[164]

Os grupos que se dirigiram à sede da Gazeta de Notícias na longa noite do Sábado de Carnaval de 1919 vieram dos arredores e também dos "pontos mais longínquos do Distrito", para manter a terminologia de Luiz Edmundo, noutro trecho. De Bangu, veio a Flor da Lira de Bangu, com foliões vestidos de granadeiros de Napoleão e foliãs fantasiadas de vivandeiras do exército napoleônico, cantando em homenagem ao sol já escondido ("Que lentamente vai nos deixando saudades" [165]). De Sepetiba, vieram pelo sexto ano seguido os Filhos do Oceano de Sepetiba, que deixaram o estandarte

---

[164] EDMUNDO, Luiz. O Rio de Janeiro do meu tempo. Brasília: Senado Federal, Conselho Editorial, 2003, p. 498.

[165] Gazeta de Notícias, Rio de Janeiro, 2 mar. 1919.

exposto por duas horas e logo o retiraram, tomando o caminho da festa na rua. Ambos eram ranchos que, no decorrer do Carnaval, desfilavam junto às suas bases: a Flor da Lira, em Bangu; os Filhos do Oceano, em Santa Cruz. De mais perto, vinham os Filhos do Castelo de Ouro, clube carnavalesco da Ladeira do Seminário, no Morro do Castelo – no estandarte do grupo, a imagem de uma águia prussiana tentava "prender o universo". Do mesmo Morro do Castelo, o rival Prazer do Castelo passou pela Gazeta de Notícias para buscar seu estandarte verde e amarelo, em meio a canto e percussão. Eis a cena típica: o grupo carnavalesco se aproximava da sede do jornal, ao som de tambores e, em alguns casos, também clarins; diante do jornal, os foliões seguiam tocando e dançando à espera do estandarte; depois da devolução do pavilhão pelos representantes do jornal, a diretoria de cada agremiação derramava-se em mesuras, enquanto a banda executava a canção de despedida.

Além das regras não escritas, imperavam também as escritas. Sair para o Carnaval, como indivíduo, era uma atividade regulada pela Polícia. Nas instruções para o policiamento das ruas no Carnaval de 1919, o chefe de Polícia, Aurelino Leal, proibia a venda e o uso de "máscaras alusivas a pessoas conhecidas", assim como o uso "de qualquer símbolo patriótico, principalmente a bandeira nacional e o símbolo da Cruz Vermelha". Também estavam proibidos o apertar de buzinas, o soprar de apitos em qualquer contexto e o gritar de vaias contra grupos carnavalescos, sob risco de prisão. No Carnaval, a Polícia estava na rua para defender a "moral pública" e a religião ("seus símbolos ou objetos de culto externo") contra indivíduos e grupos tidos como perigosos.[166] Esse moralismo revestia um esforço de combate a certos carnavais dentro do Carnaval.

No Carnaval de 1919, ainda era possível ver foliões e foliãs, inclusive crianças, vestidos de índios em torno dos estandartes de seda e bordas e franjas de ouro. Dez anos antes, em 1909, o então

[166] Correio da Manhã, Rio de Janeiro, 27 fev. 1919. Ver também: O Imparcial, Rio de Janeiro, 23 fev. 1919,

chefe de Polícia Alfredo Pinto proibira o uso desse tipo de fantasia, em uma das muitas tentativas oficiais de "reformar" na marra o Carnaval do Rio de Janeiro e "emancipá-lo" dos "africanismos".[167] O fantasiado de índio era figura presente nos folguedos do Rio de Janeiro dos tempos da colônia em diante. Desde, pelo menos, os primeiros anos do Império, era um dos traços dominantes dos cucumbis, manifestações culturais de traço marcadamente africano, com forma de cortejo embalado por percussão. Os índios dos cucumbis eram negros que, com seus desfiles, nas palavras do historiador Eric Brasil Nepomuceno, "narravam um enredo de embaixadas africanas, contando histórias de guerras, feiticeiros, reis e rainhas, portando penas, instrumentos musicais, animais vivos e empalhados".[168] Na virada para o século XX, era o fantasiado de índio que mandava nos cordões (herdeiros dos cucumbis) e que fazia a guarda de seus estandartes. Aos olhos da Polícia, a penaria das fantasias de índio servia de esconderijo para navalhas e punhais, que, na hora da briga entre cordões, somavam-se a tacapes que tinham função mais do que alegórica. Em 1919, grupos que nunca foram cucumbis, que podem ou não terem se chamado cordões algum dia, seguiam com fantasiados de índio na dianteira. Foi o caso do rancho Estrela do Oriente, que no Sábado de Carnaval, na coleta de seu estandarte depositado na Gazeta de Notícias, "trazia à frente uma menina vestida de índio", "dançando os 'can-cans' originais dos habitantes dos nossos sertões".[169] Essa imagem faz recordar uma observação da historiadora Maria Clementina Pereira Cunha:

---

[167] Fon-Fon, Rio de Janeiro, 18 fev. 1909.

[168] NEPOMUCENO, Eric Brasil. Carnavais Atlânticos: cidadania e cultura negra no pós-abolição. Rio de Janeiro e Port-of-Spain, Trinidad (1838-1920). 2016. Tese (Doutorado) – Departamento de História, Universidade Federal Fluminense, p. 266.

[169] Gazeta de Notícias, Rio de Janeiro, 2 mar. 1919.

> É possível que a manutenção dessa figura, destacada de seu conjunto original, tenha significado uma espécie de estratégia dos adeptos da brincadeira para mantê-la "viva" em alguns aspectos, quando a dança completa era crescentemente malvista e perdia os apoios no mundo dos senhores. Mantido o sentido dramático dos enredos de cucumbi, tal estratégia pode insinuar também uma espécie de adesão a simbologias compartilhadas com os brancos – que muitas vezes estilizaram "indígenas" como expressões da nacionalidade – e, nesse caso, a apropriação do símbolo pelos negros não deixa de exprimir uma perspectiva de pertencimento (ou sua reivindicação). Mas também, é certo, a imagem ecoava os caboclos de terreiro, conferindo ao brinquedo um duplo registro em cujo nome muitos de seus praticantes enfrentaram décadas sucessivas de intensa desconfiança e pressão.[170]

Depois de visitarem as redações dos jornais, os grupos seguiam rumo à Avenida Rio Branco, onde, no Sábado, pulavam nas brechas do corso. O corso era o desfile de foliões em automóveis abertos, carnaval de quem tinha dinheiro para manter um carro ou alugar um. Na Avenida Rio Branco, dava-se em quatro faixas – duas numa mão, duas na outra. Quando o corso passava (tarde e noite, com exceção da Terça-Feira Gorda), os grupos que desfilavam a pé, sem carros alegóricos, tinham de se espremer pelo que sobrava de espaço junto às calçadas e ao canteiro central. Nesse encontro, de assimetria não apenas espacial, a avenida se tornava no Sábado um mosaico de diferentes carnavais, de diferentes raízes, todos entrecruzados na mesma via. Os grupos organizados que deixaram registro de passeata pela Avenida Rio Branco no Sábado de Carnaval de 1919 vinham, na maioria, dos subúrbios ou de regiões com forte componente negro e imigrante, como os mais centrais Morro do Castelo e o bairro da Saúde. Costumavam

---

170 CUNHA, Maria Clementina Pereira. Ecos da folia: uma história social do Carnaval Carioca entre 1888 e 1920. São Paulo: Companhia das Letras, 2001, p. 297.

chegar sob "rufos de caixas e marteladas de bombos".[171] Entre as poucas exceções ao padrão popular das passeatas do Sábado de Carnaval de 1919, estava o Grupo dos Trouxas, ligado ao Clube dos Democráticos, que, a exemplo dos eventos do pré-Carnaval, pulou puxando canções recém-lançadas, como "Confessa, meu bem", de Sinhô. Ao deixarem a Avenida e retornarem com festa para múltiplos pontos da cidade, os grupos que animaram o Sábado de Carnaval na Rio Branco fizeram-se ouvir "ao longe, muito ao longe", "até o amanhecer", nas palavras da Gazeta de Notícias.[172]

No Sábado de Carnaval, o *show* realmente apoiado pelo Estado era da elite, na forma do corso. No corso, dominavam os carros de passeio de seis a oito lugares e apinhados com até o dobro de passageiros – caminhões também faziam parte da carreata. O percurso mais disputado começava na Praia do Flamengo e terminava na Avenida Rio Branco, na altura da Praça Mauá. As regras eram claras: a distância entre veículos deveria ser de, no mínimo, um metro, sem ultrapassagem; a entrada de veículos na Avenida Rio Branco só poderia ser feita, numa ponta, pela Avenida Beira Mar e, na outra, pela Rua do Acre. De atração a atração, o nível de esmero e elaboração variava: de carros isolados com foliões metidos em fantasias coletivas (gatinhos e gatinhas, pierrôs e colombinas, cabeções, palhaços, entre outros) a conjuntos de carros engatados uns aos outros, com um ou mais veículos decorados de cima a baixo (com flores e outros adornos). Na passagem da tarde para a noite, o corso da Avenida Rio Branco mudava de feição: as famílias com crianças emperiquitadas se recolhiam, deixando espaço para os jovens adultos. Não por acaso, à noite se intensificava o jogo das serpentinas:

> Sua principal atração eram os flertes entre os rapazes e moças em carros diferentes, cada qual em sua fila – daí os engarrafamentos quando um carro tentava mudar de fila. Um recado que todos entendiam era o do rapaz que beijava a ponta da

[171] O Imparcial, Rio de Janeiro, 2 mar. 1919.

[172] Gazeta de Notícias, Rio de Janeiro, 2 mar. 1919.

> serpentina antes de arremessá-la para uma garota em um carro do outro lado da pista. Ou quando esta respondia, com os carros já emparelhados, atirando-lhe confete perfumado. Essa operação se dava sob os gritos de aprovação ou vaias dos que acompanhavam o flerte nos carros vizinhos.[173]

Na memória de Mario Lago, o corso era "diversão para muitas horas", que deixava suas marcas:

> Formavam-se verdadeiras correntes de serpentinas atiradas de carro a carro, e isso constituía uma tragédia para quem pretendesse atravessar a Avenida. A turma do corso era até capaz de querer briga se essas correntes fossem arrebentadas. Quantas mensagens de amor e outras intenções menos líricas eram colocadas nesse vai-serpentina-pra-lá, vem-serpentina-pra-cá.[174]

No relato da Gazeta de Notícias sobre a noite do Sábado de Carnaval de 1919 na Avenida Rio Branco, "de um pra outro lado, as serpentinas buscaram um alvo certeiro, ao tempo que graciosas criaturas, de lança-perfume em riste, emprestaram maior animação ao delírio popular".[175] Esse jogo arrastou-se das oito da noite e – de acordo com o Jornal do Brasil – até as três da manhã, já entrando pelo Domingo de Carnaval. Apesar do impacto da pandemia sobre a produção de lança-perfume, que deveria ter começado em torno do período em que a doença chegou ao Rio de Janeiro, em setembro de 1918, e só pôde se iniciar dois meses depois, não faltou lança na primeira noite de Carnaval.[176]

---

173 CASTRO, Ruy. Metrópole à beira-mar: o Rio moderno dos anos 20. São Paulo: Companhia das Letras, 2019, pp. 26-27.

174 LAGO, Mario. Na rolança do tempo. Rio de Janeiro: Civilização Brasileira, 1977, pp. 135-136.

175 Gazeta de Notícias, Rio de Janeiro, 2 mar. 1919.

176 Se não faltou lança-perfume, também não deve ter faltado irritação nos olhos – o que, em si, alimentava um mercado... de colírios. Os anúncios do colírio Visuol prometiam fazer a vermelhidão "desaparecer por encanto", conforme edição de 25 de fevereiro de 1919 do jornal O Imparcial.

Festa da elite para contemplação da massa, o corso era bem-visto pelas autoridades. Era tido oficialmente como "o encanto do Carnaval", e nada, nem ninguém, poderia atrapalhar o seu fluxo, conforme o comunicado da Inspetoria Geral da Guarda Civil, encarregada da ronda e da vigilância das ruas:

> O corso, na Avenida, durante o Carnaval, de acordo com as ordens em vigor, não deverá nunca ser interrompido. É dever de todo policial, de serviço ou não, evitar que a parada de qualquer veículo na Avenida interrompa o desfile do Carnaval.[177]

O corso era para se fazer visto – e lido também. Um conjunto de foliões e foliãs do corso que se denominava Bloco dos Tagarelas teve, em 1919, cada rodagem acompanhada pela imprensa especializada. No Sábado de Carnaval, saíram do Flamengo às oito horas da noite e só cruzaram a Avenida Rio Branco horas depois. Antes mesmo de a folia começar, já haviam anunciado que desfilariam num "carro cor de rosa enfeitado de aspargos naturais, crisântemos e rosas". Fizeram questão também de divulgar uma paródia da canção "Canto chorado". Na origem, era uma toada paulista de Marcelo Tupinambá, com letra de F. Nascimento. Na versão dos Tagarelas, virou uma crônica sobre os tempos da Gripe:

> O Seidl esqueceu o povo[178]
> A higiene não se moveu.
> Porque o mal era benigno
> Escapou quem não morreu
> O "Torres" chegou no fim[179]
> Botando logo ciência,
> E o posto de socorro
> Medicou sem consequência.

---

177 Gazeta de Notícias, Rio de Janeiro, 2 mar. 1919.

178 Carlos Seidl, chefe da Diretoria Geral da Saúde Pública quando da chegada da Gripe Espanhola ao Brasil.

179 Teófilo Torres, substituto de Carlos Seidl na Diretoria Geral da Saúde Pública.

A "espanhola" só nos trouxe
Muito pranto e muita dor...
Mas também aos estudantes
O "decreto" fez doutor.

O Wenceslau muito ativo[180]
As medidas fez tomar
Sem proibir aos "turunas" [valentões, malandros]
O seu bolso rechear.
E o Comissariado
Que andava aos trambolhões
Distribuía galinhas com ordem do seu Bulhões.[181]

Quem teve a "espanhola"
E desta não foi à breca
Pode já ficar ciente
Que tem que ficar careca.

---

180 Wenceslau Braz, presidente da República entre novembro de 1914 e novembro de 1918.

181 Trata-se do experiente político goiano Leopoldo de Bulhões, que fora diretor do Comissariado da Alimentação Pública, encarregado de combater o desabastecimento e o peso da inflação no preço da comida, quadro que havia sido agravado pela Grande Guerra, pela intensificação das exportações de alimentos para as nações aliadas, sobretudo arroz, feijão e milho, e pela paralela retração das importações. Tinha como fim também aplacar a insatisfação popular com a carestia. Bulhões foi o primeiro diretor do órgão, criado em junho de 1918. Entre as medidas levadas adiante por Bulhões, estava o tabelamento de preços, para ira do varejo, e o controle da exportação de alimentos, para ira da lavoura. Bulhões caiu em novembro de 1918, em plena pandemia. Foi alvo frequente de críticas da imprensa carioca no período em que esteve à frente do Comissariado. No pré-Carnaval de 1919, foi lembrado com o maxixe "Seu Bulhões não come", de Antônio Fonseca. Conforme o registro do escritor contemporâneo Goulart de Andrade, a canção abria com a seguinte estrofe, dando tom entre o simpático e o irônico: "Mestre Bulhões/ Tem cara de quem não come/ Aos trambolhões e pontapés matou a fome". Ver: SILVEIRA, Eujacio Roberto. São Paulo 1917 – 1921, aprendendo a ser patrão: 'O fazer-se' da fração industrial da burguesia paulista. 2016. Dissertação (Mestrado) – Faculdade de Filosofia, Letras e Ciências Humanas, Departamento de História, Universidade de São Paulo. Ver também: A Noite, Rio de Janeiro, 14 fev. 1919. Consultar também: Leopoldo Bulhões. Verbete biográfico do CPDOC/FGV. Disponível em: http://cpdoc.fgv.br/sites/default/files/verbetes/primeira-republica/BULH%C3%95ES,%20Leopoldo.pdf. Acesso em: 3 dez. 2021.

E também as normalistas
Dos exames livres estão
Aproveitando o "decreto"
Professoras todas são.
Mas cuidado com as crianças
Que não gostam de estudar
Elas nascem já sabendo
Conjugar o verbo – amar.

Caminhão dos Tagarelas
Leva flores em profusão
No flagelo da espanhola
Foi defunto sem caixão.[182]

Na Avenida Rio Branco, o Sábado de Carnaval de 1919 deixou boa impressão para a imprensa. Para o Jornal do Brasil, havia quatro anos, mais ou menos, que a Avenida "não experimentava tanto delírio", com destaque para o trecho de oitocentos metros entre as alturas da Rua de São José e da Rua Visconde de Inhaúma.[183] O tal delírio empregado na descrição do JB ia bem ao gosto das hipérboles dos redatores especializados ou deslocados para escrever sobre Carnaval. Será que, para além da espuma, algo de sólido ancorava essa percepção de delírio? E mais: será que algo daquele sábado embasou a mitologia (um tanto tardia) em torno do 'louco' Carnaval de 1919? Ecoemos Nelson Rodrigues, em suas memórias:

> E tudo explodiu no sábado de Carnaval. Vejam bem – até sexta-feira, isto aqui era o Rio de Machado de Assis; e, na manhã seguinte, virou o Rio de Benjamin Costallat ou, ainda, de Theo Filho. – "Caímos muito de categoria", dirão vocês. Respondo que até um verso de jornal de modinha, ou uma manchete de *O Dia*, tem a sua dimensão sociológica. Desde as primeiras horas de sábado, houve uma obscenidade súbita nunca vista, e que contaminou toda a cidade. Eram os mortos

[182] A Rua, Rio de Janeiro, 1º mar. 1919.

[183] Jornal do Brasil, Rio de Janeiro, 2 mar. 1919.

da espanhola – e tão humilhados e tão ofendidos – que cavalgavam os telhados, os muros, as famílias.[184]

No Sábado de Carnaval de 1919, o Rio de Janeiro ganhou algo das páginas do escritor praiano e com fama de maldito Theo Filho, em que eram dissecadas a "decadência moral e a hipocrisia da alta sociedade brasileira"?[185] Ou de Benjamin Costallat, cronista com um olhar clínico para as correntes vivas de comportamento sob a casca do Rio de Janeiro 'oficial'?[186]

Partamos de um fato: antes do início oficial da festa, já se aguardava o maior Carnaval dos últimos anos. Nas lojas de fantasias e apetrechos, o movimento pré-carnavalesco era considerado o maior em décadas. Na edição da tarde do Sábado do Carnaval, o Jornal do Commercio associava esse frenesi ao alívio:

> Já todos os conhecedores da vida carioca percebiam que o entusiasmo da população pelas coisas de Momo se mostra este ano ainda mais vivo do que nos anteriores.
>
> Temos ouvido várias explicações para esta excepcional "influência": chegam até a atribuí-la, sem trocadilho, à "influenza". A população sofreu tanto em outubro e novembro com a epidemia que agora quer desforrar-se de angústias e dores. Dispendeu tanto em quinina, por que não há de agora gastar em "confete"? Sem dúvida, é dinheiro muito mais bem empregado.[187]

---

184 RODRIGUES, Nelson. Memórias: A menina sem estrela. Rio de Janeiro: Agir, 2009, p. 82.

185 Theotonio de Lacerda Freire Filho (Theo Filho ou Theo-Filho) foi um dos escritores mais populares dos anos 1920 no Brasil. Ver: FRANÇA, Patrícia de Souza. "Livros para leitores": a atuação literária e editorial de Benjamin Costallat no Rio de Janeiro dos anos 1920. Rio de Janeiro: Biblioteca Nacional, 2010, p. 13.

186 Benjamin Costallat foi jornalista, romancista, cronista e editor. Nos anos 1920, não apenas explodiu com Mademoiselle Cinema (1923), como, cinco anos mais tarde, lançou a editora Costallat & Miccolis, que "não escondia certa afeição pelo sensacional e pelo submundo". Ver: CASTRO, Ruy. Metrópole à beira-mar: O Rio moderno dos anos 20. São Paulo: Companhia das Letras, 2019, p. 229.

187 Jornal do Commercio (Edição da Tarde), Rio de Janeiro, 1º mar. 1919.

Somemos outro fato: às vésperas da folia, os poderes estavam em guarda contra o desejo, inclusive a imprensa. Na edição daquele Sábado de Carnaval, os racionalistas cristãos de A Razão, que tinham a educação moral da sociedade brasileira como meta, alertaram:

> É preciso que os carnavalescos não sejam imorais, brutalmente, selvagemente e estupidamente, afrontando todos os sentimentos, todos os escrúpulos, todos os melindres. Já nos basta a vergonha de reconhecer que não podemos viver sem carnaval e que não pode haver carnaval sem imoralidade. O que não é admissível senão como a prova extrema de nossa degradação, é que se permita a moças e rapazes de família a ostentação pública e ostensiva dos piores vícios de educação. É isso, infelizmente, o que acontece entre nós, que chegou a escandalizar até a impassível polícia do Sr. Aurelino Leal. Façamos Carnaval, senão com moralidade, com decência, com decoro, com linha, como gente fina, como um povo culto, como uma raça adiantada, no sentido comum dessas expressões.[188]

A Razão cobrava, na realidade, mais ações do chefe de Polícia do Distrito Federal, Aurelino Leal. Dias antes, o chefe de Polícia havia despachado aos delegados distritais uma ordem para que se fechassem até a Quarta-Feira de Cinzas as casas de cômodos e de tolerância.[189] Além de coibir o mercado do sexo, a ideia era impedir a sedução de mulheres jovens (potenciais "ovelhas tresmalhadas", na expressão de A Razão). A medida não era inédita – tendo sido efetivada já de forma pelo menos parcial no Carnaval de 1917, no quarto ano da gestão de Aurelino Leal. No Carnaval de

---

188 A Razão, Rio de Janeiro, 1º mar. 1919.

189 "As casas de cômodos resultavam da transformação de antigos palacetes e casarões, antes residências de famílias abastadas que se mudavam para os novos bairros, em habitações de gente pobre. O preço desses alojamentos populares era muito alto, se comparado ao salário dos trabalhadores [e aos valores praticados nos cortiços]". Ver: KOK, Glória. O Rio de Janeiro na época da Av. Central. São Paulo: Bei Comunicação, 2005, p. 28.

1919, o fechamento das casas de cômodos e prostíbulos, somada à vigilância desses endereços pelas autoridades, rendeu comentários e até piadas na imprensa. Dentre as brincadeiras, estava a charge de Raul Pederneiras no Jornal do Brasil, publicada na edição de Domingo de Carnaval, que ironizava o papel da Guarda Civil:

Um dos painéis de Raul Pederneiras na edição de Domingo de Carnaval do Jornal do Brasil. FONTE: JORNAL DO BRASIL, 02/03/1919

Mesmo fora do período festivo, a vigilância das casas de tolerância constituía um problema para a Polícia: duas semanas antes do Carnaval de 1919, a imprensa anunciara a abertura de um inquérito para apurar o pagamento de "gorjetas e outras coisas mais" a um comissário do 4º Distrito Policial (localizado na Praça Tiradentes). De acordo com A Razão, o mesmo comissário havia sido visto "de braço dado com decaídas da baixa roda, passeando pela Avenida Passos" e também era conhecido por selecionar prostitutas dentre as presas para "ficar conversando por horas e horas" numa sala do distrito.[190]

[190] Correio da Manhã, Rio de Janeiro, 12 fev. 1919. Ver também: A Razão, 6 fev. 1919.

Nos dois carnavais anteriores, a Polícia atuara para evitar a entrada de casais com integrantes de sexos diferentes em "casas de cômodos, hospedarias e congêneres".[191] Em 1919, o fechamento puro e simples das casas de tolerância e, sobretudo, das casas de cômodos provocara um impacto perceptível na paisagem noturna do Carnaval, de acordo com observação registrada na revista Careta:

> A nota original deste Carnaval foi dada... imaginem por quem? Pela polícia, aliás com grande vantagem da moral pública. Depois da meia-noite, os pares mais ou menos suspeitos andavam às tontas pelas ruas a se consultar, a cochichar. Enfim explicou-se tudo. A polícia havia fechado todas as casas suspeitas e carregado com as chaves para as respectivas delegacias!
>
> Deram com os narizes postiços ou com os autênticos em quantas portas de *rendez-vous* bateram.[192]

Quem eram esses pares "mais ou menos suspeitos"? É razoável supor que muitos fossem clientes e profissionais em busca de um cômodo. O fechamento dos endereços suspeitos pela Polícia atacava de maneira agressiva a oferta de quartos, o que pressupunha, é claro, a existência de vasta demanda. É provável, entretanto, que outros fossem casais 'não comerciais', formados antes ou durante a folia. No Rio de Janeiro das primeiras décadas do século XX, o Carnaval era, a exemplo de festas como as de Santo Antônio, São João e São Pedro, um momento tanto de circulação de casais de namorados como de formação de novos pares.

---

[191] A medida, destinada a coibir a prostituição, atrapalhava também a vida de casais pobres que recorriam a essas formas de moradia numa base mais fixa, sobretudo na região central do Rio de Janeiro. Gazeta de Notícias, Rio de Janeiro, 15 fev. 1917. Ver também: O Imparcial, Rio de Janeiro, 2 fev. 1918.

[192] Careta, Rio de Janeiro, 15 mar. 1919.

A guarda de costumes não se limitava às portas das casas – tomava as ruas também. As forças de segurança tinham ordens expressas para coibir ofensas à moral pública durante o Carnaval, seja por meio de ações ou canções, seja por meio de máscaras e outros objetos. No Carnaval de 1919, um dos principais alvos da Polícia eram os chamados 'moços bonitos', grupos de rapazes que andavam juntos nos bondes e pelas ruas e calçadas nos dias de Carnaval. Num mesmo telegrama em que reforçava a necessidade de manter fechadas as casas de cômodos e de tolerância até a Quarta-Feira de Cinzas, o chefe de Polícia Aurelino Leal pedia especial atenção para esses jovens:

> Apesar do que está prescrito nas instruções relativas ao serviço do carnaval, recomendo toda energia com os moços mal-educados, que, especialmente na Avenida Rio Branco, são o tormento das famílias.
>
> Não tenha nenhuma contemplação com tais malandros, seja qual for a sua posição na sociedade. Ao primeiro movimento de grosseria, faça recolher ao xadrez quem o praticar. Confio que, com o zelo habitual, concorrerá para que o carnaval seja uma festa decente.[193]

Aos moços bonitos se atribuía um rol de desvios e abusos. O mais frequente era a entoação de paródias e outras canções tidas como indecentes. Também se imputava aos moços bonitos a prática das 'bichas', que a A Razão, desesperada com o estado da moral pública, definia como "filas de rapazes que uns atrás dos outros atravessam a multidão aos pinotes e empurrões propositados".[194] Ainda no pré-Carnaval de 1919, A Época descreveu em termos vivos como se moviam as bichas pela multidão:

---

[193] A Noite, Rio de Janeiro, 1º mar. 1919.

[194] A Razão, Rio de Janeiro, 2 mar. 1919.

> No perímetro onde a aglomeração era mais intensa, grupos de rapazes se formavam especialmente para agregados, agarrados uns aos outros pelos braços, romperem violentamente a multidão, pisando, atropelando, derrubando, asfixiando as famílias, que eram levadas de roldão, aos sopapos, sem o mínimo respeito. Seria possível que todos os moços desses grupos não tivessem ali as suas mães, as suas irmãs, e não se lembrassem que elas poderiam estar sendo vítimas de semelhante brutalidade?[195]

De acordo com o registro de O Imparcial – de longe o jornal mais crítico ao comando da Polícia no Distrito Federal –, grupos de jovens chegaram a brigar na Avenida durante a noite do Sábado de Carnaval, aos gritos de "olha o punhal", "olha o revólver", "atira", mas sem sinal de irem além de empurrões e socos. Enquanto a maioria dos outros jornais se apressou, antes mesmo do fim do Carnaval, a exaltar a condução das forças de segurança durante a folia, O Imparcial se dedicou a pontuar, no período, tanto instâncias de ineficiência quanto de abuso de função. De acordo com o jornal, os policiais sob ordens de Aurelino Leal não tinham moral para combater a ação dos moços bonitos, pois os "inofensivos suplentes" também gracejavam para as mulheres presentes na Avenida. Ainda de acordo com O Imparcial, alguns policiais ficavam "absolutamente entregues aos folguedos carnavalescos, com algumas dezenas de serpentinas enfiadas na bengala" e desrespeitavam o "botão" (distintivo). "Desse botão eles só se lembram quando é preciso gritar 'Sabe com quem está falando'?", indicou o jornal na edição da Segunda-Feira de Carnaval. Na mesma edição, O Imparcial capturou um fragmento do Sábado de Carnaval: detido por um motivo não registrado, um folião levado pela Polícia arrumou um jeito de levar consigo um pacote de serpentinas para a "viúva alegre" (viatura). Transportado em meio à Avenida em festa, o folião fantasiado conseguiu achar uma brecha para lançar serpentinas

195 A Época, Rio de Janeiro, 16 fev. 1919.

sobre outros carros. "Parecia estar muito satisfeito com aquela humilhação", registrou O Imparcial, vendo no episódio mais um indício da incompetência da Polícia do Rio de Janeiro.[196]

No primeiro dia de folia na avenida, o saldo foi de 21 moços bonitos presos; os rapazes, que se apresentaram como estudantes e empregados do comércio, foram liberados na manhã seguinte. Detalhe: nas delegacias, além de presos como os moços bonitos, dormiam os próprios policiais, que, por determinação da chefia, pernoitavam nos distritos durante o período de Carnaval.

O assédio era uma constante do Carnaval. Ainda que, de acordo com a imprensa, no Carnaval de 1919 o problema tenha sido menos pronunciado do que em outros anos, encarar as aglomerações seguia um desafio para as mulheres. Afora a Terça-Feira Gorda, em que famílias inteiras (com filhas, mães e avós) montavam na Avenida Rio Branco, a paisagem do público reunido nas calçadas durante os dias de Carnaval era esmagadoramente masculina. Havia mais mulheres no corso e no interior dos blocos, protegidas por colegas de agremiação, do que nas calçadas, onde, de quando em quando, carnavalescos aproveitavam para "apalpar senhoras", segundo relato do Jornal do Brasil em 4 de março. A Polícia tanto sabia disso que, ao proibir que se corresse nas calçadas durante o Carnaval de 1919, citava como mal a se evitar o "desrespeito a senhoras".

Contra a presença feminina incidia ainda o estigma do 'cair na folia'. Nos processos relacionados a crimes sexuais que desembocavam nos tribunais do Rio de Janeiro, a participação em atividades relacionadas ao Carnaval pesava contra a mulher. Em casos recolhidos pela historiadora Martha de Abreu Esteves, as mulheres que costumavam se divertir no Carnaval eram tidas, de entrada, como indignas de credibilidade ou respeito. Fantasiar-se, por exemplo, era associado a "comportamento marginal". Bailes públicos não eram enxergados, no discurso prevalente nos processos, como diversão

---

196 O Imparcial, Rio de Janeiro, 2 mar. 1919 e 3 mar. 1919.

para "mulheres honestas".[197] A maior parte desses processos estava relacionada ao crime de defloramento – Art. 267 do Código de Penal de 1890 –, definido pelo legislador da Primeira República como "deflorar mulher menor de idade [abaixo de vinte e um anos à época], empregando sedução, engano e fraude".[198] Como apontou Martha de Abreu Esteves, nos julgamentos sobre defloramentos e outros crimes sexuais "emergiam valores amplos da sociedade, pois era também na quebra de outras normas morais e sociais que se determinava a absolvição ou condenação do réu". E mais: "não estava em pauta apenas o que havia sido feito, mas aquilo que o acusado e a ofendida eram, poderiam ser ou seriam".[199] No caso das mulheres trabalhadoras, das mulheres pobres e também das mulheres que transitavam ou viviam em regiões marcadas pelo associativismo e pela intensa vida social, como a Praça Onze, o fato de simplesmente circularem ou de se engajarem no que se passava no entorno representava um ônus nos tribunais:

> A participação das mulheres nas diversões públicas era mais problemática. Algumas mulheres jovens aparentemente não estavam cientes que excursões desacompanhadas a salões de baile, salas de cinema, festas de carnaval, ou passeios em bondes ou mesmo em carros com amigas ou amigos eram sinais de excessiva liberdade que colocariam em risco a moral da família e a própria virgindade delas em questão, pois os testemunhos delas estão cheios de menções a essas saídas.[200]

---

197 ESTEVES, Martha de Abreu. Meninas perdidas: Os populares e o cotidiano do amor no Rio de Janeiro da *Belle Époque*. Rio de Janeiro: Paz e Terra, 1989.

198 CAULFIELD, Sueann. In defense of honor: Sexual morality, modernity, and nation in early twentieth-century Brazil. Durham: Duke University Press, 2002, p. 197. Ver também: GAVRON, Eva Lúcia. Mulher honesta sente desejo? In: Esboços: histórias em contextos globais, Florianópolis, v. 9, nº 9, pp. 105-116, jan. 2001.

199 ESTEVES, Martha de Abreu. Meninas perdidas: Os populares e o cotidiano do amor no Rio de Janeiro da *Belle Époque*. Rio de Janeiro: Paz e Terra, 1989, p. 41.

200 CAULFIELD, Sueann. In defense of honor: Sexual morality, modernity, and nation in early twentieth-century Brazil. Durham: Duke University Press, 2002, p. 127.

As queixas por defloramento eram abertas na Polícia, no geral, por pais e guardiões. Na maioria dos casos de defloramento (90%, na amostra analisada pela historiadora Sueann Caulfield, compreendendo o período entre 1918 e 1941), os envolvidos haviam mantido, previamente, algum tipo de flerte ou namoro. Entre a queixa e o julgamento, uma série de obstáculos derrubava casos pelo caminho, a começar pelos próprios filtros da Polícia e pelos exames necessários para atestar a perda da virgindade, passando pela desistência da mulher e da família – motivada ou não por propostas de casamento.

Contra esse pano de fundo de abuso, assédio e estigma, o aparecimento de blocos femininos ou de direção feminina (licenciados ou não) tinha algo de extraordinário – e o extraordinário, nesse aspecto também, foi uma das marcas do Carnaval de 1919 no Rio de Janeiro. De Bonsucesso, surgiu o pequeno bloco Cinco-Minutos. Também da Zona Norte, as Borboletas Negras. De Ramos, o Grupo das Apaixonadas, ligado ao clube carnavalesco Endiabrados de Ramos. Da Penha, as Pescadoras de Corações, que, no Sábado de Carnaval, comandaram um baile de máscaras. Num trecho da canção de estreia, diziam:

> Não se fiem em pescadoras
> Que elas não se fiam do mar...
> São sereias tentadoras:
> Que não se deixam enganar.
>
> Que o diga o tempo que passa,
> Que digam as sábias razões,
> Se não é mesmo por graça,
> Que pescamos corações.[201]

O Carnaval de 1919 é uma fotografia, um instantâneo de um movimento maior, desencadeado nas primeiras décadas do século.

---

201 Jornal das Moças, Rio de Janeiro, 20 fev. 1919.

Como aponta a historiadora Rachel Soihet, "tentava-se alertar os pais de família para os perigos que corriam suas esposas e filhas numa festa tão desregrada", "visando impedir a presença feminina" [202], mas a participação das mulheres dos segmentos populares e das demais camadas nos festejos cresceu no período.[203]

Os bailes tinham presença feminina mais consolidada. No Sábado de Carnaval de 1919, na região da Praça Onze, as baianas das Sabinas puxaram um baile na Kananga do Japão, na Rua Senador Eusébio, 44. Nos três carnavais anteriores, as Sabinas haviam sido porta-vozes do crescente repertório de Sinhô, então diretor musical do grupo. Mas, em 1919, houve uma troca de guarda: no lugar de Sinhô, entrou o saxofonista Romeu Silva, ex-diretor de harmonia

---

202 SOIHET, Rachel. A subversão pelo riso: Estudos sobre o Carnaval carioca, da Belle Époque ao tempo de Vargas. Uberlândia: EDUFU, 2008, p. 215.

203 O tema da participação feminina nas atividades carnavalescas inspirava até publicidade. Na edição de Sábado de Carnaval, o jornal A Noite publicou um anúncio de uma capa de borracha da fábrica H. Schayé com o título "Fugiu de casa e foi no bloco!". Era um 'publieditorial', misto de conteúdo publicitário e editorial, em torno da suposta fuga de uma jovem de casa para pular o Carnaval. O texto – com as marcas da galhofa e da ficção – merece registro: "O carnaval nunca deixa de fazer das suas, virando o juízo de muita mocinha sapeca. A Trudinha é uma assanhadinha que morre pelo carnaval. Quando se organizou o bloco 'Quem tem capa não se molha', ela fez questão de ser porta-estandarte. A família da moça, que já sabe onde lhe apertam os calos e que dinheiro não é capim, estava dando os contras, porque o título do bloco estava exigindo fantasias a propósito e os arames estavam curtos. A mocinha estrilou e jurou que havia de sair no bloco, ainda que chovesse fogo. E confabulou com o namorado, um zinho pernóstico, mas decidido. E no domingo, a Trudinha azulou do lar paterno, materno e familierno, e à noite lá estava rente na Avenida, à frente do bloco 'Quem tem capa não se molha', metida na sua bela fantasia, numa rica e elegante capa de borracha da fábrica de H. Schayé, da Avenida Gomes Freire, 19, empunhando o rico estandarte. O que a história não reza foi o que lhe sucedeu ao chegar a casa..." Ver: A Noite, Rio de Janeiro, 1º mar. 1919. Outros publieditoriais da H. Schayé foram publicados, todos com títulos mirabolantes: "Gabiru corrido a pedra", "A casa dos espíritos...", "Amor... a golpes de punhal", "Cautelai-vos, srs. solteiros", "Conquistador... por engano", "Amor... e cabeça partida!", "Conquistador de atrizes", "Sem mulher.. sem mobília... e no xadrez!", "Ela requereu habeas corpus". Em todos esses publieditoriais, a fórmula era a mesma: começava como uma notícia, desdobrava uma história e, geralmente no terço final, lançava uma capa de borracha na cena. Os publieditoriais da H. Schayé entraram pelos anos 1920.

do rancho Ameno Resedá – um dos cargos de maior prestígio no Carnaval carioca. De acordo com o colunista Vagalume, ocorrera o seguinte: o estivador José Costantino da Silva, o Juca da Kananga, um dos criadores da Kananga e gerente responsável pelos eventos da "sociedade familiar dançante e carnavalesca", não havia se animado com "Confessa, meu bem", o principal lançamento de Sinhô para o Carnaval de 1919.[204] Com Romeu Silva na batuta, as Sabinas cantaram em 1919 uma "marcha de guerra" bem ao gosto de ranchos como o Ameno Resedá, antiga casa do diretor musical, falando de sóis, campinas e flores "sem rival".[205]

Além das Sabinas da Kananga, mais de vinte grupos carnavalescos agendaram bailes próprios para o Sábado de Carnaval de 1919 na cidade: dos Pingas Carnavalescos, do Engenho de Dentro, aos Tenentes do Diabo, de Madureira; do Salada Familiar, do Morro do Pinto, ao Mata-Borrão, do Jardim Botânico; do Clube dos Socialistas Carnavalescos, da Praça Tiradentes, ao Pega-Boi, do Catete. As grandes sociedades do Carnaval (Democráticos, Tenentes do Diabo e Fenianos) também realizaram bailes no Sábado e, neles, de acordo com o registro da imprensa, dominou o maxixe.

No reformado clube *High Life*, na Rua Santo Amaro, 28, na Glória, os bailes começaram já na sexta-feira, numa sequência que se repetiria até a Terça-Feira de Carnaval. Para o Sábado de Carnaval, o convite nos jornais anunciava a "coroação de El-Rei Momo" a partir das nove da noite, com duas bandas militares, uma orquestra e apresentações de cabaré. Recomendava-se que bengalas, guarda-chuvas e sobretudos fossem deixados em casa. O baile se

---

204 Jornal do Brasil, Rio de Janeiro, 17 jan. 1919.

205 Gazeta de Notícias, Rio de Janeiro, 4 mar. 1919. Oito anos mais tarde, no Carnaval de 1927, as baianas das Sabinas desfilariam pelas ruas do Rio de Janeiro em formação, num total de setenta componentes. De acordo com a memória de Júlio Simões, administrador histórico da Kananga ouvido pelo Jornal do Brasil décadas depois, esse desfile de 1927 teria influenciado as escolas de samba. "Recebi uma ovação tão grande que fui carregado no colo", disse Júlio da Kananga ao Jornal do Brasil, edição de 10 de outubro de 1970.

arrastava pelos salões e pelo vasto jardim interno, assim como pelo restaurante e pelo bar. Dois elevadores ajudavam a deslocar foliões de um foco a outro da festa, numa "comunhão de arte e conforto", conforme o convite divulgado nos jornais. Era um evento da elite: homens de negócios, políticos, artistas e jornalistas se esbarravam fantasiados pelas madrugadas do casarão na Glória, muito deles saídos do expediente em escritórios, lojas, palácios e redações que seguiam funcionando durante a folia. Não por acaso, a imprensa acompanhou de maneira frenética os primeiros bailes do *High Life* em sua retomada carnavalesca; no geral, saudou o que viu como "a nota sensacional do carnaval" e afirmou que "o Rio deveria se orgulhar de possuir um estabelecimento como não há outro na América do Sul".[206] Uma nota dissonante na cobertura, majoritariamente positiva, veio da revista Careta, nas linhas do redator Leal de Souza (o mesmo que, anos mais tarde, iria se converter num dos maiores divulgadores da Umbanda):

> Ora, o *High-Life*, não obstante a simpatia a todos inspirada pelo seu amável diretor, é um centro pecaminoso de mundanismo mercenário e as negociantes de amor que o frequentam não habitam, em cidade alguma, a circunscrição moral inerente à virtuosa honestidade feminina.
>
> Afirmando que as mais distintas senhoritas cariocas maxixam entre mulheres perdidas numa brilhante casa de vício, os jornais, irrefletidamente, espalham uma mentira nociva.[207]

O *High Life* operava sob a direção do imigrante italiano Paschoal Segreto. Em 1919, ele já contava 26 anos de Brasil, o suficiente para consolidar um império do entretenimento para chamar de seu: a Empresa Paschoal Segreto. No Carnaval, a onipresente Empresa Paschoal Segreto tocava, além de no *High Life*, bailes em seus

[206] Correio da Manhã, Rio de Janeiro, 2 mar. 1919.

[207] Careta, Rio de Janeiro, 15 mar. 1919.

teatros Carlos Gomes, Maison Moderne e São Pedro, além dos divertimentos no terreno do antigo Convento de Nossa Senhora da Ajuda. O Carnaval de 1919 seria o último da empresa sob comando ativo do fundador, apelidado de Ministro das Diversões da capital. Em agosto do 1919, sofreria um ataque de paralisia, complicado mais tarde pelos efeitos de um diabetes. Morreria aos 51 anos de idade, poucos dias depois do Carnaval de 1920.

Outro baile de elite no Sábado de Carnaval foi o do Restaurante Assírio, no subterrâneo do Teatro Municipal. Foi uma festa de luxo, regada a champanhe, que se repetiria nas outras noites de Carnaval, em que se entrava de fantasia ou traje a rigor. Aos mascarados, "pedia-se o obséquio de procurarem um convite especial".[208] De acordo com o relato de A Época, reinaram fantasias elaboradas, com destaque para foliões que se vestiam de mulher e para outros que faziam questão de vestir o poder que, noutras formas, já exerciam: pachás, rajás e reis, como o presidente do Fluminense, Arnaldo Guinle, que passou a madrugada no Assírio como Jovem Rei Sol. Ir ao Baile do Assírio exigia investimento para não fazer feio. Quem não tivesse como montar um traje completo se virava como podia, como o caso de um certo 'doutor de Direito' que, antes do Carnaval, pedira emprestada a uma viúva a casaca de seu marido morto – atendido, não a devolveria, e o caso acabaria na Polícia depois do Carnaval, de acordo com o registro da imprensa.[209]

Na mesma Avenida Rio Branco, no baile de um Teatro Trianon decorado à japonesa, revezaram-se duas orquestras tocando maxixe e *two-step*. Nos anúncios, assegurava-se que "até as famílias" poderiam pagar com antecedência e comparecer "com a certeza de serem tratadas como O MAIS COMPLETO DECORO".[210] No Sábado de Carnaval, a festa foi em homenagem aos Aliados, vitoriosos na Grande Guerra.

[208] O Imparcial, Rio de Janeiro, 27 fev. 1919.

[209] Gazeta de Notícias, Rio de Janeiro, 21 mar. 1919.

[210] Anúncio publicado no Correio da Manhã de 1º de março de 1919, destaque do original.

Num texto publicado na revista Comédia, um redator assinado como Minot Junior (possivelmente o jornalista, poeta, dramaturgo e médium espírita Amaral Ornelas) descreveu o Sábado de Carnaval nos bailes. Antes de entrar acompanhado no baile popular do Teatro Carlos Gomes, Minot relata ter atravessado uma "onda de homens e mulheres que em plena rua já se beliscavam e se premiam uns aos outros". Na entrada, "gritos ensurdecedores, corpos femininos bamboleando carnes fartas e redondas, numa semi-nudez impudica, entravam os bailes populares como que atraídos pela lascívia dos maxixes". Dentro do Carlos Gomes, diz ter topado com a "loucura carnavalesca", que "se manifestava em lascivas esgares, em requebros sensuais". Do alto de um camarote, Minot presenciou "a multidão sandiamente perturbada pela carne". Saído do Carlos Gomes, tocou para o baile do *High Life*, tomado pela elite, e bebeu champanhe, chamado por ele de "ambrosia dos homens civilizados". Refeito, deixou o *High Life* a bordo de um carro de praça ("uma poderosa *benz*") para o "Infinito" – que, para o chofer, queria dizer a Praia do Leblon, onde o Domingo de Carnaval de Minot amanheceu com mais champanhe.[211]

Além dos bailes de teatros, com alguns convites e uma maioria de ingressos pagos, e dos bailes dos grupos carnavalescos, em que variavam as modalidades de entrada, também ocorreram, por óbvio, bailes em casas particulares no Sábado de Carnaval. De uma dessas festas, na casa da família Fróes, na Rua Marquês de São Vicente, 300, na Gávea, restou o registro das fantasias: para os homens, pierrô, arlequim, mulher, turco, mandarim, gaúcho, mineiro, mandarim, *tony* (palhaço excêntrico, muitas vezes 'escada' nos números circenses), bobo da corte, aviador francês, caubói, faroleiro e enfermeiro, entre outros; para as mulheres, pierrô,

---

[211] Comédia – Jornal de Teatro, Rio de Janeiro, 8 mar. 1919. Sem exagero ou anacronismo, o artigo é um primor de demofobia e racismo. Por exemplo, de acordo com Minot Junior, no Carlos Gomes eram exteriorizados os "mais torpes pensamentos em frases de lupanares e senzalas". Sobre a ligação entre Minot Junior e Amaral Ornelas, ver: Dom Casmurro, Rio de Janeiro, 2 fev. 1946.

alsaciana, japonesa, portuguesa, cigana, dama da corte de Luís XV, borboleta, rosa, dançarina de *ragtime*, entre outras.[212]

Nos eventos de elite, já circulavam figuras que ainda não haviam se popularizado a ponto de se tornarem fantasias, mas que já imprimiam uma marca na cultura jovem, mexendo nas fronteiras de gênero: os almofadinhas e as melindrosas, fixados de forma clássica na virada para os anos 1920 por ilustradores como J. Carlos.[213] Em 1919, almofadinha ainda era um termo em formação, sendo mais identificado, de início, como encantador, irresistível ou *tango boy* – nessas formulações todas, o sentido era o mesmo: o filho da elite (geralmente jovem) que apurava o visual e os modos de uma forma tida como excessiva, adotando modos que desafiavam os papeis reservados ao 'homem de sociedade'. Alguns traços: dispensavam barbas e bigodes espessos; desafiavam o código de vestimenta que recomendava cores escuras aos homens, optando muitas vezes por ternos cintados em tons mais claros; dedicavam atenção às tendências da moda para itens como chapéus, óculos e sapatos; mantinham o penteado bem cortado e na posição, com gel; cuidavam da pele e, em alguns casos, usavam um toque de maquiagem; dançavam tango e maxixe. Em janeiro de 1918, a Gazeta de Notícias já lamentava o surgimento de "rapazelhos com roupinha cintada, carmim nas faces e maneiras graciosas, contrastando com o espírito do nosso tempo, socialista por um lado e cultor do *sport* por outro". Apesar da delicadeza nos modos, eles "nem sempre têm fidalguia no trato", espantava-se o jornal.[214] Nas memórias da escritora Carolina Nabuco, "o 'almofadinha' tomou corpo nas rodas sociais, representado por jovens cujo traço comum era serem admiráveis dançarinos". E mais:

---

212 Correio da Manhã, Rio de Janeiro, 2 mar. 1919.

213 PINHEIRO, Larissa Brum Leite Gusmão. Melindrosas e almofadinhas de J. Carlos: questões de gênero na revista Para Todos... (1922-1931). 2015. Dissertação (Mestrado em História) – Universidade Federal do Paraná.

214 Gazeta de Notícias, Rio de Janeiro, 25 jan. 1918.

> Seu papel na sociedade fixou-se no de acompanhante de senhoras elegantes. Como *cavalier servant*, era consultado sobre os assuntos em que era mestre, ouvido sobre toaletes, solicitado a dar um toque final nos arranjos de flores. Opinava sobre a escolha de móveis e tapetes. Os "almofadinhas" eram rapazes de bom gosto, em geral bem-nascidos e com vocação absoluta para decoradores.[215]

As almofadas em "almofadinhas" derivavam de almofadas realmente existentes: no verão de 1919, em Petrópolis, jovens reunidos no *Tennis Club* de Petrópolis juntaram-se para bordar, eles mesmos, almofadas. A prática, associada às senhoras de sociedade, chamou a atenção da imprensa no Rio de Janeiro. Nasceram ali os "almofadinhas". Lima Barreto saltou ao tema, invectivando contra os "ricaçozinhos" que se esqueciam dos pais que haviam "trabalhado como mouros" para que eles "obtivessem o ócio para bordar vagabundamente almofadinhas, em Petrópolis, ao lado de meninas deliquescentes".[216] Às vésperas do Carnaval de 1919, A Época registrou a criação de um certo Grupo dos Almofadinhas, pronto para desfilar pelas ruas do Rio de Janeiro.

As melindrosas antecediam os almofadinhas. Em português, a palavra melindrosa, designando "mocinha afetada, exagerada nas maneiras e no vestir" [217], é filha do século XX. Na imprensa carioca, começa a aparecer de forma consistente no ano de 1917, em jornais como a Gazeta de Notícias, já associadas aos "encantadores" (pré-almofadinhas), tanto no colunismo social quanto no teatro. Para teatro, especificamente, Eloy Pontes e Onaldo Machado compuseram, ainda em 1917, "As melindrosas", comédia

---

215 NABUCO, Carolina. Oito décadas. Rio de Janeiro: Nova Fronteira, p. 95. No uso de Nabuco, *cavalier servant* é empregado no sentido de refinado galanteador e acompanhante.

216 Revista Contemporânea, Rio de Janeiro, 1º mar. 1919.

217 CUNHA, Antônio Geraldo da. Dicionário etimológico da língua portuguesa. Rio de Janeiro: Lexicon, 2010, p. 419.

em três atos que, ao invés de tomar os palcos, ocupou as páginas da Revista da Semana. Em O Malho, a expressão inspirou em 1918 a criação de uma seção intitulada "Encantadores e melindrosas". Em dezembro de 1918, o Jornal do Brasil registrava que as melindrosas eram aguardadas no estádio da Rua Figueira de Melo, em São Cristóvão, como parte da torcida do Flamengo.[218] Na revista É o suco, de J. Praxedes, em cartaz no Teatro Carlos Gomes no início de 1919, as melindrosas eram personagens, ao lado dos encantadores. Nas palavras do jornalista Raimundo Magalhães Jr., as melindrosas "copiavam as norte-americanas dos filmes silenciosos mais ousados de Hollywood, a começar pelas banhistas dos filmes de Mack Sennett".[219] Eram conhecidas e retratadas pelos vestidos e pelos cabelos mais curtos (*a la garçonne*), pela figura mais esbelta e longilínea, pelo hábito de fumar em público, pelos chapéus sem abas e meio enterrados na cabeça, pelo recurso a itens do vestuário masculino (ternos, gravatas, calças compridas), pelas sobrancelhas mais finas e marcadas, pelos olhos mais pesados e pelas bocas em forma de coração. Parte desses traços, como os cabelos mais curtos, haviam ganhado fluência durante a Grande Guerra na Europa, em sintonia com o papel aumentado da mulher na indústria e no mundo do trabalho em geral. Na esfera da moda, a melindrosa – e também o almofadinha, em certa medida – surfavam uma tendência de compartimentalização do guarda-roupa. Na virada dos anos 1910 para os anos 1920, tornou-se possível demarcar um "lugar de veste" entre a criança e o adulto já formado, como lembra Carolina Nabuco:

---

218 Jornal do Brasil, Rio de Janeiro, 27 dez. 1918. Na partida, válida pelo Campeonato Carioca, o São Cristóvão venceu por 5 a 1, apesar de ainda atuar sob impacto da morte do ídolo Cantuária. Na coluna "Binóculo", a Gazeta de Notícias associava as melindrosas de forma sistemática ao bairro do Flamengo. Ver: Gazeta de Notícias, Rio de Janeiro, 2 out. 1917 e 15 out. 1917.

219 Manchete, Rio de Janeiro, 1º mar. 1980.

> A sociedade patriarcal que eu encontrei, chegando ao Brasil, alterou-se em grande parte antes do fim da década. A influência americana fez apagar-se a tradição francesa em que as *jeunes filles* eram relegadas à sombra, enquanto suas mães brilhavam na vida social e nos torneios de elegância. Naquele tempo, as grandes casas parisienses de costura não se prestavam a vestir *jeunes filles*, ainda que fossem filhas de boas clientes, ou mesmo princesas russas. Para chapéus destinados a mocinhas, também o gênero era outro. Foi no final da guerra e no princípio dos *twenties* que, a exemplo do que sucedia nos Estados Unidos, a juventude começou a reclamar e receber, como direito seu, uma justa parte de atenção.[220]

Sobretudo pelo contexto de seu surgimento (a Petrópolis dos diplomatas, da classe política e da elite carioca e fluminense em veraneio), a dupla melindrosa-almofadinha esteve associada à cultura de salão, mas não à cultura ossificada, ainda meio imperial, fixada em padrões tomados em parte da Inglaterra vitoriana: e sim a uma cultura nova, de energia nova, em que a dança, de elemento cerimonial, convertia-se em atividade de entretenimento para os jovens. Ao som de gramofones, no verão petropolitano de 1919, melindrosas e almofadinhas dançaram furiosamente o tango e o 'puladinho', uma dança oriunda das gafieiras. Com uma nota de fel, já depois do Carnaval, o jovem jornalista paraibano Assis Chateaubriand notava que, a despeito de flagelos como a seca no Nordeste, "em Petrópolis, os almofadinhas dançam e fiam o *crochet*, as melindrosas foxtroteiam e os *snobs* hilariantes, que pesteiam aquele recanto delicioso, pensam nas festas novas, que organizarão aqui na planície, no inverno próximo, em favor das vítimas da guerra, em França e na Grã-Bretanha e na Bélgica", pois "essas é que fazem ganhar medalhas e condecorações".[221] As danças, na

[220] NABUCO, Carolina. Oito décadas. Rio de Janeiro: Nova Fronteira, p. 94.

[221] Correio da Manhã, Rio de Janeiro, 8 abr. 1919.

visão de Carolina Nabuco, ajudaram a transformar as mulheres da elite, sobretudo da elite carioca nos anos 1920, "afastando do tipo francês, retraído e casto, e marchando para o americano, desenvolto e camarada".[222] Eis uma descrição de uma jornada dançante de melindrosas e almofadinhas ou encantadores em Petrópolis:

> A orquestra toca um maxixe. Irresistivelmente, todos dançam; dançam mais do que o puladinho. Como só há encantadores, a reunião assume esplêndidas proporções. A intimidade que se estabelece, a familiaridade que se cria nesses lugares como Petrópolis, onde todos os dias é sempre a mesma gente a encontrar-se, coloca, naturalmente, todos em situação de poder considerar-se isentos de etiquetas e formalidades de cerimônia, uns com os outros. Os encantadores e as melindrosas estão sempre em família. Daí, o êxito das quadrilhas com que terminou a reunião de ontem, com orquestra a vibrar, os moços e as moças numa alucinação pela sala, correndo, batendo os pés violentamente, precipitando-se uns contra os outros, em encontros e abraços, num desvario, numa vertigem deliciosa. O ambiente era infinitamente alegre.[223]

Essa forma de ser se manifestava também fora dos salões, como no registro de um encontro entre amigos e amigas na estação de trem de Petrópolis, pelas linhas de um redator em A Época: "Enquanto as 'melindrosas' gentis gesticulavam, gritavam e discutiam com ardor, os jovens encantadores que as acompanhavam endireitavam a gravata, adocicavam a voz, tornavam-se ternos." As melindrosas, segue o relato, "para melhor fazerem valer seus argumentos, seguram pelos ombros os adocicados companheiros; rapazes que reviram os olhos". [224]

---

222 NABUCO, Carolina. Oito décadas. Rio de Janeiro: Nova Fronteira, p. 95.

223 Correio da Manhã, Rio de Janeiro, 15 fev. 1919, em que Antonio Torres refere-se à notícia original: A Notícia, Rio de Janeiro, 6 fev. 1919.

224 A Época, Rio de Janeiro, 10 fev. 1919.

Nos carnavais seguintes, ao longo dos anos 1920, as melindrosas e os almofadinhas se tornariam presenças ainda mais marcadas nos bailes e nas ruas. Em 1921, virariam sucesso na marchinha "Ai, amor", de Freire Júnior, a cantar a "Melindrosinha/ Moça chique e vaporosa/ Elegante e bonitinha" e o "Moço bonito/ É rapaz descolocado/ Que por processo esquisito/ Anda chique e perfumado".[225]

[225] ALENCAR, Edigar de. O carnaval carioca através da música. Vol. 1. Rio de Janeiro: Livraria Ferreira Bastos, pp. 121-122.

O corso movimentava o incipiente mercado automobilístico, apelando ao orgulho dos "pais de família".
FONTE: A NOITE, 28/02/1919

Fugiu de casa e foi no bloco!

O carnaval nunca deixa de fazer das suas, virando o juizo a muita mocinha sapéca. A Trudinha, é uma assanhadinha que morre pelo carnaval. Quando se organisou o "Bloco" "Quem tem capa não se molha", ella fez questão de ser a porta-estandarte. A Familia da moça, que já sabe onde lhe apertam os callos, e que dinheiro não é capim, estava dando os contras, porque o titulo do bloco estava exigindo fantasias a proposito e os arames estavam curtos. A mocinha estrillou e jurou que havia de sair no bloco, ainda que chovesse fogo. E confabulou com o namorado, um zinho pernostico, mas decidido. E no domingo, a Trudinha azulou do lar paterno, materno e familierno, e á noite lá estava rente na Avenida, á frente do bloco "Quem tem capa não se molha", mettida na sua bella fantasia, uma rica e elegante capa de borracha da fabrica de H. Schayé da avenida gomes freire, desenove, empunhando o rico estandarte. O que a historia não resa foi o que lhe succedeu ao chegar a casa...

Propaganda da fábrica H. Schayé.
FONTE: A NOITE, 01/03/1919

Charges de J. Carlos na revista Careta, no balanço do Carnaval de 1919.
FONTE: CARETA, 08/03/1919

Charge de pierrô espirrando lança-perfume (sem assinatura).
FONTE: FON-FON, 15/03/1919

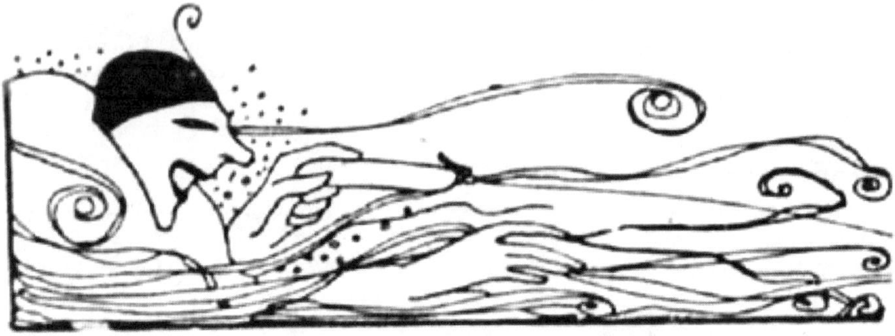

ACIMA E NA PÁGINA AO LADO: Mascarados nos prestigiados bailes do High Life, na Glória, realizados entre a noite de sexta-feira (28 de fevereiro) e terça-feira (4 de fevereiro).
FONTE: CARETA, 08/03/1919, E FON-FON, 08/03/1919

O Recreio dos Artistas realizou quatro bailes carnavalescos, entre Sábado e Terça-Feira de carnaval. Na foto, uma das matinês.
FONTE: CARETA, 08/03/1919

Baile dos Artistas no Teatro Fênix, na virada da sexta-feira para o Sábado de Carnaval.
FONTE: CARETA, 08/03/1919

O famoso carro florido da médium Madame Zizina (no centro do carro, com o rosto na altura do volante), no Carnaval de 1914.
FONTE: FON-FON, 16/02/1914

Grupos de parentes e amigos no corso da Avenida Rio Branco
FONTE: CARETA, 08/03/1919

Quarteto feminino nas ruas durante o Carnaval de 1919 no Rio de aneiro.
FONTE: CARETA, 08/03/1919

No Carnaval, a prefeitura e a General Electric do Brasil inauguraram uma nova iluminação para alguns dos principais monumentos da cidade: as estátuas do Marechal Floriano Peixoto (na praça de mesmo nome), do Visconde de Mauá (idem) e do Almirante Barroso (na praia do Russell).
FONTE: FON-FON, 15/03/1919

Foliãs fantasiadas de garrafas de champanhe em um dos bailes do High Life.
FONTE: FON-FON, 08/03/1919

DOMINGO

DOS SUBÚRBIOS AO CENTRO, as massas pularam o Carnaval de 1919 no Rio de Janeiro – negros e brancos, mulheres e homens, brasileiros natos e imigrantes. Nem todos eram residentes, pois, já à época, era intenso o movimento do interior para a cidade do Rio de Janeiro no período do Carnaval. Os turistas vinham de trem ou de navio, em disputa pelas vagas insuficientes em hotéis e hospedarias: "era matuto que não acabava mais", descreveu o Jornal do Commercio em 1º de março de 1919. Para espanto da imprensa, as linhas de transporte naval de passageiros não só não atrasaram em 1919, como, em alguns casos, chegaram antes do previsto à capital. Com tanta gente na rua, interessaria se assegurar da presença de um folião específico? No caso do repórter Júlio Silva, 24 anos de idade, pernambucano de nascimento, sim. Até 1919, Júlio Silva integrava a diretoria do Bloco da Baratinha, de Vila Isabel. Era conhecido como Lord Mamãe ou Lord Mamãe dos Infantis. Às vésperas do Carnaval, assinou um anúncio em O Imparcial cobrando a resposta de um certo J. Thomé à oferta de uma vaga como baliza (precursor do mestre-sala) no bloco. Mas não foi por isso que o Carnaval de 1919 de Júlio Silva passou à posteridade. Nas palavras do próprio Silva e nas linhas de quem escreveu sobre ele, o primeiro Carnaval depois da passagem da Gripe Espanhola pelo Rio de Janeiro foi também o primeiro do Bloco do Eu Sozinho, um bloco criado por Júlio Silva. O 'eu' no nome do bloco era de Júlio Silva, que, por seis décadas do século

XX, desfilou sozinho pelas ruas do Rio de Janeiro no Carnaval. Até o Carnaval de 1979, o homem-bloco seguiu uma receita: ia de palhaço *tony*, maquiado, com um estandarte improvisado de cabo de vassoura e uma placa de isopor erguida, escrita assim: Bloco do Eu Sozinho. Às vezes, levava uma corneta. Distribuía brindes: flâmulas, cartões e balas, que drenavam seu magro orçamento carnavalesco. Em meio à folia, recitava versos de poetas como Casemiro de Abreu e Castro Alves. Quanto mais celebrado ou provocado, mais crescia em vivacidade. Aos passantes, apresentava a sua missão em verso:

> Eu ando só. Por companhia tenho
> Minhas bugigangas, que me são leais.
> Sozinho vivo bem, até convenho,
> feliz me corre a vida de rapaz.
>
> Contas não dou. Se tarde ou cedo entro,
> Reclamações do lar, não se me faz.
> Contas não tenho, nem despacho empenho,
> se não de mim, por mim, e ninguém mais.
>
> Entro à hora que quero, ou me é preciso
> Saio à hora que entendo, ou me convém.
> Se como, ou não como, passo vem.
>
> Prefiro a vida assim, semi-isolado,
> melhor é andar sozinho (tenho siso),
> que em companhia de outro mascarado.[226]

A criação do Bloco do Eu Sozinho teria sido motivada exatamente pela indisposição de Júlio Silva suportar os palpites dos outros, tanto no Bloco da Baratinha quanto no Tatu Subiu no Pau,

[226] Correio da Manhã, Rio de Janeiro, 21 jan. 1948.

outro bloco que integrava ao fim da década de 1910.[227] "Não queria mais depender de terceiros para brincar, e sempre tinha um cara chato que, na hora, estragava a graça do bloco", disse ao Correio da Manhã já nos anos 1960.[228]

Em carta ao Jornal do Brasil publicada em 5 de fevereiro de 1978, Júlio Silva afirmou que 1919 foi o ano "quando desfilou pela primeira vez no Carnaval carioca" com o Bloco do Eu Sozinho. O ano de 1919 figura na maioria dos relatos (dele e dos outros), inclusive no depoimento do homem-bloco ao Museu da Imagem do Som, em 1969. A única ponta de dúvida agarra-se às circunstâncias. Teria sido essa estreia numa batalha de confetes ou na rua, que era o posto natural do Bloco do Eu Sozinho? Em reportagens que resgataram a história do Eu Sozinho por ocasião do jubileu do bloco, em 1969, a estreia foi localizada numa batalha de confetes ou num baile do Bloco K. K. Reco, no pré-Carnaval, num suposto 11 de fevereiro de 1919, uma terça-feira – o homem-bloco teria sido, inclusive, premiado na categoria "humorismo".[229] O problema é que o único evento público do Bloco K. K. Reco em 1919 foi a Batalha de Confetes da Praça Saens Peña, realizada 11 dias depois, num sábado (a mesma batalha pela qual passaram Pixinguinha e, possivelmente, o menino Nelson Rodrigues). O primeiro registro da presença do Bloco do Eu Sozinho na Batalha de Confetes de Saens Peña data do ano seguinte, 1920, quando Júlio Silva ganhou uma caixa de charutos, como melhor rapaz fantasiado.[230] De qualquer forma, para Júlio Silva, o ano da primeira saída do bloco era 1919, fosse na Saens Peña ou em outra parte da cidade, antes ou durante o Carnaval – e não há por que discutir com ele.

---

227 Quem também fazia parte do Tatu Subiu no Pau era Lamartine Babo – em 1919, um jovem de quinze anos de idade. Ver: Correio da Manhã, Rio de Janeiro, 26 jan. 1969.

228 Correio da Manhã, Rio de Janeiro, 21 fev. 1969.

229 Jornal do Brasil, Rio de Janeiro, 12 fev. 1969.

230 O Imparcial, Rio de Janeiro, 5 fev. 1920.

Na memória do jornalista Mário Filho, entusiasta da história do Flamengo e do resgate do Carnaval de 1919, Júlio Silva era uma instituição carioca:

> Era como certos foliões do Carnaval, que saem à rua para divertir os outros. O exemplo típico desse folião foi Júlio Silva, o criador do slogan "uma vez Flamengo, sempre Flamengo", que tinha o Bloco do Eu Sozinho. Com uma cara de Buster Keaton, sério, quase triste, Júlio Silva ia a todas as batalhas de confete e andava por aí em todos os carnavais. Devia divertir-se a valer porque fazia a mesma coisa todos os anos.[231]

Em 1973, antes de mais um Carnaval no Rio de Janeiro, o próprio Júlio Silva descreveu da seguinte forma sua atuação na folia carioca:

> São 55 anos de solidão, mas eu não entrego os pontos, vou sair pela avenida nos quatro dias de alegria, vou esquecer a amargura, amar todas as criancinhas e quando alguém gritar "Olha, lá vem vindo o palhaço", vou dar flores e sorrisos.[232]

Morreu em 1979 aos 84 anos de idade. Desfilou o Bloco do Eu Sozinho 59 vezes. Foi uma espécie de testemunha de Momo: esteve lá para ver tudo. Testemunhou o ocaso das grandes sociedades, a ascensão e a queda dos ranchos, a acelerada e o breque do corso e, enfim, a tomada de cena pelas escolas de samba. Um dos seus poemas favoritos e mais recitados em sua jornada de seis décadas era "Distração", do poeta e folião Bastos Tigre:

> Na vida fiquei parado
> E o tempo passou por mim,
> Com seu passo acelerado,
> No seu caminho sem fim.

---

231 Jornal dos Sports, Rio de Janeiro, 23 out. 1965. Ver também: FILHO, Mário. Histórias do Flamengo. Rio de Janeiro: Mauad, 2003, p. 35.

232 Jornal do Brasil, Rio de Janeiro, 3 mar. 1973.

> Tantas cores, tanto ruído
> Tantas coisas a sonhar!
> E, assim, de tão distraído,
> Não vi o tempo passar...
>
> E a mim me pergunto às vezes.
> Lembrando o pouco que vi:
> Foram anos, foram meses,
> Ou dias só, que eu vivi?[233]

Sozinho ou acompanhado, Júlio Silva não deve ter perdido o Domingo de Carnaval de 1919. O domingo era um dia cheio de Carnaval na rua. No Centro da Cidade, clubes, blocos e, sobretudo, ranchos carnavalescos desfilavam pela Avenida Rio Branco em sucessão, à luz do dia e também à noite. No eixo da Pequena África, blocos e conjuntos dispersos de foliões confluíam para a Praça Onze, vindos da região portuária e dos morros. Em Niterói, grupos que tentavam fazer bonito frente aos congêneres do Distrito Federal se somavam à noite a forasteiros que cruzavam a Baía de Guanabara de bumbo e tudo. Não fossem as grandes sociedades, senhoras já um tanto decadentes do Carnaval carioca, que desfilavam na Terça-Feira Gorda, seria possível contar a história do Carnaval de 1919 apenas pelo Domingo e seus clubes e ranchos ascendentes, suas memórias da Gripe retrabalhadas em alegorias e performances, suas brigas e suas exuberâncias.

Nas chamadas para o Domingo de Carnaval na rua, de novo a imprensa acrescentou o elemento do alívio pós-Guerra e pós-Gripe à receita rocambolesca de seus textos, como em A Época:

> E agora, que o pesadelo da guerra desapareceu, esboroou-se nas numbras do passado (bonito!), nós vamos desforrar de todo aquele crime de empecilhos e de embaraços que, nos quatro anos que se foram, não permitiram que o brasileiro fosse humano... isto é, carnavalesco. Dizem os entendidos

233 Jornal do Brasil, Rio de Janeiro, 12 fev. 1969.

> que toda a reação é igual e contrária à ação – portanto, 1919, neste assunto só poderá ser uma fantasia ("*sans double sens*"), de um cérebro exaltado![234]

Para Copacabana, então um conjunto de casas espremido entre as montanhas e o mar, estava marcado um banho de mar à fantasia, no Posto 4, na altura da Rua Ipanema (futura Rua Barão de Ipanema). Também havia outro marcado para o Posto 2, no Leme. O público-alvo dessas atrações diurnas eram os próprios moradores do bairro. Quem precisasse vir de longe para ter a oportunidade de cair no mar com fantasias de papel crepom dispostas sobre os maiôs pegava, no geral, o bonde. Nos banhos à fantasia, comuns da Praia de Ipanema à Praia da Ponta do Caju, muito procurada pelos moradores da região central, a trilha sonora costumava ser garantida por bandas militares.

Na Avenida Rio Branco, as calçadas passaram o dia tomadas por um mar de chapéus de palha com fita, estilo *canotier*: maioria de homens – brancos e negros em uma foto de A Razão, com uma divisão entre rostos limpos e de bigode, e nenhuma barba.[235] Para aquele Domingo de Carnaval, de forma excepcional, o prefeito Paulo de Frontin, que havia assumido na quarta semana de janeiro, autorizara a abertura de confeitarias na cidade. A medida contribuiu para dar ainda mais vida a um dia já cheio na Avenida. Os confeiteiros, registre-se, trabalharam sob declarado protesto.

Foi uma jornada de emergentes na Avenida. Dois clubes que almejavam desfilar entre as grandes sociedades passaram à noite: o Moderne Club e os Zuavos, ambos com sedes na Lapa. Os clubes desfilavam com menos integrantes e empregavam meios mais modestos do que os gigantescos Tenentes do Diabo, Democráticos e Fenianos. Tentavam compensar o abismo com inventividade, na alternância entre carros alegóricos e de crítica – puxados, como nas grandes sociedades, por tração animal.

---

[234] A Época, Rio de Janeiro, 2 mar. 1919.

[235] A Razão, Rio de Janeiro, 3 mar. 1919.

O Moderne Club desfilou com sete carros relativamente modestos, sob direção de artística de Jayme Silva, o mesmo artista-chefe dos Tenentes do Diabo. No longo percurso entre o barracão no Cais do Porto e a sede da Lapa, com um desvio pela Avenida Rio Branco, abriram caminho com uma comissão de frente a cavalo. A ala de clarins veio trajada à maneira árabe, enquanto a banda do onipresente maestro J. Sobrinho se vestiu à mexicana, executando tangos e sambas. Os figurinos eram do ateliê de Plácida dos Santos, considerada a primeira grande cançonetista brasileira e personalidade do teatro que levara o som do maxixe e do lundu aos palcos de Paris, ainda no século XIX – no Carnaval carioca, Plácida era ligada por afeto e tradição ao Clube dos Democráticos.

Num dos carros, o Moderne Club homenageou os cinquenta anos de fundação dos Fenianos, na forma de um sol iluminado "que rasgava as nuvens". Noutro, chamado A Bernarda (o motim), exaltou a repressão da Polícia à insurgência anarquista de novembro de 1918. Neste carro, um componente ia fantasiado de Aurelino Leal, o chefe de Polícia, de óculos escuros e cassetete, à caça do que o Moderne descrevia como "maximalandros" (um jogo de palavras com maximalistas, termo que, na imprensa da época, era empregado de forma genérica, dando conta de quaisquer radicais de esquerda, dos bolcheviques aos anarquistas).[236] No centro de A Carestia da Vida, o último carro, ia um folião interpretando um comerciante sem escrúpulos, um inimigo público genérico dos tempos duros da Guerra e da Gripe. No pufe publicado nos jornais, o Moderne Club anunciava esse carro final da seguinte maneira:

> Surge, afinal, cruel a negra crise
> Feroz na guerra! Fúnebre na peste!
> Mal que não há bem que suavize!
> Mal que contra todos ruge e investe![237]

[236] Jornal do Brasil, Rio de Janeiro, 2 mar. 1919.

[237] Jornal do Brasil, Rio de Janeiro, 2 mar. 1919.

Para fechar o desfile, ressoou uma estridente ala de Zé Pereira, batendo bumbo com fúria. Foi a estreia do Moderne Club nos préstitos do Carnaval carioca.

Os Zuavos começaram a desfilar às seis da tarde, sob direção artística de Ramiro Domingues e figurinos de Julia Vargas. Marcharam da Avenida Rodrigues Alves à Lapa, após um giro no eixo da Avenida Rio Branco. Os Zuavos miravam sair entre as grandes sociedades dentro de dois ou três anos e, no Carnaval de 1919, procuraram atalhos na força das mensagens – levando-as ao limite. Os componentes e as alegorias que saíram dos armazéns 15 e 18 do Cais do Porto fizeram os Zuavos gritarem a memória da Gripe e a sombra da morte de forma mais explícita do que qualquer outro grupo no Carnaval de 1919. Isso já estava claro no pufe publicado nos jornais:

> Generoso Povo, alegre, desta bendita terra:
>
> Foram de tremendas provações, medonhas, esses dois últimos anos que se escoaram, tétricos e funestos, na ampulheta do tempo; a humanidade inteira sofreu os mil horrores que a guerra lhe trouxera e viu, depois, quando no horizonte do mundo esboçaram os primeiros albores de uma paz bem próxima, o pavoroso aquilão [vento] da peste varrer, impiedosamente, toda a sua extensão, roubando vidas caras e necessárias. Passaram, Bendito Deus, esses horríveis momentos: fez-se a Paz e Peste foi-se. Agora, vem de despontar uma promissora aurora de trabalho e alegria; há em todos os lares, desde o castelo feudal à lareira do pobre, um frêmito incontido e sadio de bem-estar reconfortante. Vamos, pois, rir e vamos folgar, forrando-nos assim do quanto sofremos.[238]

A primeira parte do desfile dialogou com o padrão Rio-de-Janeiro-metido-a-Riviera-Francesa das grandes sociedades, com um toque ainda mais militar do que o costume – à altura de uma

[238] Jornal do Brasil, Rio de Janeiro, 2 mar. 1919.

sociedade carnavalesca com nome de regimento. A comissão de frente foi a cavalo; a banda de clarins, metida em uniformes militares; a banda de música, fantasiada de garrafas de champanhe; o abre-alas, iluminado em homenagem ao Reino da Dança, com o tesoureiro Astolfo Sodré no topo – o mesmo Dr. Ciência esfaqueado no pré-Carnaval. A guarda de honra foi adornada como notas musicais; os sócios, sentados em carruagens; foliões, de políticos reunidos em torno da política, retratada como uma prostituta, no carro de crítica chamado Agência de leilão a prazo fixo; foliãs, de gueixas e lançando beijos do alto de a Ponte Japonesa, um carro alegórico. Ao fim da primeira metade do desfile, surgiram as Galinhas Espanholadas, um carro de crítica sobre a venda de galinhas pelo Corpo de Bombeiros durante a pandemia. Sobre o carro – na prática, uma carroça de dois eixos –, havia uma espécie de pórtico com três metros de altura e com o letreiro "Galinhas Espanholadas"; de um lado, o boneco de um bombeiro, do outro, foliões. A mensagem estava descrita no pufe:

> Isto é canja meus senhores!
> Quem dá mais! Quatro mil réis!
> A galinha tem sabores
> Da cabeça até aos pés.[239]

Na segunda metade do desfile, depois de mais clarins, de mais músicos e de mais sócios, e também de um carro alegórico simbolizando o fundo do mar, entraram a Gripe, o Inferno e a Morte. A Gripe estava em Chá da Meia-Noite: um gigantesco bule com as inscrições "Chá à Meia-Noite" e "Morre, diabo". Foliões fantasiados de enfermeiros e pacientes iam em cima do carro, realizando performances, com grande sucesso de público. Nas palavras de A Época, o carro era uma "crítica à já célebre fórmula Miguel de Carvalho,

[239] Jornal do Brasil, Rio de Janeiro, 2 mar. 1919.

passaporte forçado para o outro mundo".[240] Miguel de Carvalho era o provedor da Santa Casa de Misericórdia, um dos epicentros da crise sanitária durante a passagem da Gripe Espanhola no Rio de Janeiro. No pufe, o carro foi anunciado assim pelos Zuavos:

> O cabra entra fraco, tangido pela febre; o médico ausculta-o receita; a irmã vem, dá a droga e, oh, céus! Marca o relógio meia-noite; é a hora: chega o chá. No dia seguinte, volta o doutor e indaga do estado do doente; diz-lhe a irmã: – Dei-lhe o remédio e... o chá. O médico sai e, se tem vontade de ver ainda o cliente, toma o caminho do necrotério. É só isso; nada mais. Antes uma derrota como a dos teutos [alemães]: é bem melhor.[241]

O inferno veio a seguir, na alegoria Caronte e Cérbero, em que o barqueiro das almas (Caronte), o guardião canino do submundo (Cérbero), uma foliã fantasiada de vestal e outro folião de noivo encenavam um drama sobre a perdição da alma e a morte. Morte, aliás, que representava a "interessante surpresa" anunciada pelos Zuavos para o fecho do desfile: no registro do Correio da Manhã, surge "uma carroça do tempo da Gripe, com um grande letreiro: 'Só cabem 5'". Não é possível dizer exatamente quem eram os cinco, se é que se referiam a alguém. De acordo com o Jornal do Brasil em 3 de março de 1919, a alegoria, que remetia de forma direta ao transporte de cadáveres durante a pandemia, "não agradou à maioria das pessoas que se achavam na Avenida e em outras ruas". O Correio da Manhã da mesma data, em contraste, só mencionou reações positivas.

O resgate da memória da pandemia não se limitava às sociedades carnavalescas que desfilavam na Avenida Rio Branco. Em Santa Cruz, na Zona Oeste, duas das três sociedades carnavalescas que desfilaram à noite com alegorias lembraram da Gripe. O cenário

---

240 A Época, Rio de Janeiro, 3 mar. 1919.

241 Jornal do Brasil, Rio de Janeiro, 2 mar. 1919.

era a Rua Felipe Cardoso, tida, para efeitos carnavalescos, como a Avenida Rio Branco de Santa Cruz. Depois do Congresso dos Furrecas, estreantes formados um mês e meio antes do Carnaval, que passaram em vermelho e branco sem menção registrada à pandemia, desfilaram os Democráticos de Santa Cruz, alvinegros como os Democráticos originais, com um carro chamado Carecópolis – referência à queda de cabelo, uma das sequelas percebidas da Gripe Espanhola. No fecho da noite, passaram os Progressistas, de preto e vermelho, com um carro de crítica de nome Homenagem sincera. Desse carro, não resta relato sobre o visual, apenas versos que descreviam sua intenção:

> Não riam-se que o caso é sério
> Pois aqui fica provado
> Quem deitou-se com a "Espanhola"
> Por força foi levado.[242]

A exemplo das sociedades em que se modelavam até no aspecto cromático (os Furrecas tinham as cores dos Fenianos; os Democráticos de Santa de Cruz, do Clube dos Democráticos; os Progressistas, dos Tenentes do Diabo), as três sociedades de Santa Cruz gastavam parte de suas energias artísticas para se gabarem e se provocarem. Também faziam o máximo para cativar suas torcidas – caso dos Progressistas, que arremessaram flores sobre o público da Zona Oeste.

O Carnaval de Santa Cruz guardava ainda traços da folia da virada para o século XX. Isso fazia com que as sociedades locais convivessem com expressões carnavalescas em recuo nas regiões centrais do Rio de Janeiro – em parte por perseguição da Polícia. No relato da Gazeta de Notícias sobre o Domingo de Carnaval em Santa Cruz, surgem o que parecem ser integrantes de cordões carnavalescos: "caboclos com íris e flechas e uma infinidade de

---

[242] Correio da Manhã, Rio de Janeiro, 2 mar. 1919.

peles sobre as costas e peito". Também sobreviviam em Santa Cruz "palhaços que diziam graça", 'reis' e, sobretudo, 'velhos', "trajando caríssimas fantasias, dançando com lunetas e bastão".[243] Os velhos eram figuras comuns dos folguedos do século XIX e da virada do século XX no Rio de Janeiro: iam de casaca, máscara volumosa com cabelo de algodão e figurino de fidalgo à moda do século XVIII no Brasil Colônia. Se chamados, os velhos do Carnaval sapateavam a chula. Reinavam ainda em Santa Cruz os 'diabinhos', que andavam sumidos da região central do Rio de Janeiro, com suas fantasias de brim vermelho, chifres e longas caudas. Também pulavam em Santa Cruz àquela altura os bichos: foliões fantasiados de animais, ecoando as descrições clássicas do cronista Luiz Edmundo sobre a folia no início do século XX. Eram ursos (na tradição do Carnaval, vestidos com roupas "cobertas de algodão em rama"), burros ("homens inteligentíssimos"), macacos e morcegos (historicamente, "com caras de rato e asas arregaçadas, com varetas de velhos guarda-chuvas").[244] Nos carnavais mais antigos, alguns bichos iam encoleirados, puxados por 'domadores', e dançavam por dinheiro.

Algo unia a brincadeira nos arrabaldades de Santa Cruz à folia nas regiões mais centrais: a onipresença dos 'dominós'. O dominó era uma fantasia de origem italiana, que disputava a preferências dos cariocas com arlequim, colombina e pierrô. Era uma fantasia ideal para quem não queria ser reconhecido: com muito tecido sobre o corpo, gola longa e capuz ou máscara. Tanto homens quanto mulheres saíam de dominós. Nos relatos da crônica carnavalesca da época, os dominós surgem ora trocistas, ora discretos. Na revista Fon-Fon, o colunista que assinava sob o pseudônimo Trepador era obcecado pelo comportamento dos dominós no Carnaval. Às vésperas do Carnaval de 1919, por exemplo, o Trepador antecipou a presença de três dominós femininos no Baile do Assírio sozinhos,

243 Gazeta de Notícias, Rio de Janeiro, 3 mar. 1919.

244 EDMUNDO, Luiz. O Rio de Janeiro do meu tempo. Brasília: Senado Federal, Conselho Editorial, 2003, p. 483.

autorizados por maridos "que lhes deixam a mais absoluta liberdade".[245] Durante o Carnaval, os dominós invadiam, além das ruas, as linhas dos cronistas, como a de um redator do Jornal do Commercio que reproduziu um suposto diálogo entre dois conhecidos num bar às margens da folia, "numa rua transversal da Avenida". Eram Fernandes, que "provavelmente não conheces", e Antunes, "outro que os senhores não contam no número das suas relações". O texto coloca uma questão na voz de Fernandes: "Por que será que andam por aí, este ano, muito mais mascarados que costume?" Antunes, retratado como folião invencível, responde ao amigo, que andava triste pela morte da sogra, vítima da Gripe Espanhola:

> ANTUNES – Pois é o seguinte: a mesma desgraça que você lamenta aconteceu a inúmeras pessoas. A gripe... Perdas de maridos, de pais, de irmãos... Simplesmente, uma boa parte das pessoas enlutadas não se resignaram, como você, a ficar em casa ou refugiar-se no fundo duma cervejaria...
>
> FERNANDES – Começo a compreender!
>
> ANTUNES – ...e como não podiam, por causa dos conhecidos – conveniências sociais, pudor sentimental, etc. – pandegar de cara descoberta... mascararam-se!

Nesta altura, Fernandes percebe:

> FERNANDES – Um dominó que esteve aqui, há pouco, a intrigar-me, a falar-me de certas intimidades...
>
> ANTUNES – ?
>
> FERNANDES – Não há dúvida. Era minha mulher![246]

---

245 Fon-Fon, Rio de Janeiro, 15 fev. 1919. Talvez a aparição mais célebre do dominó na literatura brasileira seja no conto "História de um dominó", de Artur de Azevedo. Até hoje, dominós mandam no Carnaval da cidade de Lavelo, no sul da Itália.

246 Jornal do Commercio, Rio de Janeiro, 4 mar. 1919.

Diálogo ruim de teatro? Não importa. Lá estava, de novo, a obsessão com a figura dos dominós: mascarados e mascaradas vestidos, por suposto, com segundas e terceiras intenções. De certa forma, o Rio de Janeiro ainda vivia sob o espectro do "Você me conhece?", a pergunta padrão dos mascarados cariocas no século XIX e no início do século XX, uma interrogação que disparava brincadeiras.[247]

O Domingo de Carnaval era também dos ranchos. Antes da instituição, em 1926, da Segunda-Feira como Dia dos Ranchos, os ranchos começavam a 'descer à Cidade' no Domingo de Carnaval. Foi assim em 1919. De Laranjeiras à Saúde, da região de São Cristóvão a Botafogo, passando quase que obrigatoriamente pelo Catete, os ranchos representavam o que havia de mais vigoroso e dinâmico na folia carioca àquele momento.

Os ranchos já faziam parte do panorama do Carnaval do Rio de Janeiro há duas décadas e meia, a partir do momento em que o pioneiro Hilário Jovino decidiu criar um rancho, de nome Rei de Ouros, para desfilar fora da Folia de Reis. Era uma adaptação pioneira ao gosto carioca e às restrições implementadas pela Polícia:

> Decerto tal escolha deveu-se também à percepção de que a proibição de batuques e cantorias, folias e brincadeiras de negros era mais forte nos dias santos que nos dias de Carnaval, em que de qualquer maneira a presença dos negros tinha de ser tolerada – ainda que de má vontade.[248]

---

[247] Em carnavais anteriores, de acordo com Olavo Bilac em coletânea de artigos e crônicas publicada em 1916, a máscara havia perdido o seu "primitivo encanto" por efeito do relaxamento dos costumes no restante do ano. Não haveria, segundo o poeta e cronista, mais motivo para o "homem sério" aguardar o Carnaval em busca da abertura das "portas do Éden", nem para enfronhar "a sua seriedade num dominó" e amarrar "sobre a austera face uma máscara". Como se enxerga pelas referências, entretanto, o Carnaval do Rio de Janeiro em 1919 ainda carregava algo do espírito do "Você me conhece?". Ver: BILAC, Olavo. Ironia e piedade. Rio de Janeiro: Livraria Francisco Alves, 1916, pp. 119-120.

[248] CUNHA, Maria Clementina Pereira. Ecos da folia: Uma história social do Carnaval Carioca entre 1888 e 1920. São Paulo: Companhia das Letras, 2001, p. 211.

Os ranchos "traziam uma organização herdada das procissões religiosas, sob a forma de figuras institucionalizadas no préstito, como a porta-bandeira, o porta-machado, as pastorinhas ou saloias, que dançavam, batiam castanholas e introduziam o registro mais suave das vozes femininas no brinquedo".[249] Entre a última década do século XIX e a segunda década do século XX, os ranchos cariocas passaram por uma mutação dupla, de matriz narrativa: uma externa e outra interna. A mutação externa foi de recepção. Se, de início, os ranchos carnavalescos eram tidos pela imprensa e pelo próprio poder público como indistinguíveis dos cordões, a estigmatização dos segundos como violentos e atrasados acabou, por efeito de contraste, por elevar a condição dos ranchos, considerados mais ordeiros e avançados por quem se arvorava defensor de uma suposta civilização no Carnaval. A mutação interna foi na própria maneira de o rancho 'se contar' em seu desfile. Em 1908, o Ameno Resedá, rancho verde, grená e amarelo, do Catete, inovou ao estrear no Carnaval do Rio de Janeiro com uma chave estranha ao universo dos pastoris e das Folias de Reis (a base mais baiana dos ranchos cariocas): um enredo que se desenrolava ao vivo (Corte Egipciana), como num "teatro lírico ambulante".[250] A novidade pegou e os principais ranchos da cidade passaram a desfilar enredos no Carnaval, modelados no feito criativo do Ameno Resedá, o chamado "rancho escola". A História da Humanidade e o acervo da Literatura Universal, o Olimpo e o Cosmos eram os horizontes para os ranchos à moda do Ameno – para ilustrar, no Domingo de Carnaval, em 1919, desfilaram a partir de Botafogo dois ranchos de peso com enredos fantásticos: o Lírio do Amor (com uma plêiade de deuses romanos e gregos) e o Estrela do Paraíso (com o sonho de um pescador de Ceilão, com direito à execução simbólica da figura de um enorme peixe).

---

[249] CUNHA, Maria Clementina Pereira. Ecos da folia: Uma história social do Carnaval Carioca entre 1888 e 1920. São Paulo: Companhia das Letras, 2001, p. 212.

[250] EFEGÊ, Jota. Ameno Resedá, o rancho que foi escola – Documentário de Carnaval carioca. Rio de Janeiro: Funarte, 2009, p. 22.

As duas décadas e meia de experiência dos ranchos no Carnaval carioca até 1919 também foram de transformação musical. Por contarem, desde o início, com elementos de sopro, cordas e vozes a irmanar, os ranchos carnavalescos sempre foram mais complexos de colocar em sintonia do que, por exemplo, um grupo de Zé Pereira, em que imperava quase solitário o bumbo e em que o efeito buscado era o estrondo. Ranchos como o Ameno Resedá levaram esse desafio musical a outro patamar: no auge dessa expressão carnavalesca, a partir da segunda década do século XX, um desfile de rancho passou a constituir um quebra-cabeças harmônico, que exigia coordenação perfeita entre mestres de harmonia (orquestra), canto (pastoras e pastores) e de sala (elemento coreográfico) para executarem maxixes e, principalmente, marchas – na maioria, obras originais. Os especialistas em efetivar essa coordenação circulavam entre ranchos, carregando auras de excelência que, em alguns casos, sobrepunham-se às dos próprios estandartes que defendiam num determinado carnaval.

Em 1919, no primeiro Carnaval depois da Gripe Espanhola e da Grande Guerra, o Ameno Resedá defendeu o enredo Vitória dos Aliados. Era uma viagem pelos atores do conflito mundial recém-encerrado. Lá estavam o Brasil (um destaque infantil, o primeiro mestre-sala e um dos mestres de cerimônia), os EUA (o primeiro diretor de canto, de Tio Sam), a França (a primeira porta-bandeira e mais doze alsacianas que a guardavam), a Itália (a segunda porta-bandeira, os diretores de harmonia e a orquestra), o Japão (o coral masculino), o Reino Unido (o mestre de cerimônias e um destaque), entre outros. Não restou imagem do desfile, mas é possível imaginar o aspecto operístico do conjunto, que marchava com deusas gregas, pastores, escoteiros com lanternas, príncipes, soldados de penacho e nações representadas por fantasias com cores de bandeiras. No Ameno, quem ajudava a colocar essas histórias na rua era um contingente de negros e brancos das classes trabalhadoras. Eram "operários, funcionários que exerciam cargos humildes, na sua maioria do Arsenal da Marinha, da

Casa da Moeda, do Departamento dos Correios", e também sócios destacados do Fluminense, comerciantes da região do Catete e até o porteiro do Palácio do Catete (José de Paula Pires) – todos "amenistas".[251] Poucos desfilavam, alguns asseguravam a corda que protegia os desfilantes, muitos assistiam a longa jornada do Catete à Avenida Rio Branco – com paradas em endereços 'estratégicos', como a residência do escritor Coelho Neto, entusiasta do rancho, e redações como a da Gazeta de Notícias, no Centro. Como de costume, em 1919, o desfile do Ameno Resedá impressionou pela qualidade musical do coro e da orquestra.

O rancho Flor do Abacate era rival e vizinho de rua do Ameno Resedá – ambos mantinham sedes na Rua Corrêa Dutra, no Catete: o Ameno Resedá mais para dentro do bairro, perto da Rua Bento Lisboa; o Flor do Abacate, quase junto à Praia do Flamengo. Em 1919, os foliões do Flor do Abacate contaram o enredo A Corte dos Doges. Era uma viagem pela Veneza da história e da ficção, sob o estandarte verde e amarelo do grupo. A primeira porta-bandeira ia de Desdêmona; o mestre-sala, de Otelo – ambos personagens da peça Otelo, o Mouro de Veneza, de William Shakespeare. Havia também um doge e uma dogesa, seguidos por um coral de fidalgos e outro coral com dezenas de pastoras fantasiadas de damas venezianas (no desfile, eram aguardadas noventa). As pastoras, aliás, eram um dos pontos fortes do Abacate, como era conhecido o rancho. Pelas fileiras dessa ala passaram figuras como Emerentina Bento da Silva, mãe de Dona Ivone Lara. Em 1919, a orquestra, que fornecia a base instrumental, veio fantasiada de lanceiro. Como o Ameno, o Flor do Abacate pretendia fazer a primeira passeata no Domingo de Carnaval. Não deixou indício de atividade para além de sua base imediata naquele dia – ao contrário da Segunda-Feira de Carnaval, quando passaria pelo Centro.

---

[251] EFEGÊ, Jota. Ameno Resedá, o rancho que foi escola – Documentário de Carnaval carioca. Rio de Janeiro: Funarte, 2009, p. 139.

Antes mesmo de 1919, o Ameno e o Abacate formavam já uma elite não declarada dos ranchos. Em 1919, esse status foi oficializado, com a criação de uma Liga Metropolitana Carnavalesca, em que os dois grupos compunham a Primeira Divisão, ao lado do rancho Miséria e Fome, amarelo e preto da Rua Santa Luzia.[252] Vizinho de clubes de regatas como o Vasco da Gama, o Miséria reunia um grande contingente de remadores, gente forte que levou para as ruas daquele Carnaval pós-guerra um desfile marcial. Era mais uma homenagem aos Aliados, dentre tantas naquele Carnaval. Havia um modelo de avião; um canhão cenográfico que despejava confetes; foliões de marinheiros; um Tio Sam gigante; um destaque de Anjo da Paz; tenores vestidos de caubóis; um coral feminino com as cores das bandeiras das nações do Tratado de Versalhes; um coral masculino com as fardas das nações combatentes (entre homens e mulheres, cantavam cerca de 150 vozes); uma porta-bandeira com as cores do rancho; um mestre de cerimônias que homenageava o Japão; uma orquestra que representava uma espécie de atlas da Guerra, com suas cidades, rios e montes. Elogiadíssimo pela crônica, o Miséria e Fome faturaria dias mais tarde um dos prêmios máximos da Gazeta de Notícias: uma taça.

Ameno, Abacate e Miséria eram, como já mencionado, a elite declarada dos ranchos – e isso não agradava a todos, sobretudo aos rivais desses ranchos no bairro vizinho de Laranjeiras. Àquela altura, Laranjeiras era um bairro em que a principal atividade econômica era a indústria, puxada pela Fábrica de Tecidos Aliança, na região da atual Rua General Glicério. Os dois principais ranchos do bairro eram formados por trabalhadores da Aliança: o União da Aliança e o Arrepiados. O União da Aliança, de vermelho, verde e branco, atraía os operários de origem portuguesa. Os Arrepiados, de verde e rosa, com uma bruxa de símbolo, puxavam o resto. Ambos exibiam grande qualidade musical e engajavam suas comunidades, mas, na alocação dos ranchos entre níveis na incipiente

[252] Jornal do Brasil, Rio de Janeiro, 22 fev. 1919.

Liga Metropolitana Carnavalesca, ficaram na Segunda Divisão, ao lado dos Cangaceiros do Caju e do Jasmim de Ouro, também da região do Caju. Em uma carta ao Jornal do Brasil, um folião de nome Cantalício Mario da Cunha desabafou:

> É minha opinião e a de muitos carnavalescos da antiga guarda gloriosa – que os Arrepiados e a União da Aliança deveriam fazer parte da 1ª Divisão; parece-me que o Ameno e o Abacate não ficarão magoados com esta opinião.[253]

Em 1919, tanto a União da Aliança quanto os Arrepiados desfilaram com enredos na linha do mítico. A União da Aliança atirou para a Grécia, com o enredo Corte de Diana, a deusa da caça e da lua; os Arrepiados, para o Cosmos, com Universo.

Do lado da União da Aliança, passou um festival da mitologia: faunos na comissão de frente, um veado cenográfico "metamorfoseado em um príncipe", caçadores, ninfas, musas, sátiros, deuses e deusas gregas e romanas em profusão, numa grande visão sobre a corte de Diana, que rodava na forma de porta-bandeira. O périplo da União da Aliança pelo Centro não terminou antes de quatro e meia da manhã, já rasgando a Segunda-Feira de Carnaval.

Do lado dos Arrepiados – o melhor rancho da noite do Domingo de Carnaval na Avenida Rio Branco, de acordo com o Jornal do Brasil –, abriu-se o céu: comissão de frente de azul; destaques como cometas, anjos, estrelas, o Dia e a Noite; a porta-bandeira como a Lua; o Sol de mestre-sala e os pontos cardeais. Nem tudo ficava no alto, no entanto, pois havia uma seção infernal no desfile. Em 1919, supervisionada por um diretor de harmonia que ia de deus Plutão, a orquestra dos Arrepiados ia de inferno, com 'almas perversas' vestidas em preto, vermelho e amarelo. Entre as canções executadas ao longo do extenso cortejo, "Confessa, meu bem", de Sinhô. O rancho dos Arrepiados era o rancho frequentado pela família de Angenor de Oliveira, menino nascido no Catete em 1908, residente

---

253 Jornal do Brasil, Rio de Janeiro, 1º mar. 1919.

em Laranjeiras desde 1916 e, anos mais tarde, apelidado Cartola. O pai de Angenor tocava cavaquinho no rancho 'da bruxa' e puxava o filho junto para praticar e, depois, desfilar.

> Eu era muito garoto quando saía com toda a família no rancho dos Arrepiados. E com minha voz, que era boa, cheguei à ala do Satanás, coisa de antigamente, meu filho... Saíamos, eu, papai, que tocava cavaquinho profissionalmente no bando, minha mãe e meus irmãos.[254]

A família do menino Angenor viveu em Laranjeiras até 1919, quando se deteriorou a condição financeira doméstica. O novo endereço dos Oliveira passou a ser o Morro da Mangueira. Angenor tinha 11 anos de idade. Em retrospectiva, parece ter sido encontro marcado: vindos de um polo de intensa atividade carnavalesca, Angenor e a família haviam se mudado para um destino que, depois da passagem da pandemia, havia visto seu Carnaval renascer. A memória é de Carlos Cachaça, 17 anos de idade em 1919, que se tornaria o maior parceiro de Cartola:

> Quando acabou a crise [da Gripe Espanhola], os blocos passaram a formar grupos distintos, com músicas originais, próprias, para se exibirem nos festejos da Penha e posteriormente nas batalhas de confete e nos carnavais de rua. O samba que fazíamos só tinha a primeira parte. O resto era versado, improvisado.[255]

Nove anos depois da chegada dos Oliveira, já em 1928, Cartola e Carlos Cachaça ajudariam a fundar a Estação Primeira de Mangueira, em verde e rosa: as cores eram as mesmas dos Arrepiados e, de acordo com o relatado a Cartola por Carlos Cachaça, também de outro rancho que, no passado, arrastara foliões da região da Mangueira.[256]

---

[254] Manchete, Rio de Janeiro, 3 dez. 1977.

[255] G.R.E.S. Estação Primeira de Mangueira. Revista Mangueira 70 anos [1928–1998]. 1998, p. 4.

[256] Dicionário Cravo Albin da Música Popular. Cartola. Disponível em: https://dicionariompb.com.br/artista/cartola/. Acesso em: 7 dez. 2021.

Em 1919, na recém-instaurada Liga Metropolitana Carnavalesca, os Arrepiados e a União da Aliança se agrupavam ao Jasmim de Ouro e aos Cangaceiros do Caju na Segunda Divisão. Os dois últimos eram ranchos reconhecidos como maiorais do movimentado Carnaval de São Cristóvão. No Domingo de Carnaval, quem passou pelo Centro foram os Cangaceiros do Caju, com mais uma homenagem aos Aliados vitoriosos na Grande Guerra. Logo de entrada, fizeram singrar uma miniatura do encouraçado brasileiro Minas Gerais, além de alegorias representando um submarino e um tanque. Foliões fardados faziam a guarda do estandarte do rancho, que seguia levado por uma porta-bandeira representando a Grande Aliança. A orquestra veio de soldados franceses. Já na madrugada da Segunda-Feira de Carnaval, visitaram a Gazeta de Notícias.

Do bairro da Saúde, tomado pelo Carnaval, veio à região da Avenida Rio Branco o Braço é Braço, rancho que era ligado ao Pereira Passos F.C., um clube da região. Em 1919, o Braço é Braço desfilou o enredo *Quo Vadis*, em torno da história do Império Romano. O mestre-sala ia de Nero e a porta-estandarte, de Pompeia, a esposa do imperador. No grande panorama do enredo, centuriões, cortesãos e alcoviteiros dividiam espaço com figuras como o filósofo, dramaturgo e tutor de Nero, Sêneca. De cavalheiros iam os integrantes do coral masculino. De damas romanas iam as pastoras, que cantavam em coro assim:

> Carioca ingrata
> Não seja assim
> Eu sou Braço é Braço
> Vale gostar de mim.[257]

Carregados iam troféus das conquistas imperiais – Cartago na Praça da Harmonia. As efígies de Rômulo, Remo, Sílvia, Júlio César e Calígula observavam tudo, de cima dos estandartes. No

257 Gazeta de Notícias, Rio de Janeiro, 2 mar. 1919.

toque final, uma orquestra de cristãos "prestes a serem lançados às feras do Coliseu Romano".[258] De acordo com o Jornal do Brasil, o efeito não foi pequeno, por ter "arrancado os mais justos e espontâneos aplausos pela imponência do seu cortejo".[259] Um detalhe: na visita à redação da Gazeta de Notícias, o Braço é Braço surgiu encabeçado por Dario Pereira (o Darino da Saúde) e José da Rocha Soutello, estivadores, líderes sindicais e operadores políticos do bairro da Saúde. Ambos andavam em relativa baixa há alguns anos, na esteira de disputas no seio da poderosa União dos Estivadores. Patrono em série de agremiações carnavalescas como o histórico Recreio das Flores, que voltaria a desfilar em 1920 depois de um hiato de mais de cinco anos, a figura de Darino era seguida pela imprensa com atenção, entre outros motivos, pela suspeita de que atuasse como contrabandista. Meses antes de visitar a Gazeta de Notícias no Domingo de Carnaval, Darino ajudara a comandar a Comissão de Socorros do bairro da Saúde, ao lado do aliado Soutello. A comissão de Darino coordenara serviços de assistência médica e a distribuição de centenas de quilos de alimentos por dia. No Carnaval de 1919, à frente do Braço é Braço, Darino deu mais um passo rumo à reabilitação parcial de seu status.[260]

Da Piedade, na Zona Norte, veio ao Centro no Domingo de Carnaval o rancho Caçadores do Deserto. Na Gazeta de Notícias, nas palavras do redator, os Caçadores entraram no salão ao som de "sambas capazes de fazer dançar um frade de pedra", puxados por um folião de rinoceronte e outro de faisão.[261] A música vinha de um conjunto de orquestra e coro dirigidos por Cândido das Neves, o Índio. Cândido era filho do compositor Eduardo das Neves e dividia com o pai, astro negro da incipiente cultura de massas no

---

258 Correio da Manhã, Rio de Janeiro, 3 mar. 1919.

259 Jornal do Brasil, Rio de Janeiro, 3 mar. 1919.

260 Darino morreu em setembro de 1924, no naufrágio de uma lancha na altura da Gruta da Imprensa, na Avenida Niemeyer.

261 Gazeta de Notícias, Rio de Janeiro, 4 mar. 1919.

Brasil, a direção de harmonia do rancho. No pré-Carnaval, os dois haviam ensaiado vozes que cantavam, entre outras, uma marcha de Eduardo Neves sobre a caça de um "faisão majestoso" e de um "rinoceronte [que] faremos cair":

> Mostrar valores
> Sem termos rival
> Destemidos, heróis Caçadores
> Do deserto ideal.[262]

Já pela Rua da Quitanda, às portas da sede de A Razão, deu burro: o grupo Era o que Faltava, da Cidade Nova, passou puxado por um folião montado sobre um burro de mentira. O mestre--sala e o diretor de canto do Era o que Faltava ditavam o ritmo de um conjunto que, num eco dos cordões das décadas anteriores, incluía uma figura de destaque fantasiada de velho. No nome, os cordões estavam quase sumidos do Carnaval em 1919, a ponto de os jornais saudarem o suposto sumiço deles, mas muito deles persistia no terreno ainda amorfo entre ranchos, blocos e outros grupos: aqui e ali, pulavam diabinhos, velhos e bichos sob a já conhecida barragem de percussão. Em 1919, combinações como essas eram mais visíveis nos subúrbios, mas, em meio à barafunda de registros, é possível achá-las também na região central, como no caso do Era o que Faltava, da Cidade Nova.

A Cidade Nova, aliás, era um laboratório de ritmos e expressões culturais que tinha a Praça Onze em seu centro. Em 1919, a Praça Onze já era o grande ponto de encontro que, na década seguinte, faria explodir o 'samba de sambar' do Estácio e serviria de palco aos primeiros passos das escolas de samba. Populações deslocadas a partir de outros países (por perseguição e carestia), de dentro do país (por fatores econômicos e sociais nos estados) e sobretudo de dentro da cidade (por efeito das reformas urbanas) se topavam

---

262 A Razão, 8 fev. 1919; A Época, 24 fev. 1919; Jornal do Brasil, 23 fev. 1919.

na Praça Onze, seja em ambientes de trabalho, seja em ambientes de lazer. Como descreveu o jornalista e sociólogo Muniz Sodré:

> Naquele território, reaglutinaram-se, à maneira de uma *pólis*, forças de socialização. Estas, tangidas pela reforma do centro da cidade (com a consequente destruição de freguesias com vida comunitária intensa), abrigaram-se na Praça Onze de Junho (antigo Largo do Rocio Pequeno), na Cidade Nova.[263]

Nos primeiros anos da década de 1910, o quadrilátero gramado cercado por casuarinas se consolidara como palco dos grupos carnavalescos, para além da Avenida Rio Branco, mais fechada aos vigiados cordões e a alguns ranchos. Os grupos passaram a vir à praça depois de serem deslocados de outras paragens por pressões urbanísticas, sociais e policiais, e também por acontecimentos que, mesmo no plano mais individual, impactavam as agremiações. Era o exemplo dos blocos e ranchos que, depois da morte da reverenciada Tia Bebiana, poucos anos antes, haviam trocado o Largo de São Domingos, já parcialmente desfigurado pelo Bota-Abaixo, pela Praça Onze. Colaborara também para a consolidação da praça a mudança de Tia Ciata da Rua da Alfândega para a Rua Visconde de Itaúna, uma das ruas que delimitavam a praça:

> Vários fatores explicam o peso simbólico adquirido pelo local decorrente de sua escolha como ponto de reunião: a proximidade com a Estação da Central, que ligava os subúrbios ao centro da cidade; a quantidade e a qualidade dos grupos musicais, dançantes ou carnavalescos que se concentravam na região; a antiga Festa do Divino Espírito Santo, que contribuiu para a fixação do uso festivo do espaço; a força simbólica da presença de baianas e filhas de santo festeiras como Ciata, cuja casa era local de passagem obrigatória para os estandartes desses grupos; a

---

[263] SODRÉ, Muniz. Samba, o dono do corpo. Rio de Janeiro: Mauad, 1998, p. 16.

> maior liberalidade da polícia, empenhada em resguardar a área nobre da presença de indesejáveis, incentivando nesses bairros o desfile de trabalhadores. Leve-se em conta ainda a presença de serviços urbanos fatos e baratos – cafés, botequins, quiosques – e de um comércio habitualmente disposto a apoiar a concentração de cordões e ranchos que atraíam um grande público às ruas da região, fornecendo guirlandas de flores e outros mimos com os quais grupos carnavalescos podiam ostentar seu próprio prestígio diante dos demais.[264]

Os oferecedores dessas coroas eram, entre outros, donos de funerárias entre a Rua Senador Eusébio e a Praça da República:

> Era assim. Os cordões iam passando. Os donos das funerárias, sentados com as famílias em cadeiras na calçada, recebiam a homenagem dos porta-estandartes, que se exibiam numa parada, como fazem hoje as escolas de samba diante do palanque da comissão julgadora. Se o comerciante gostava do cordão, fazia um aceno. O estandarte era abaixado, e ele enfiava na ponta uma pequena coroa. Assim, quando esses blocos de foliões apareciam no quadrado da Praça Onze vinham já exibindo a maior ou menor quantidade de coroas conquistadas.[265]

Um dos pontos altos do Carnaval na Praça Onze era o fim da tarde do Domingo de Carnaval, quando os grupos vindos dos bairros desciam dos trens na Estação Central ou dos bondes em diferentes pontos do entorno, reforçando o contingente local de foliões da Cidade Nova e dos morros da região. Quem chegava à Praça Onze topava com uma paisagem dominada pela Escola Benjamin Constant, um marco da região. Durante a passagem da

---

[264] CUNHA, Maria Clementina Pereira. "Não tá sopa": Sambas e sambistas no Rio de Janeiro, de 1890 a 1930. Campinas, Editora da Unicamp, 2015, p. 165.

[265] TINHORÃO, José Ramos. Música popular: um tema em debate. São Paulo: Editora 34, 1997, p. 154.

Gripe Espanhola, a escola servira de hospital improvisado, com cerca de cem leitos. Inaugurado no auge da pandemia, na terceira semana de outubro de 1918, o hospital lotara em questão de horas. É a mesma escola cantada em "Tempos idos", orginalmente um samba de enredo (derrotado) na Estação Primeira de Mangueira em 1961. Os autores? Cartola e Carlos Cachaça:

> Os tempos idos
> Nunca esquecidos
> Trazem saudades ao recordar
> É com tristeza que eu relembro
> Coisas remotas que não vêm mais
> Uma escola na Praça Onze
> Testemunha ocular
> E perto dela uma balança
> Onde os malandros iam sambar.[266]

A balança ficava atrás da escola, separando-a do início do Canal do Mangue, e estava lá em 1919. Era utilizada para apurar excesso de carga em veículos de tração animal. Ao lado dela, funcionava um bebedouro exclusivo para os animais de carga – isso fora do Carnaval. De acordo com o mestre Ismael Silva, citado por José Ramos Tinhorão e Sérgio Cabral num artigo para o Jornal do Brasil em 1962, no Carnaval o bebedouro "servia também para reabastecer os vendedores de refrescos de laranja e limão".[267]

A Praça Onze era em 1919 a sede do 'pequeno Carnaval', um ponto cardeal fora do eixo da Avenida Rio Branco. Ainda não tinha o volume que adquiriria dentro de dez, quinze anos, já no alvorecer das escolas de samba, mas já era grande o suficiente para atrair gente da cidade inteira. De acordo com O Imparcial, uma das atrações do Domingo de Carnaval na Praça Onze em 1919 foram

---

[266] SILVA, Marília Trindade Barboza da & OLIVEIRA FILHO, Arthur L. de. Cartola: os tempos idos. Rio de Janeiro: Funarte, 1983

[267] Jornal do Brasil, Rio de Janeiro, 26 jan. 1962.

as baianas do Sabinas do Kananga, que saíram em "passeata pelas ruas da cidade, arrancando da multidão numerosas palmas" – não se sabe o trajeto, nem a extensão desse desfile.[268] Décadas depois, o cronista Jota Efegê registrou que, em 1919, o Grupo das Sabinas "saiu à rua reunindo setenta e cinco baianas vestidas com grande luxo, na característica exata da 'boa terra'".[269]

Também havia quem saísse da praça para pular em outras paragens, como os Sapecas da Praça Onze, que, no Domingo de Carnaval, participaram de uma batalha de confetes no Méier e voltaram para a sede, na Rua Visconde de Itaúna, 117 (bem perto da casa de Tia Ciata). Trouxeram de volta um elemento alegórico para fazer companhia ao estandarte: um boneco "bem confeccionado e de grande originalidade", conquistado como prêmio na batalha de confetes.[270]

O que foi visto e ouvido nas ruas do Rio de Janeiro no Domingo de Carnaval de 1919 estabeleceu na imprensa a impressão de uma vingança da vida por meio da folia:

> Não. O Carnaval não morreu. Ao contrário, vingou-se, gloriosamente, das restrições que o ano passado lhe impôs a guerra, e prestou-nos, a todos, o ótimo serviço de fazer escurecer a visita macabra da "espanhola".[271]

De novo, o corso na Avenida Rio Branco entrou pela madrugada, rasgado por serpentina, animado por lança-perfume. Para o espanto dos moralistas de A Razão, a brincadeira ia além das exibições e dos olhares, com "canções obscenas tendo sido ouvidas, partindo de automóveis e grupos familiares, entoadas por senhoritas e rapazes em conjunto" – e mais:

---

268 O Imparcial, Rio de Janeiro, 4 mar. 1919.

269 O Jornal, Rio de Janeiro, 4 set. 1963.

270 A Razão, Rio de Janeiro, 3 mar. 1919.

271 O Paiz, Rio de Janeiro, 3 mar. 1919.

> Inúmeros pierrôs, na sua quase totalidade femininos, cruzavam as ruas, enchendo as casas de bebidas, ao som de canções adequadas, cujos estribilhos eram, de quando em vez, substituídos por outros com a mesma rima, porém de acentuada imoralidade.[272]

Para O Imparcial, o que se passava na Avenida e no entorno dizia muito mais – gritava a alegria de ser e estar ali:

> A alegria esfuziante, o delírio no mais alto grau, o supremo entusiasmo dos foliões nos ofereciam um ambiente saturado desse fluido que comunica os sentimentos das multidões a quem delas se aproxime. E uma satisfação indescritível, um júbilo são, uma verdadeira ALEGRIA DE SER VIVO era o que experimentavam todos os habitantes desta feliz cidade, escolhida por el-rei Momo para a instalação de sua corte real.[273]

A linguagem estrambólica dos jornais registrava um sentimento aparentemente corrente. No calor da folia, as linhas dos cronistas e redatores demarcavam um senso de resgate e desafio. Era extraordinário o volume de foliões e de grupos (licenciados ou não) nas ruas, e isso refletia, por exemplo, no movimento do comércio: um dos donos da Casa Storino, na Rua Sete de Setembro, afirmou para A Rua que "jamais havia vendido tantos artigos de Carnaval" em quarenta anos de negócio.[274]

Era grande, era feérico e, no turbilhão, mal sobrava tempo para registrar o que parecia repetido, como a apresentação do Grupo do Caxangá em um coreto no Largo da Carioca, ao lado da sede dos Tenentes do Diabo (A Caverna). Em 1919, o grupo que se apresentou Domingo, Segunda e Terça-Feira de Carnaval era

---

[272] A Razão, Rio de Janeiro, 3 mar. 1919.

[273] O Imparcial, Rio de Janeiro, 3 mar. 1919. Destaque do original.

[274] A Rua, Rio de Janeiro, 5 mar. 1919.

quase orquestra: 19 integrantes, com pelo menos cinco carnavais nas costas, sob direção de João Pernambuco. No registro noticioso do Carnaval de 1919, o Grupo do Caxangá chegou a ser chamado de "Já te digo", nome do sucesso de Pixinguinha e China, irmãos e dois dos astros do grupo. A foto que restou, publicada no Jornal do Brasil, atesta, entretanto: pelas roupas e pelos chapéus de sertanejo, era o Grupo do Caxangá mesmo, afeito aos repertórios e trajes 'regionais' de inspiração nordestina. Note-se: parte do que se chamava de samba entrava também na cota do regional, ao lado das emboladas e toadas.

Em algum momento do Carnaval de 1919, a partir do Domingo de Carnaval, o gerente do Cine Palais, o ex-ourives Isaac Frankel, topou com o Grupo do Caxangá. Pelo menos de vista, Frankel já conhecia alguns dos integrantes do grupo, que tocavam em sessões de cinema. Do encontro no Carnaval, veio a ideia: levar o grupo em versão reduzida para executar música brasileira nas salas de espera do Palais, depois do Carnaval.[275] Pixinguinha gostou da ideia. O Palais, como os outros cinemas da cidade, precisava atrair de volta o público, que andava receoso desde a pandemia. Durante a passagem da Gripe, o Palais fora um dos últimos cinemas a fechar, resistindo até o adoecimento do último operador. Àquela altura, a plateia já não passava de vinte pessoas, "os que ainda não haviam pago a sua contribuição à 'influenza'".[276] Na reabertura, depois do pior da doença, o Palais amargara a crise. Expressados em pleno Carnaval de 1919, o convite de Frankel e o correspondente interesse de Pixinguinha conduziriam lá na frente à criação dos Oito Batutas, uma espécie de filhote do Grupo do Caxangá que estrearia no mês seguinte ao Carnaval. Os Oito Batutas mudariam a história da música brasileira e projetariam de vez Pixinguinha, então um instrumentista e compositor de relativo sucesso.

---

275 ALMIRANTE. No tempo de Noel Rosa. Rio de Janeiro: Livraria Francisco Alves Editora, 1977, p. 29.

276 Cinearte, Rio de Janeiro, 15 set. 1934.

E não foi apenas o Rio de Janeiro que viveu um Domingo de Carnaval notável. Do outro lado da Baía de Guanabara, Niterói também viveu aquele domingo com apego. Parte da festa na então capital fluminense vinha de barca: era comum que grupos da cidade do Rio de Janeiro se licenciassem para desfilar também em Niterói – também ocorria o inverso, ainda que em menor escala. Uma das atrações cariocas na capital fluminense no Domingo de Carnaval foi o Destemidos do Conselheiro, um grupo de Zé Pereira do bairro da Saúde. Os Destemidos desembarcaram na Estação da Cantareira às cinco da tarde. Pisaram a Ponte Central da estação carregando uma placa ("Salve Povo Fluminense") e tomaram o caminho da rua, sob aplausos dos foliões que os aguardavam. Em cortejo, fizeram passar o estandarte verde e branco pelas sedes de grupos carnavalescos niteroienses, entrando pela noite sob intensa pancadaria nos bumbos. Os Destemidos tinham como grandes rivais os Heróis Brasileiros, outro grupo de Zé Pereira da Saúde, também licenciado para desfilar em Niterói em 1919. Pequena a rivalidade não era, conforme pode ser conferido na marcha dos Destemidos para aquele ano:

Vós sois heróis
É um nome valente
Por isso dizes
Querer nos matar
Que a importa a mim
Se somos destemidos
Somos queridos
Não temos rival.[277]

Os Destemidos eram apenas uma dentre as atrações do Carnaval de Niterói no Domingo Gordo. Também surgiram do outro lado da Baía os Filhos do Castelo de Ouro, do Morro do Castelo, com instrumentos de percussão. Dentre os grupos locais, o destaque no

---

[277] Jornal do Brasil, Rio de Janeiro, 14 fev. 1919.

Domingo de Carnaval em Niterói foi o rancho Mimoso Crisântemo, do bairro do Porto Velho, em São Gonçalo, com a já citada homenagem a Olavo Bilac ao desfilar o poema "Via Láctea". O Mimoso Crisântemo almejava competir com os coirmãos cariocas, e não poupava para isso: para 1919, os diretores do rancho gonçalense mandaram trazer João Paiva dos Santos, o Paiva, histórico mestre-sala de ranchos como Tempo Quente, Ninho do Amor, Flor do Lírio e Flor do Abacate, todos do Rio de Janeiro.

No epílogo do desfile do Mimoso Crisântemo, já na madrugada da Segunda-Feira de Carnaval, houve desavença: durante uma apresentação do rancho Mimoso Crisântemo na sede do jornal O Fluminense, dois foliões que acompanhavam a agitação do lado de fora se desentenderam. Um deles, conhecido como João Baiano, morador do Neves, em São Gonçalo, sacou uma navalha e feriu em três pontos da cabeça João Fernandes, morador do Porto do Velho, bairro de origem do rancho. Turba formada, Baiano correu e provocou estrago pelas ruas de Niterói: navalhou um guarda noturno nas costas; atingiu dois perseguidores com tiros; e disparou ainda contra o sentinela da Casa de Detenção, errando o alvo. Para completar o quadro, um soldado do Exército que saltou do bonde para se juntar à perseguição de João Baiano acabou quebrando o pé ao tocar o chão. João Baiano conseguiu escapar se embrenhando pela mata da Chácara do Vintém. Saldo: quatro feridos diretos, um ferido indireto e um sentinela que nasceu de novo.[278]

Apesar do susto bem à sua porta, O Fluminense ficou satisfeito com o que viu nas ruas de Niterói no Domingo de Carnaval e lembrou da Gripe:

> A quadra está difícil, é de aperturas, todo mundo chora, todos se queixam da pindaíba; entretanto para os folguedos carnavalescos o dinheiro aparece, não se sabe como, por encanto.

---

278 O Fluminense, Niterói, 3 mar. 1919.

> Sobre matéria de Carnaval ninguém pode fazer previsão mais ou menos exata em consequência de acidente na vida do povo.
>
> A prova aí está flagrante, palpável com esse enorme entusiasmo despertado pelas glorificadoras homenagens a Momo, após tantos dissabores, dos quais bem pouca gente escapou, há cinco meses.[279]

As cenas nas ruas de Niterói e do Rio de Janeiro no Domingo de Carnaval confirmaram a impressão de ser aquele um carnaval de retomada. Face a um 1918 esvaziado, face a impactos econômicos que há anos transbordavam para a folia, face uma década de aperto na repressão a cordões e outros grupos, face à Grande Guerra e, por fim, face à Gripe Espanhola, o Carnaval de 1919 já era, enquanto corria, percebido como extraordinário nas ruas. O dia seguinte seria de relativa calmaria, de consolidação de impressões e também de expectativa.

---

[279] O Fluminense, Niterói, 3 mar. 1919.

À ESQUERDA: Um dos painéis de Raul Pederneiras na edição do Domingo de Carnaval do Jornal do Brasil; no painel, uma caveira vestida de espanhola pisa de salto alto sobre um tapete de cabeças carecas – a calvície era uma das sequelas da Gripe Espanhola.
FONTE: AUGUSTO MALTA/ACERVO IMS

ABAIXO: Corso na Avenida Rio Branco. Como de costume, o motorista de praça não está fantasiado.
FONTE: AUGUSTO MALTA/ACERVO IMS

Escritor Coelho Neto em visita à sede do rancho Ameno Resedá, no pré-Carnaval de 1919.
FONTE: FON-FON, 22/02/1919

Topo da série de painéis de Raul Pederneiras na edição do Domingo de Carnaval do Jornal do Brasil; no primeiro painel, à esquerda, Ruy Barbosa ("Águia de Haia") e Epitácio Pessoa ("Patativa de Versalhes"); no segundo painel, à direita, um jogo de palavras com a Convenção do Partido Republicano Conservador, que havia sagrado Epitácio Pessoa como candidato a presidente. FONTE: JORNAL DO BRASIL, 02/03/1919

Faixa central da série de painéis de Raul Pederneiras na edição do Domingo de Carnaval do Jornal do Brasil; à esquerda, uma brincadeira com os alunos prejudicados pelo recesso forçado da Gripe Espanhola e depois beneficiados, por decreto, com a aprovação automática; à direita, o resgate cômico da ação do Comissariado da Alimentação Pública de Leopoldo Bulhões contra o disparo nos preços dos artigos alimentícios em 1918. FONTE: JORNAL DO BRASIL, 02/03/1919

"E agora ao pagode", diz o último dos painéis de Raul Pederneiras na edição do Domingo de Carnaval do Jornal do Brasil. FONTE: JORNAL DO BRASIL, 02/03/1919

Ilustração de K. Lixto (Calixto Cordeiro) para a edição do Domingo de Carnaval da Gazeta de Notícias; vinha sob a manchete "Carnaval triunfante". FONTE: GAZETA DE NOTÍCIAS, 02/03/1919

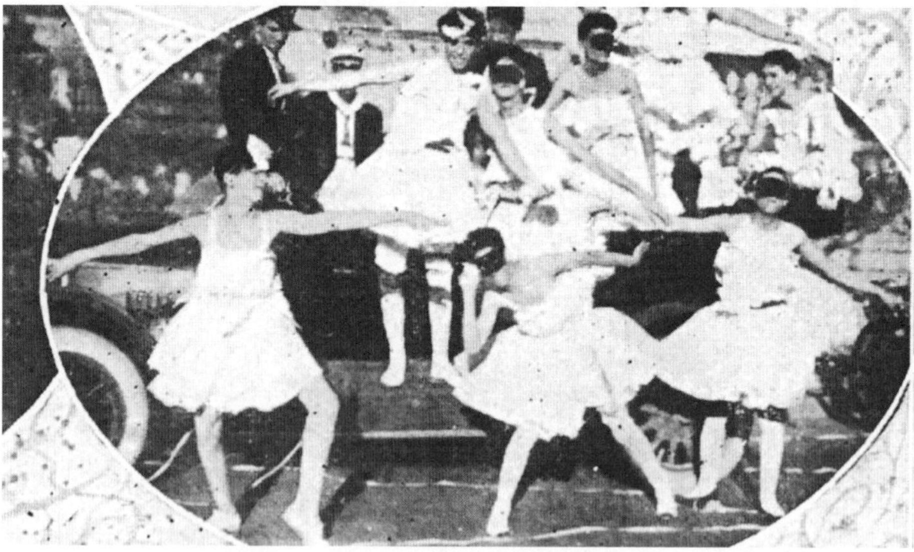

Foliões vestidos de bailarinas durante o corso.
FONTE: FON-FON, 15/03/1919

ACIMA: Um "mar" de chapéus de palha com fita (estilo canotier) na Avenida Rio Branco no Domingo de Carnaval.
FONTE: A RAZÃO, 03/03/1919

Recorte com a imagem de Dario Pereira, o Darino da Saúde, estivador, comerciante, contrabandista, chefe político e patrono de agremiações carnavalescas. Ele comandou esforços de assistência durante a Gripe Espanhola.
FONTE: O IMPARCIAL, 12/09/1924

ACIMA: "A Bernarda", carro de crítica do Moderne Club, retratava a repressão da Polícia à Insurreição Anarquista de novembro de 1918 no Rio de Janeiro, mais uma das "bernardas" (motins ou insurgências) na história da Velha República; a escultura alude ao chefe de polícia Aurelino Leal.
FONTE: CARETA, 08/03/1919

O jornal A Razão equiparou o chefe de polícia, o moralista Aurelino Leal, aos Trepov (Trepoff), ícones da mão forte do czarismo.
FONTE: A RAZÃO, 02/03/1919

"A Estrela Polar", carro alegórico do Moderne Club.
FONTE: CARETA, 08/03/1919

ABAIXO: Os Zuavos levaram para rua um carro de crítica evocando o infame "chá da meia-noite", bebida que, supostamente, "despachava" alguns dos pacientes mais graves da Gripe Espanhola.
FONTE: CARETA, 08/03/1919

"Galinhas Espanholadas": alusão dos Zuavos à venda de galinhas nos quartéis do Corpo dos Bombeiros durante a pandemia.
FONTE: CARETA, 08/03/1919

SEGUNDA-FEIRA

QUEM ABRIU AS PÁGINAS DE O PAIZ antes de tocar as ruas na Segunda-Feira de Carnaval deve ter esbarrado com a coluna Palestra Feminina, de Chrysanthème, pseudônimo da cronista Cecília Moncorvo Bandeira de Mello Rebello de Vasconcellos. Naquele verão, como no anterior, a autora escrevia diretamente de Petrópolis. O título era "Bem-vindo sejas tu, ó Momo":

> Mas torna-se necessário esquecer os dias terríveis da epidemia que nos assolou, as horas apavorantes em que assistimos às agonias, os minutos ainda mais horríveis em que trememos por nós mesmos e venha o carnaval, com a sua chuva de confete, o seu timpanar de pratos, as suas grinaldas de serpentinas e a sua voluptuosa e sensual liberdade, envolver-nos na onda do esquecimento! Que os crepes e os longos véus lutuosos se emaranhem aos garridos vestidos daqueles que nada sofreram ou tudo esqueceram e percam nessa comunhão a sua nota sentida e pesada, adquirindo a leveza e a fantasia que o carnaval requer.
>
> Rufem tambores! Soem cornetas! Chovam *confetti* e esguichem lança-perfumes! Ruído, bastante ruído, para que esqueçamos, atordoados, os horrores por que passamos, os gemidos que ouvimos, as lágrimas que vertemos. Expulsemos a dor e deixemos entrar o carnaval. Salve Momo, portador da alegria, do riso, do amor!

> Bem-vindo sejas tu, nesse tempo em que a memória humana, como os corpos, vive coberta de negro! Bem-vindo sejas tu, ó Momo![280]

Cecília Chrysanthème era filha de Emília Moncorvo Bandeira de Mello, pseudônimo Carmen Dolores, também cronista. Cecília havia estreado na vida literária aos 37 anos de idade, em 1907, no jornal A Imprensa. Foi em O Paiz, jornal da coluna citada, que a cronista ganhou mais regularidade de publicação: quase sempre às segundas-feiras, em diferentes janelas entre 1914 e 1939. Nas palavras da professora Maria de Lourdes de Melo Pinto, "Chrysanthème não se furtava a experiências estilísticas ou temáticas, não se calava diante das situações que presenciava e, principalmente, não se esquecia de sua condição de mulher, combatendo sem tréguas o discurso patriarcal e criando espaços (crônicas) para o registro das cenas e personagens de seu tempo" – inclusive do Carnaval e seus personagens.[281]

A mesma Chrysanthème que, em 1919, viu no Carnaval uma força capaz de despertar nos "corações ainda envolvidos no crepe da dor o anseio pelo prazer, pela esperança, pelo amor" havia sido a cronista que, em janeiro de 1918, no pré-Carnaval, condenara o Rio de Janeiro como único "ponto da Terra em que a alegria subsiste" enquanto "o luto [da Grande Guerra] veste todas as almas". Para a Chrysanthème de 1918, "o preparo ostensivo de um carnaval carioca, com seus ranchos boçais, os seus pandeiros irritantes, a sua bebedice e a sua prostituição" denunciava em tempos de guerra

---

280 O Paiz, Rio de Janeiro, 3 mar. 1919.

281 PINTO, Maria de Lourdes de Melo. Memória de autoria feminina nas primeiras décadas do século XX: a emergência da obra periodística de *Chrysanthème*. 2006. Tese (Doutorado) – Faculdade de Letras, Universidade Federal do Rio de Janeiro, p. 127.

"uma grosseria quase selvagem".[282] Na coluna da Segunda-Feira Gorda de 1918, Chrysanthème imaginara um certo José Paulino, folião "em luta consigo mesmo", dividido entre permanecer em casa, solidário aos mártires da Guerra, ou sair à rua metido numa fantasia de pierrô que o tentava de dentro de uma mala, quase como um diabinho: "O 'ser ou não ser' de Shakespeare era substituído no seu cérebro pelo 'ir ou não ir ao Carnaval'." O dilema do personagem se resolvia a partir da passagem de um bloco diante da janela. Sem resistir, José Paulino "rebolou os quadris banhudos dentro do pijama de chita" e:

> Então, vermelho, de olhar brilhante e andar trepidante, José Paulino reconheceu-se fraco diante das tentações do Carnaval.
>
> Envergonhado e sucumbido, ele retirou novamente da mala o pierrô garrido, apertou-o contra o coração, murmurando, entre trejeitos de alegria e um amuo de falsa tristeza:
>
> – Não posso! Tenho de me meter na bambochata, senão... morro.
>
> É mais forte do que eu![283]

Da Segunda-Feira de Carnaval de 1918 à Segunda-Feira de Carnaval de 1919, a Guerra e o pior da Gripe passados, José Paulino e quem mais desejasse estavam mais do que liberados a sair, pelo menos de acordo com o código de Chrysanthème.

A mensagem de Chrysanthème para 1919 (rufem, soem, chovam, esguichem) poderia ser dosada por outro texto marcante da Segunda-Feira de Carnaval daquele ano. Num eco de outras pandemias e de

---

282 O Paiz, Rio de Janeiro, 3 mar. 1919 e 21 jan. 1918. Ainda em dezembro de 1917, quando da entrada efetiva do Brasil na Grande Guerra e da explosão de exaltação cívico-carnavalesca, a cronista admitia que "a alegria é necessária aos brasileiros", mas apelava às consciências: "não permitamos o Carnaval, por Deus!". Ver: O Paiz, Rio de Janeiro, 17 dez. 1917.

283 O Paiz, Rio de Janeiro, 11 fev. 1918.

outros carnavais, A Época manifestou preocupação com o risco de o Carnaval desencadear uma segunda onda da Gripe Espanhola no Rio de Janeiro. O Carnaval, na expressão de A Época, era um verdadeiro "cortejo de resfriamentos e de toda a sorte de alterações no regular funcionamento do organismo dos foliões". Em tom de alerta, o jornal expressou desconfiança em relação ao otimismo das autoridades sanitárias, tão desmentidas na pandemia de 1918. "Todos os cuidados, portanto, serão poucos, porque devemos ter sempre em mente que o Carnaval passa breve, e que seriam duríssimas para todos as suas consequências, se trouxesse de novo a 'gripe'", completou A Época.[284] Foi uma das poucas manifestações da imprensa nesse sentido durante o Carnaval.

Segunda-Feira costumava ser um dia de passagem no Carnaval carioca, imprensado entre o Domingo de Carnaval, de ranchos, sociedades ascendentes e demais grupos, e a Terça-Feira Gorda, apoteose das grandes sociedades. Era considerado um dia da festa nos bairros, mais removido da Avenida Rio Branco. Foi diferente em 1919, mesmo com o medo difuso em relação à volta da Gripe. De acordo com A Noite, o movimento durante o dia no Centro já sinalizava uma agitação fora do usual:

> O entusiasmo deste ano e tanto é por tal forma fora do comum que logo às primeiras horas da tarde rompiam na Avenida Rio Branco numerosos grupos e máscaras avulsos como arautos de mocidade revolta, de horas irrequietas, de folguedo inofensivo, de bimbalhar de risos, de imprevistos, de curiosidade espicaçada, de brilhantismo, de uma loucura tradicional e gostosa. A segunda-feira gorda não quis, este ano, ficar atrás dos outros dias, e por isso mesmo devemos prestar-lhe as honras a que fez jus.[285]

---

[284] A Época, Rio de Janeiro, 3 mar. 1919.

[285] A Noite, Rio de Janeiro, 3 mar. 1919.

De acordo com o balanço do Correio da Manhã, "a cidade amanhecia e já os mascarados a percorriam por todos os cantos". "Uns haviam despertado para a folia e sem perda de tempo vieram mergulhar no delírio. Outros não dormiram, realizando a bravura de emendarem o domingo com a segunda-feira", registrou o jornal.[286]

Enquanto nas repartições municipais valia o ponto facultativo, nas repartições federais o dia era de ponto obrigatório. Na principal dessas repartições, o Palácio do Catete, o presidente Delfim Moreira recebeu pela manhã o chefe de Polícia da capital, Aurelino Leal, para tomar ciência dos "serviços de ordem e moralidade pública" durante o Carnaval. É possível que a conversa tenha incluído também arranjos para a ida do presidente à Avenida Rio Branco no dia seguinte, a Terça-Feira Gorda das grandes sociedades.

Trabalhou-se no Catete, trabalhou-se noutras repartições até o meio da tarde, encaixando com o aquecimento do Carnaval no Centro da cidade. Quem saiu do batente na região da Avenida Rio Branco na Segunda-Feira de Carnaval topou com grupos de fantasiados sem licença ou mesmo sem estandarte, como o Mais um chopp, um bloco – ou uma blague – de ocasião, conforme descrito por A Época:

> B. Santos, menina; H. Lima, Padre Cícero; P. Nogueira; A. Rocha, Cupido; M. Bernardino, índio; E. Costa, de galo; P. Cardino, de deputado; A. Salles, de seresteiro; A. Ramos, foca; M. Lima, de sargento; M. Almeida, de peru; C. Netto, juiz; B. Malafaia, espanhola; S. Pinto, Príncipe de Katefante [pseudônimo do cronista carnavalesco do próprio jornal]; C. E. Santos, suplente; e M. Carvalho, careca.[287]

De acordo com o Jornal do Brasil, bandas e grupos que entraram rasgando a avenida na Segunda-Feira tocaram e cantaram de forma repetida, dentre outras canções, "Confessa, meu bem",

---

[286] Correio da Manhã, Rio de Janeiro, 4 mar. 1919.

[287] A Época, Rio de Janeiro, 4 mar. 1919.

de Sinhô. 'Confessa', aliás, era o nome de um bloco que visitou o Jornal do Brasil naquele dia. Era puxado por Francisco Antonio da Rocha, o motorista de praça, cavaquinhista e compositor conhecido como Chico da Baiana. Filho de Tia Veridiana, outra grande tia baiana, Chico já tinha o nome marcado na história da música brasileira – e, dentro dela, do capítulo sobre os encontros da nossa música com a Saúde Pública. Ele tocara cavaquinho nas primeiras gravações de "Rato, rato", canção de Casimiro Rocha com letra de Claudino Costa. Sucesso no Carnaval de 1904, "Rato, rato" era inspirada na campanha de extermínio de ratos incentivava pelo sanitarista Oswaldo Cruz na primeira década do século XX. Na primeira gravação da versão instrumental da canção, Chico da Baiana havia visto se partir uma corda de seu cavaquinho, mas seguira tocando, sem desafinar. No Carnaval de 1920, Chico da Baiana emplacaria o sucesso "Cangerê", um samba carnavalesco sobre o mau-olhado. Nas visitas ao Jornal do Brasil no Carnaval de 1919, o grupo Confessa tocou, é claro, "Confessa, meu bem".

A combinação dominante nas ruas do Rio de Janeiro naquela Segunda-Feira de Carnaval era de clarins, flautas e apitos – uma zoeira de sopros. Só que houve um problema para quem gastou a saliva: faltou água a partir das cinco da tarde nos bares e restaurantes do Centro. Encontrar copos limpos para beber virou um sufoco. "O que houve ou foi má-fé ou o malvado desejo de prejudicar o povo que se divertia", comentou o Correio da Manhã na edição do dia seguinte, em protesto contra a Repartição de Águas e Obras Públicas. Os donos dos estabelecimentos se viraram correndo com baldes para juntar água onde fosse possível.

Os carregadores de baldes só não caminharam mais do que os foliões do Clube dos Carnavalescos do Andaraí. Entraram na Avenida Rio Branco às dez da noite daquela Segunda-Feira, depois de um longo percurso iniciado no antigo Jardim Zoológico de Vila Isabel. Cruzaram parte da Tijuca, Estácio, Avenida do Mangue (atual Avenida Francisco Bicalho), Praça Onze, Praça da República, Saúde e Praça Mauá antes de pisarem na Avenida Rio Branco: uma maratona. Seguiam o modelo das sociedades, sem enredo único, desfilando uma espécie de revista carnavalesca de costumes e miragens. Em 1919, fizeram passar dois carros alegóricos (Fundo do mar e Sempre unidos – este sobre a amizade entre Brasil e Portugal) e mais três carros de crítica, dentre eles A Gafieira, sobre as sociedades dançantes populares, e O come... sariado, sobre a venda de galinhas pelos bombeiros durante a passagem da Gripe Espanhola. "Essa 'charge' fez rir quantos viram, e um estrondoso 'Zé Pereira' deixava saudoso o pessoal presente, que ainda ensurdecedores vivas ao Andaraí, aos incansáveis adeptos de Momo", registrou a Gazeta de Notícias no dia seguinte, 4 de março. Depois de percorrerem algumas das principais vias do Centro, já no avançado da noite, os Carnavalescos do Andaraí voltaram desfilando numa longa passeata rumo à Praça Verdun, onde o clube mantinha o seu 'Estado-Maior'. Já devia ser madrugada quando passaram pela Rua Teodoro da Silva, em Vila Isabel, onde na casa de número 30 morava a família de um menino de oito anos de idade, Noel de Medeiros Rosa, Noel Rosa.

A barca dos Carnavalescos do Andaraí singrou o oceano da Segunda-Feira de Carnaval, às bordas das ilhas que ferviam entre a Tijuca e a Praça Onze, onde, nas primeiras décadas do século, naquele dia do Carnaval dominavam os sujos. Os sujos eram encarnações mais despojadas dos ranchos, puxadas pelos próprios integrantes de ranchos: brincavam 'rasgado' com a obsessão dos ranchos pela ordem e pela renovação de enredos e fantasias. No lugar de irem ajustados ao enredo de uma 'ópera móvel', como faziam os ranchos à moda de um Ameno Resedá, os sujos desinvestiam na seriedade: as fantasias eram velhas ou improvisadas; as máscaras em profusão davam a senha para provocar de forma mais solta outros ranchos e seus integrantes; o tom geral era satírico.

Na Segunda-Feira, como noutros dias de folia, o Centro do Rio de Janeiro servia de ímã para grupos carnavalescos dos subúrbios e das cidades vizinhas. Entre os forasteiros de destaque, estava o rancho Mimoso Crisântemo, que desfilara na véspera em Niterói e, na Segunda-Feira de Carnaval, visitou a redação da Gazeta de Notícias, "simbolizando a terra indo ao céu conversar com as estrelas".[288] De ainda mais longe viajou o Progresso da Areia Branca, grupo que havia saído de Santa Cruz às três e meia da tarde e só viria a guardar o estandarte verde, vermelho e amarelo já na madrugada da Terça-Feira Gorda, depois de seus foliões e foliãs, fantasiados de caçadores e caçadoras, rodarem a região central.

Quem não saía da sua base na Segunda-Feira de Carnaval eram os Pingas Carnavalescos, do Engenho de Dentro. Naquele dia, deixaram a sede no Engenho de Dentro no fim da tarde, cruzaram Piedade, Méier e Lins de Vasconcelos, bateram na estação ferroviária de São Francisco Xavier e voltaram. No pufe, publicado na edição do dia 3 de março do Correio da Manhã, a sociedade carnavalesca suburbana prometia "provocar o esquecimento dos momentos angustiosos do flagelo enormíssimo porque passamos em todo ponto de observação". Houve quem deixasse a região central e pegasse o trem na Central para acompanhar.

O desfile de 1919 dos Pingas contava com apoio da Light, e o artista responsável era Ramiro Domingues. A comissão de frente seguia o padrão das grandes sociedades, com fogos de bengala abrindo caminho e 24 associados a cavalo. Entravam com a trilha sonora vinte clarins vestidos de prisioneiros da casa imperial alemã e pelo menos trinta músicos "fantasiados de dragões e lanceiros" que tocavam "remexidos tangos e polcas" – e provavelmente maxixes também.[289] Na sequência, vinham os carros que, como costume nas sociedades suburbanas, tendiam a ser menores e mais baixos do que os da trinca de ferro da região central (Tenentes, Democráticos e Fenianos). No abre-alas, de nome O Reino das Tulipas, desfilavam esposas e parentes dos sócios no topo, numa composição iluminada por fogos de bengala e lâmpadas elétricas. Seguiam-se: o carro crítico chamado A folga obrigatória; o alegórico O Panteão

---

[288] Gazeta de Notícias, Rio de Janeiro, 4 mar. 1919.

[289] Gazeta de Notícias, Rio de Janeiro, 4 mar. 1919.

Chinês (com a diretoria em cima); o crítico Quem não tem seu mafuá?, em que se reproduzia uma espécie de quermesse suburbana que deu errado, com encenações de bate-bocas enquanto soava o maxixe; e o alegórico O Pagode Japonês. O maior destaque vinha no fecho: O pavor da Santa Casa, um carro que criticava a resposta da Santa Casa de Misericórdia à Gripe Espanhola – de acordo com o Correio da Manhã, nenhuma outra parte do desfile fez tanto sucesso com o público reunido nas calçadas:

> O carro representava uma enfermaria da Santa Casa de Misericórdia. Ao fundo, um relógio marcando meia-noite. Um médico e dois enfermeiros preparavam em outro lugar o "chá"... do martírio e daí procuravam obrigar os doentes a ingerir... aquele veneno gripal. [290]

Na descrição de A Época, resta mais um detalhe desse carro: na enfermaria cenográfica, havia apenas um leito, a ser disputado pelos doentes inquietos; ao fundo da cena, estavam penicos.

Além do tamanho dos carros, uma forte marca de diferença entre sociedades carnavalescas suburbanas, como os Pingas, face a Tenentes, Democráticos e Fenianos, era o perfil dos destaques femininos sobre carros. Nas grandes sociedades, os destaques femininos eram preenchidos por convidadas externas – já passara o tempo em que as mulheres dos sócios figuravam em cima dos carros alegóricos e de crítica. Nas sociedades do subúrbio, esposas e parentes dos sócios eram os destaques femininos, como no caso dos Pingas em 1919. O contraste entre o carnaval 'central' e o carnaval 'suburbano' nesse aspecto já era evidente na década anterior, conforme registro no Correio da Manhã, em 1907:

> Tem uma feição completamente diversa do carnaval daqui da cidade o carnaval dos subúrbios.

---

[290] Correio da Manhã, Rio de Janeiro, 3 mar. 1919 e 4 mar. 1919.

> É a foliã pagã moralizada pelo recato familiar. Não figuram nos carros alegóricos as *demi-mondaines* célebres pela sua beleza, que saem a exibir pelas ruas, numa evidência perturbadora, a opulência das suas formas admiráveis. São encantadoras moças de família, que gentilmente se prestam a auxiliar os bravos rapazes inimigos das tristezas no louvável tentâmen [tentativa] de divertir a população.
>
> Isso não quer dizer, de modo nenhum, que o carnaval se torne frio, sensaborão e fatigante. Ao contrário, não se pode imaginar entusiasmo mais efervescente. Toda a população se desloca para as ruas por onde os préstitos desfilam no meio do entusiasmo geral. Alegres por não terem a necessidade de corar ante o espetáculo da nudez irreverente, as virtuosas matronas batem palmas ao triunfo dos suburbanos, que tem conseguido fazer duma festa licenciosa a mais honesta e pudica de todas as festas.[291]

A folia dos Pingas Carnavalescos em 1919 "deu ensejo a que todas as estações dos subúrbios ficassem cheias desse povo, que sabe brincar sem ofender a moral pública, como tem sucedido nos anos anteriores", registrou A Época.[292] O Zé Pereira, que a exemplo das grandes sociedades fechava o desfile dos Pingas, não deixava para trás silêncio, pois na Segunda-Feira de Carnaval os coretos e as principais vias entre a estação da Piedade e a de São Francisco Xavier estavam tomados de bandas e foliões envolvidos em batalhas de confete e outras brincadeiras. O desfile dos Pingas acabou só às duas da manhã, emendando com um baile na sede, já pela madrugada da Terça-Feira Gorda.

Na mesma madrugada, no Centro, um grupo de crianças, adolescentes e adultos chegou à redação do Jornal do Brasil. Eram os integrantes do Riso Leal, rancho infantil do bairro do Santo Cristo. Era puxado por Hilário Jovino, 63 anos de idade, e por Germano

---

291 Correio da Manhã, Rio de Janeiro, 14 jan. 1907.

292 A Época, Rio de Janeiro, 4 mar. 1919.

Lopes da Silva, cerca de vinte anos mais novo, ambos protagonistas da implantação e do desenvolvimento dos ranchos no Carnaval carioca. Às ruas do Centro no Carnaval, o Riso Leal levou o enredo Veranistas do Olimpo, um passeio pela mitologia greco-romana, de Eros a Pan, de Flora a Têmis, a deusa da justiça. Na narrativa, que, de acordo com A Noite, havia sido desdobrada já no Domingo na Avenida Rio Branco, havia janela para celebrar até a reforma do calendário da cristandade pelo papa Gregório XIII, em 1582. Também sobrava espaço para homenagear, depois da passagem da orquestra, "as extintas sociedades": o Dois de Ouro (rancho que, no passado, desfilava no Dia de Reis, e fora apresentado a Hilário no Morro da Conceição, pouco depois de chegar ao Rio de Janeiro, em 1872); o Rei de Ouros (rancho fundado por Hilário em 1893, para desfilar no Carnaval); o Rosa Branca (rancho histórico ligado ao círculo de Tia Ciata, que também contou com Hilário entre os fundadores e tinha em Germano um de seus nomes-chave); e o Botão de Rosa (um rancho com foliões mais jovens, que Hilário também clamava ter ajudado a fundar).[293] O Riso Leal era um rancho-escola de verdade, focado no desenvolvimento de novos valores para os ranchos 'adultos' – cada desfile era uma espécie de aula. Na Batalha dos Cronistas Carnavalescos, em fevereiro daquele ano, o Jornal do Brasil registrara como a direção de canto "assumia de vez em quando uma atitude enérgica com a gurizada".[294]

Pelo avançado da hora, a gurizada do Riso Leal deve ter voltado ao Santo Cristo bem no apagar das luzes da Segunda-Feira de Carnaval. Depois de um ápice entre oito e onze da noite, a festa no eixo da Avenida Rio Branco havia começado a baixar de intensidade em torno da meia-noite, num lento esvaziamento que só se completaria às três horas da madrugada.

---

[293] BRASIL, Eric. Carnavais atlânticos: Cidadania e cultura negra no pós-abolição. Rio de Janeiro e Port-of-Spain, Trinidad (1838-1920). 2016. Tese (Doutorado) – Departamento de História, Universidade Federal Fluminense, p. 143.

[294] Jornal do Brasil, Rio de Janeiro, 11 fev. 1919.

Pela madrugada, seguiam também os bailes, o chamado Carnaval interno. No São Cristóvão de Futebol e Regatas, o baile de máscaras começou às onze da noite da Segunda-Feira de Carnaval. No salão, soava a orquestra do maestro Eduardo Souto. No jardim, a banda do Corpo de Bombeiros. Só entravam fantasias julgadas de luxo ou trajes a rigor. O São Cristóvão havia saído há pouco mais de três meses do longo luto pela morte do meia João Cantuária, sócio fundador e referência do futebol do clube.

Outro baile de destaque na Segunda-Feira de Carnaval foi o do *Liberty Club*, ligado à colônia norte-americana no Rio de Janeiro. Em uma festa no *Country Club*, os integrantes do *Liberty* homenagearam a Cruz Vermelha, entidade ativa nos campos da Grande Guerra e nas muitas frentes de combate à Gripe Espanhola. Os anfitriões vestiam-se todos da mesma forma: com as cores da bandeira dos Estados Unidos da América. Tudo muito bem-comportado.

Havia bailes ainda mais 'família' durante a tarde da Segunda-Feira de Carnaval, como o baile infantil no Teatro São Pedro e a matinê das crianças no Teatro Trianon. No Trianon, duas orquestras tocaram "valsas, quadrilhas, tangos e two-steps".[295] Fotos diante da fachada do Teatro São Pedro publicadas na revista Careta e no jornal A Razão revelam uma amostra da pequenada: entre outros menos cotados, ciganas e pierrôs, e também um chef, uma menina vestida de príncipe e um toureiro. Ao longo do baile no São Pedro, crianças inscritas pelos pais subiam ao palco para cantar, declamar e interpretar. Dentre as categorias julgadas e premiadas por uma banca de jurados, estavam a melhor máscara (vencedor: Tio Sam) e a fantasia mais luxuosa (ganhadora: Rainha das Aranhas), além da dupla de dançarinos de maxixe (campeões: Pierrô Preto e Pierrô Azul).[296]

---

[295] Correio da Manhã, Rio de Janeiro, 3 mar. 1919.

[296] Gazeta de Notícias, Rio de Janeiro, 3 mar. 1919; O Imparcial, Rio de Janeiro, 4 mar. 1919.

O que se viu até a noite daquela Segunda-Feira foi o suficiente para inspirar mais diagnósticos da imprensa sobre o conjunto daquele Carnaval. "Há pelo menos vinte anos a grande festa carioca não tinha tanta animação como agora. Pode-se mesmo dizer que nunca se gastou tanto dinheiro no carnaval como neste ano", indicou A Noite no balanço parcial publicado na edição da Segunda-Feira de Carnaval. À moda da crônica carnavalesca desde a década anterior, A Noite saudou também o papel "civilizador" da Avenida Rio Branco na folia carioca, mas indicou: "A aglomeração e o aperto já não são apenas dos passeios. Pelo próprio centro, entre as filas de automóveis, há ocasiões em que o trânsito é impossível". Com a tal civilização, seguia o jornal, conviviam ainda "cordões exclusivamente barulhentos e os grupos de moleques maltrapilhos" – e aqui o redator se perguntava:

> Mas deve-se desejar que o carnaval se civilize a este ponto? Não, porque ele perderia exatamente o seu caráter mais simpático, que é a sua popularidade e a sua feição, de festa essencialmente igualitária, que nivela durante três dias todas as classes e condições.
>
> E os inimigos do carnaval – são tão poucos, aliás – já pensaram um dia com sinceridade no alcance social desse nivelamento das classes durante apenas três dias do ano?[297]

"Sob o império do Carnaval", arredondou A Razão sobre o que viu na Segunda-Feira. "O Carnaval triunfante", "A loucura carnavalesca", "Em pleno reinado da folia", estampou a Gazeta de Notícias. O Carnaval era dos superlativos, a começar pela crônica.

Esse excesso descritivo que caracterizava a imprensa carnavalesca carioca passou, em 1919, sem um de seus maiores fatores de correção: a verve do cronista João do Rio. Durante o Carnaval de 1919, João do Rio estava em Paris, para acompanhar os bastidores

---

[297] A Noite, Rio de Janeiro, 3 mar. 1919.

da Conferência de Paz de Versalhes, nos arredores da capital francesa. A edição da Segunda-Feira de Carnaval de O Paiz registrava com atraso as impressões do cronista sobre sua parada anterior: um Portugal em pé-de-guerra entre monarquistas e republicanos. João do Rio voltaria a viver o Carnaval do Rio de Janeiro no ano seguinte. Em uma crônica intitulada "Anatomia do Carnaval", publicada após percorrer os principais focos do Carnaval de 1920, o cronista daria seu diagnóstico sobre "os delirantes folguedos de Momo – que há vários anos não via": "se os jornais passarem cinco anos sem dizer uma palavra acerca do carnaval, no fim desse prazo o nosso famoso carnaval será como o de Roma atual: a constatação do falimento do carnaval". Na crônica, João do Rio argumenta a um professor que "o carnaval é uma tradição sustentada pela exasperação neurótica dos jornais", que "mantêm nas almas simples a necessidade, a obrigação da festa". Para João do Rio, o povo que acompanhava e organizava os ranchos na virada da segunda para a terceira década do século XX era arregimentado numa espécie de "serviço militar da alegria". A classe média, de acordo com o cronista, era puxada pela mulher, sobretudo pelas meninas que exclamavam "pelo menos nesses dias queremos brincar". Já os filhos da elite estavam "nos centros *chics* entornando *confetti* dourado, na Avenida *smart* jogando serpentina 'das melhores', muitas caixas". Esses "grandes burgueses" eram, segundo ele, os "únicos a se excitarem, porque fingem a alegria sem ideal – o ideal do trabalho denominado alegria carnavalesca". O texto tomava a forma de um debate entre o cronista e o professor em torno, entre outros temas, da prevalência ou não da imoralidade no Carnaval do Rio de Janeiro. Assim dizia o professor, identificado como Guimarães Pereira:[298]

---

[298] João do Rio costumava elencar personagens para diálogos imaginários. Havia no Rio de Janeiro, à época, um Dr. Samuel Guimarães Pereira, clínico, mas não há indicação de que de fato fosse ele o "Professor Guimarães Pereira" da crônica.

> Imoralidade, meu caro, é outra coisa. V. tornou a ver o carnaval da sua cidade após vários anos em que não o viu e não notou maior ou menor imoralidade. A imoralidade apontada nesse carnaval [de 1920] era a das canções. Ora, isso não era imoral, ou antes, era imoral porque era estúpido, reles, pornográfico e infantil. Os jornais fizeram um grande escândalo com o pica fumo e o racha lenha. As meninas poderiam rachar lenha e picar fumo em casa, sem o dizer. Se o diziam, é porque não sabiam ou não avaliavam a sandice da revelação. Assim como não há ladrão que venha a gritar que o é, assim nenhuma rapariga refletida diz bandalheiras alto. Ingenuidade, meu amigo.[299]

"A única verdade sem responsabilidade é a da anedota", definiria adiante o professor. A propósito: há um fio interessante a puxar dessa fala do professor – e esse fio é o do "Racha Lenha". Na crônica do Carnaval de 1920, o "Racha Lenha" se destaca como uma das canções dominantes nas ruas, inspirando até o teatro de revista.[300] Assim corria a letra, para ser lida em voz alta:

> *Cavalheiros*
> Na minha casa não se racha lenha
>
> *Damas*
> Na minha racha! Na minha racha!
>
> *Cavalheiros*
> Na minha casa não há falta d'água
>
> *Damas*
> Na minha abunda! Na minha abunda!

---

[299] O Paiz, Rio de Janeiro, 20 fev. 1920.

[300] O "Racha Lenha" é mencionado pelo escritor José do Patrocínio Filho na crônica "A evolução da família", sobre um carnaval passado, sem precisar o ano. Ver: FILHO, José do Patrocínio. Mundo, diabo e carne. São Paulo: Editora Antiqua, 2005 [1923], pp. 29-31.

Damas
Na minha casa não se pica fumo!

Cavalheiros
Na minha pica! Na minha pica![301]

Em linhas sobre o Carnaval de 1919, os irmãos Nelson Rodrigues e Mário Filho citaram o "Racha Lenha" como trilha de brincadeiras já no Carnaval de 1919. Em suas memórias, Nelson relatou que, naquele Carnaval, "rapazes, senhoras, velhos cantavam a modinha tremenda".[302] No romance O Rosto, Mário Filho fez do "Racha Lenha" a trilha de uma cidade que ia à forra:

> Foi o maior Carnaval que houve, o Carnaval depois da Espanhola. Respirava-se um ar de loucura. Os blocos de sujos invadiam as casas, mexendo com todo mundo. Eram como almas, lençóis andando, não se sabia se homem ou se mulher. Só se sabia se era homem ou mulher na hora de cantar na minha casa não se racha lenha.[303]

No Carnaval de 1919, Mário Filho tinha dez anos de idade; Nelson, seis. No caso do "Racha Lenha", há de se admitir a possibilidade de a modinha tremenda ter circulado já em 1919. A canção já era conhecida antes do Carnaval de 1920 começar, como indica a abertura dos trabalhos de O Imparcial, na edição do Sábado de Carnaval daquele ano. A cantiga já era suficientemente conhecida para que a Gazeta de Notícias explicasse, dois dias depois, um painel que os Zuavos iriam desfilar naquela Segunda-Feira.[304] É certo que a canção circulava já no pré-Carnaval de 1920, conforme

---

[301] TORRES, Antônio, Verdades Indiscretas. Rio de Janeiro: Livraria Castilho, 1921, p. 260.

[302] RODRIGUES, Nelson. Memórias: a menina sem estrela. Rio de Janeiro: Agir, 2009, p. 82.

[303] FILHO, Mário. O Rosto. Rio de Janeiro: Record, 1965, p. 201.

[304] Gazeta de Notícias, Rio de Janeiro, 16 fev. 1920.

a revista D. Quixote sinalizou, alarmada com "grupos de rapazes e senhoritas de sociedade" que "andavam pelas ruas dos arrabaldes" a cantar "cantigas idiotas e obscenas" – nomeadamente, o "Racha Lenha".[305] Em algum momento em 1920, a canção – que, ao que consta, na origem nem bem melodia tinha – irrompeu na cidade. De acordo com um registro anedótico da revista Fon-Fon em 14 de fevereiro de 1920, um grupo de "melindrosas e almofadões" chegou a ser preso por entoá-la. Pode o "Racha Lenha" ter circulado também no Carnaval anterior, para os ouvidos dos meninos Mário Filho e Nelson nos arredores da Aldeia Campista? Pode. Ou, de forma a parafrasear o Professor Guimarães Pereira, o mesmo da crônica de João do Rio, talvez a única verdade neste tópico seja a da anedota.

305 D. Quixote, Rio de Janeiro, 11 fev. 1920. Em outro trecho da mesma edição, o sucesso de canções como o "Racha Lenha" entre os filhos e, sobretudo, entre as filhas da 'sociedade' era apontado como um grave sinal de decadência, ecoando nada menos do que o começo do fim do Império Romano.

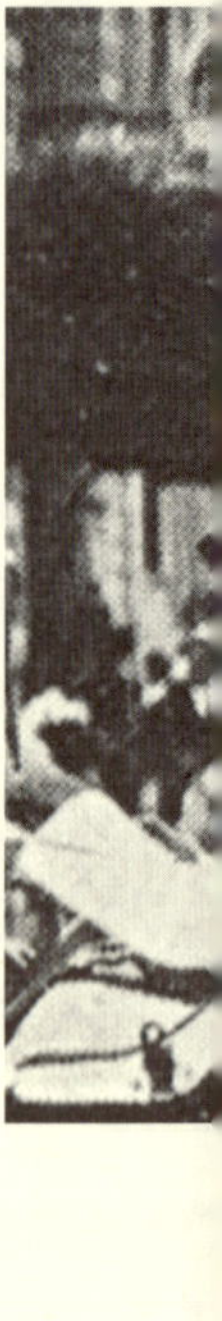

No Carnaval de 1919, o Bloco dos Franceses saiu num automóvel disfarçado de tanque; por costume, o bloco – constituído por um núcleo de parentes e amigos – vestia as cores da bandeira francesa.
FONTE: FON-FON, 15/03/1919

Integrantes do Liberty Club, associado à colônia norte-americana no Rio de Janeiro, em baile no Country Club em tributo à Cruz Vermelha americana.
FONTE: CARETA, 08/03/1919, E FON-FON, 08/03/1919

"Gatinhas" e "gatinhos" no corso da Avenida Rio Branco durante a Segunda-Feira de Carnaval.
FONTE: CARETA, 08/03/1919

Na foto, um recorte de algumas fantasias masculinas de sucesso. Destaque para a bailarina e para os vários tipos de clown – entre eles, o Carlitos, personagem de Charlie Chaplin lançado cinco anos antes no cinema. FONTE: FON-FON, 12/04/1919

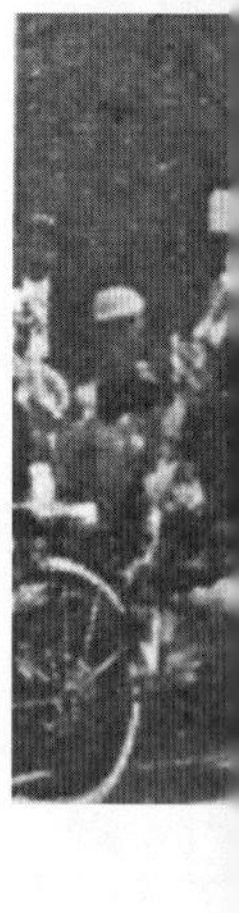

Carro coberto de serpentina, às margens do corso da Segunda-Feira de Carnaval. FONTE: CARETA, 15/03/1919

ACIMA: Outro veículo do corso da Segunda-Feira de Carnaval, na Avenida Rio Branco, bem família; detalhe para o chofer de praça, de quepe, figura que não trabalhava fantasiada.
FONTE: CARETA, 15/03/1919

Num eco das antigas Batalhas das Flores, de influência francesa e consagradas nos tempos do Império, carros e carruagens ainda iam floridas ao Centro. FONTE: FON-FON, 15/03/1919

Sexteto de pierrôs brancos, numa espécie de minibloco no carnaval da Avenida Rio Branco.
FONTE: FON-FON, 15/03/1919

ABAIXO: Família de foliões, com o chofer ao fundo.
FONTE: CARETA, 08/03/1919

ACIMA: Pequenas e pequenos foliões reunidos para o baile do Teatro São Pedro, no Centro do Rio de Janeiro, na Segunda-Feira de Carnaval.
FONTE: CARETA, 15/03/1919

À ESQUERDA: Grupo de crianças fantasiadas no Carnaval de 1919.
FONTE: CARETA, 08/03/1919

Participantes do baile infantil
do Teatro São Pedro.
FONTE: CARETA, 15/03/1919

TERÇA-FEIRA

A TERÇA-FEIRA GORDA DE 1919 teve seus bailes (sobretudo na região central), um par de batalhas de confetes nos bairros e alguns poucos eventos nos subúrbios. Quem havia prometido sair naquele dia era um certo Bloco da Parcimônia, da Cidade Nova. A marcha do bloco, publicada no Correio da Manhã, era rica em referências à Gripe Espanhola:

O Bloco da Parcimônia
Não poderá ter rival
Nunca teve cerimônia
Nas festas do Carnaval.

Durante o ano passado
Ninguém do Bloco comia
"Tudo" era bem guardado
Pra fazer economia.

Até que veio a Espanhola
Vestida de epidemia
De facão e castanhola
Fazendo a sua arrelia.

Tudo isso não foi nada
Pra nossa diretoria
Que todos de parceirada
Encheram a burra num dia.

Com as migalhas do povo
Muita gente "entrou na linha"
Levando só por um ovo,
O valor de uma galinha.

Da guerra já não se fala
Tratando-se só da paz.
Que seja sempre de gala
O que o futuro nos traz.[306]

Não sobrou registro de uma saída propriamente dita do Bloco da Parcimônia na Terça-Feira Gorda.

Do que sobrou registro, como de costume, foi do périplo de foliões pelas redações dos jornais. Daquele dia, da longa lista de visitantes, destacou-se um folião solitário: Raul Pacheco, que passou pela redação do Jornal do Brasil "convencido que era mesmo 'Carlito'", como era conhecido então o personagem de Charlie Chaplin. "A sua visita foi muito curta e ninguém conseguiu descobrir se o Carlito tinha graça...", arrematou o jornal.[307] Em 1919, os carlitos enfim se tornaram visíveis no Carnaval carioca, cinco anos depois da estreia do personagem no cinema. Raul Pacheco, o Carlito que não conseguiu mostrar seu valor, era apenas um dos carlitos cariocas, conforme atesta o retrato de um grupo de foliões capturado num dia indeterminado do Carnaval e publicado na revista Fon-Fon no mês seguinte – "Bloco dos Cômicos Amadores do Flamengo", diz a legenda. Ajoelhado na imagem, está um carlito de chapéu coco, flor na lapela e bengala de bambu – figurino que se consolidaria na década de 1920 como um clássico carnavalesco no Rio de Janeiro.

A notícia da Terça-Feira Gorda era outra. Em 1919, 64 anos depois do desfile pioneiro do Congresso das Sumidades Carnavalescas, os préstitos das grandes sociedades ainda representavam o ponto alto do Carnaval oficial no Rio de Janeiro. Desde a manhã da Terça-Feira

---

306 Correio da Manhã, Rio de Janeiro, 3 mar. 1919.

307 Jornal do Brasil, Rio de Janeiro, 6 mar. 1919.

Gorda, famílias de cadeiras a tiracolo se mudavam para as ruas e avenidas do Centro da cidade, sobretudo para a Avenida Rio Branco. Iam de marmita ou de piquenique completo, para não dependerem apenas dos bares e restaurantes, sempre no limite. Cada trecho de calçada formava um território de afeto. Amigos e conhecidos se reencontravam de ano em ano nos mesmos locais, para apoiarem suas sociedades favoritas. Muitas vezes, esses entusiastas iam adornados com as cores desses grupos: vermelho e preto para os Tenentes do Diabo, preto e branco para os Democráticos, vermelho e branco para o Fenianos. Brigas por lugar eram comuns, e o clima não era em nada amenizado pela atuação de policiais montados a cavalo, encarregados de dar passagem para os préstitos. Na Terça-Feira Gorda, dia em que todos os caminhos levavam ao Centro, bondes não entravam pela Avenida Rio Branco, tendo de recolher passageiros na Praça da República. A rua era dos foliões a pé e dos corsos, que distraíam até a chegada das sociedades um público originado em sua maioria dos subúrbios, em maior volume saídos das estações de trem de Cascadura, Engenho de Dentro, Madureira, Méier e Piedade. Apenas os locatários de janelas e sacadas na Avenida podiam se dar ao luxo de chegar mais tarde. O resto se aglomerava ao nível do chão – e essa aglomeração era motivo de piada, como no samba sertanejo "Caraminguá", de autoria de J. Valentim Motta e editado pela Casa Viúva Guerreiro, loja de venda de pianos e partituras, além de ponto de encontro de pianeiros e pianistas como Sinhô. Publicada no pré-Carnaval de 1919, entoada por pelo menos um caminhão de foliões no corso da Avenida, tocada em bailes e, ao que consta, nunca gravada, "Caraminguá" cantava os riscos que o eu lírico do autor sofria na Terça-Feira Gorda (como ainda era moda, a letra simulava o falar 'matuto'):

Na Avenida, gente à beça
Para os prestos vê passa
Fazia cóscas na gente
Me chegaro a boliná

Uma águas muito fria
Começáro a m'ispirrá
Que quando ia nos oio
Me fazia até chiá.[308]

Quem trazia a multidão eram as três grandes sociedades, agremiações que datavam do Império, atravessavam a história do Carnaval e a do Brasil. De imitações espirituosas de suas congêneres do Carnaval de Nice e Veneza bem cedo passaram a potências criativas, de cor nacional. Ainda que pensadas pela elite, sobretudo por comerciantes, alguns deles imigrantes, atraíam multidões com uma combinação de riqueza e ousadia. Com mais força nos últimos anos do reinado de Pedro II, desfilavam carros alegóricos e também 'de ideias' – em prol da abolição da escravidão e da instauração da República, incorporando até encenações para fazerem avançar suas causas. Fora do Carnaval, além de bailes e ensaios, mobilizavam seus integrantes para comprar alforrias e franqueavam as sedes para eventos políticos. Com o fim da escravidão em 1888 e a proclamação da República no ano seguinte, perderam as pautas mais notórias e gelaram a própria veia jacobina. Com a exceção de préstitos como o dos Democráticos em 1891, em que defenderam o voto feminino (causa radical à época), as grandes sociedades foram recaindo de carnaval em carnaval na armadilha da irreverência a favor do novo regime e de seus programas. Entre os projetos endossados pelas grandes sociedades na República, estavam também aqueles de feição urbanística, como as reformas do prefeito Pereira Passos no Rio de Janeiro – o que não deixa de ser uma ironia, pois foram essas mesmas intervenções urbanas que colocaram em xeque a escala e o modelo de financiamento das grandes sociedades. Deslocadas na década anterior ao Carnaval de 1919 à espaçosa Avenida Central (renomeada Rio Branco em 1912), dirigidas por foliões orgulhosos demais para fazerem feio, as três grandes sociedades não podiam

---

308 Correio da Manhã, Rio de Janeiro, 22 fev. 1919.

mais contar apenas com o Livro de Ouro que faziam correr entre os comerciantes dos tempos do antigo e estreito percurso que tinha a Rua do Ouvidor como eixo.[309] Tampouco podiam se apoiar apenas nas contribuições declinantes dos sócios, ou mesmo nas receitas dos eventos de pré e pós-Carnaval. Com a necessidade de preencher espaços na Avenida Central/Rio Branco, era preciso mais e mais dinheiro para colocar carnaval na rua, não bastando o aporte de grandes grupos como a *Light* (em verbas e carroças para os préstitos). E foi o Estado que passou a saldar uma parte cada vez maior da fatura, com injeção de recursos públicos – o que sempre foi polêmico.[310] Num artigo publicado depois do Carnaval de 1919, um redator de A Noite produziu um parágrafo que poderia muito bem ter sido escrito anteontem – não apenas pelo que defende, como também pelo debate a que alude:

> Ao governo cabe também uma grande dose de parabéns pelo êxito carnavalesco, pelo auxílio que prestou às sociedades para a confecção dos préstitos. A muita gente causa escândalo esse auxílio. É curioso, porém, que não seja essa gente que se escandalize com as gratificações, negociatas e subvenções escandalosas que todos os dias todos os governos fazem. Se o Carnaval é a festa essencialmente popular, e se o dinheiro do Tesouro é dinheiro do povo, que mal pode haver em que uma migalha desse dinheiro, em geral tão mal gasto, seja queimado para divertimento da população?[311]

---

309 Em 1919, o Livro de Ouro ainda corria entre comerciantes. Entre os signatários do livro dos Fenianos naquele carnaval, estavam, por exemplo, as cervejarias Brahma e Hanseática. Ver: Jornal do Brasil, Rio de Janeiro, 12 mar. 1919.

310 O auxílio era autorizado pelo Conselho Municipal, conforme uma das diretrizes orçamentárias que apontava para o ano de 1919: "Art. 234. Fica o Prefeito autorizado a auxiliar, no exercício de 1919, no momento e pelo modo que lhe parecerem mais convenientes, nunca, porém, com dispêndio superior ao feito, para o mesmo fim no exercício de 1918, os festejos populares do Carnaval". Ver: Prefeitura Municipal do Rio de Janeiro. Coleção de Leis Municipais e Vetos (Rio de Janeiro), Ano de 1918, Volume XLII, p. 259.

311 A Noite, Rio de Janeiro, 5 mar. 1919.

Dentre as grandes sociedades, os Tenentes do Diabo puxavam a fila da antiguidade. Fundados por comerciantes em 1855 como Sociedade Euterpe Comercial, tinham a música no DNA – Euterpe é a musa da música na mitologia grega. Mantinham uma banda antes mesmo de se converterem em produtores de desfiles – o que só ocorreria em 1867, já com o novo nome. Chamavam-se Tenentes do Diabo e, para esse efeito, duas causas possíveis concorrem: (1) a façanha de foliões fantasiados que auxiliaram bombeiros no combate a um incêndio; ou (2) a reação de um presidente de mesa a um tumulto numa assembleia da Euterpe Comercial: "Vão todos ser tenentes do diabo!".[312] Eram conhecidos como 'baetas', termo que remetia ao Diabo e às suas vestes, e sua sede móvel, cena de pelo menos três incêndios até o Carnaval de 1919, era denominada Caverna.[313]

A mais popular das sociedades era o Clube dos Democráticos, fundado em 1867. Era filho da sorte desde antes do início. No ano anterior à fundação, comerciantes boêmios haviam comprado em conjunto um bilhete de loteria, com a promessa de estabelecerem uma sociedade carnavalesca no caso de serem sorteados – conferiram, levaram e cumpriram. Em suas comunicações oficiais, até hoje, o Clube dos Democráticos liga a escolha de seu nome às simpatias democráticas e republicanas de seus fundadores – clamando, na mesma tacada, a afinidade de Dom Pedro II com a sociedade. Em contraste com as outras grandes sociedades, foi, desde os primeiros anos, mais aberta à entrada de "pequenos empregados do comércio

---

312 MORAES, Eneida de. História do carnaval carioca. Rio de Janeiro: Record, 1987, p. 50.

313 Baeta é um tecido felpudo de lã. De acordo com José Ramos Tinhorão, "os associados dos Tenentes receberam o nome baetas em virtude da sua bandeira nas cores vermelho e preta lembrar aos foliões os cobertores de baeta vendidos à época com as mesmas cores". Ver: TINHORÃO, José Ramos. A imprensa carnavalesca no Brasil: um panorama da linguagem cômica. São Paulo: Hedra, 2000, p. 99. Eneida registra: "O apelido vem desde o nascer da sociedade: alguém encontrou em Ramalho Ortigão a narrativa de que, em Portugal, o diabo, pelas suas roupas vermelhas, era chamado baeta. O diabo é símbolo do clube, pelo que a denominação foi logo adotada". Ver: MORAES, Eneida de. História do carnaval carioca. Rio de Janeiro: Record, 1987, p. 50.

ou boêmios de origem social menos 'recomendável'".[314] Nas primeiras décadas do século XX, era a sociedade a que se atribuía a mais forte adesão entre as classes mais baixas. Eram conhecidos como 'carapicus', nome de peixe e ofensa contra gente tida como desimportante, e se reuniam na sede apelidada de Castelo.

A mais jovem das grandes sociedades era o Clube dos Fenianos, datada de 1869. No nome da sociedade, constava uma homenagem aos republicanos irlandeses em pé-de-guerra com a Coroa britânica desde meados do século XIX. No distintivo, para além do título, os Fenianos carregavam bem no centro duas representações que, além de universais, remetiam também à luta irlandesa: a harpa (símbolo de harmonia) e o sol (símbolo de luz) – no topo de tudo, ia o barrete frígio, ícone da Revolução Francesa e da causa republicana. Era uma sociedade com forte presença e adesão de imigrantes e seus descendentes – de "brancos azedos", diziam os rivais Democráticos.[315] Clamavam para si o pioneirismo no uso de carros alegóricos entre as grandes sociedades. Seus sócios e adeptos eram conhecidos como 'gatos', por conta da gataria que frequentava a sede do grupo, denominada o Poleiro.

Em 1920, o cronista João do Rio descreveria assim o universo das grandes sociedades:

> Para os carnavalescos das sociedades, o carnaval é uma religião. Eles compenetram-se do seu papel sacerdotal. O préstito é procissão. As modalidades da alegria, dos gestos às expressões vocabulares, têm formas fixas. É absolutamente uma religião, que exige sacrifícios de trabalho e de dinheiro com um ideal: "pôr o carnaval na rua". Ciosos de suas limitadíssimas prerrogativas, eles são tradicionalistas e, antes de tudo, respeitosos. Seria ofensa imperdoável

---

314 CUNHA, Maria Clementina Pereira. Ecos da folia: Uma história social do Carnaval Carioca entre 1888 e 1920. São Paulo: Companhia das Letras, 2001, p. 110.

315 LAGO, Mario. Na rolança do tempo. Rio de Janeiro: Civilização Brasileira, 1977, p. 131.

> perguntar ou sequer imaginar num sócio dos Democráticos, dos Tenentes ou dos Fenianos uma ideia licenciosa, um carro que ofendesse a moral canônica, particularmente. O clube ficaria desmoralizado. E nunca, em ano algum, algum préstito de qualquer clube foi causa de um passo a mais na liberdade dos costumes. Eles querem "fazer bonito", ter a pátina do luxo e do espírito.[316]

As três grandes sociedades já se inclinavam numa curva de relativa decadência. Certo, ainda exibiam força para, por exemplo, demoverem a Polícia da ideia de interferir em seus itinerários, preservando a centralidade da Avenida Rio Branco nos préstitos. Mas, se o luxo e as multidões seguiam lá, o mesmo não podia se dizer da pungência de suas mensagens, diluídas no adesismo. E mais: a partir dos blocos e sociedades dos subúrbios, dos ranchos da região do Catete e também da Pequena África, da Praça Onze e também das favelas do entorno, outras formas de pular Carnaval se impunham mesmo sob a vigilância das autoridades, fazendo dos Tenentes do Diabo, dos Democráticos e dos Fenianos, de pouco em pouco, retratos na parede. Para todos os efeitos, seguiam rivais entre si, cantavam essa rivalidade e, de quando em quando, armavam umas contra as outras, como resgatou o Jornal do Brasil no caso das rixas entre Democráticos e Fenianos:

> Nos velhos carnavais, quando se queria armar uma briga, bastava jogar alguns carapicus na sede dos Democráticos, e ir correndo soltar um gato preto nos Fenianos. Depois, era só ficar à distância e apreciar o encontro. Entre estes dois clubes sempre houve uma grande diferença: os fenianos irritavam os democráticos dizendo que "carapicu é comida de gato", enquanto estes procuravam fazer crer que o Clube dos Fenianos havia sido criado por democráticos dissidentes, o que absolutamente não é verdade.[317]

[316] O Paiz, Rio de Janeiro, 20 fev. 1920.

[317] Jornal do Brasil, Rio de Janeiro, 27 jan. 1965.

O que o Carnaval de 1919 ofereceu de especial às grandes sociedades foi um canto de cisne, um surto de relevância propiciado pela imposição de dois grandes temas na vida dos cariocas nos últimos meses de 1918: o fim da Grande Guerra e a passagem da Gripe Espanhola. Em 1919, as grandes sociedades riram da morte – como só os encurralados podem fazer.

As cartas de intenções das sociedades estavam sempre nos pufes publicados nos jornais, conforme relembra Mario Lago em suas memórias:

> As hostilidades começavam na terça-feira de manhã, quando os jornais publicavam os pufes. Ah, quem nunca viu um pufe nunca soube o que é delícia. Era uma descrição detalhada do que seriam os préstitos, sempre redigida em linguagem bombástica, autêntica árvore de Natal onde seus autores dependuravam os adjetivos mais estapafúrdios, mas ricos de criatividade: esfuziáticos, arquimirabolantes, formidabulescos, efervilháticos. Cada clube ocupava uma página inteira de jornal com seu pufe, e isso bastava para acender as paixões clubísticas lá em casa.[318]

Em 1919, os pufes seguiam o padrão arquimirabolante descrito por Mario Lago.

Os Tenentes do Diabo anunciavam em seu pufe de 1919 o Carnaval da Vitória, exaltando os vencedores da Grande Guerra ("Num golpe, a Civilização desmoronou para sempre a barbaria"), os aniversariantes Fenianos ("Cinquenta anos garridos e facetos/ Escoaram-se já nas ampulhetas!), Momo ("Inimigo feroz da tristeza/ Atalaia do amor, do prazer"), Lúcifer ("Majestade infernal") e o amor pelas mulheres ("Coração é como peixe/ A mulher é nosso anzol"). A Gripe Espanhola também figurava no pufe dos Tenentes, na menção à sequela da perda de cabelo ("epidemia depilatória" entre "damas a que a 'influenza' arrancou o sedutor adorno capital"):

---

318 LAGO, Mario. Na rolança do tempo. Rio de Janeiro: Civilização Brasileira, 1977, p. 130.

Depois de medonha gripe,
O maior dos pesadelos,
Temos agora o acepipe
Que nos põe pelos cabelos.

Foi bem levada da breca
A gripe que aqui se viu
E agora, gente careca,
O pelo está por um fio!

O que faz dar mais cavaco
É ver que essa pouca sorte
Atacou o herói fraco
Que no cabelo é tão forte![319]

O Clube dos Democráticos versava sobre o fim da Grande Guerra ("Correm céleres no ar as vozes e os clangores/ Desses hinos de paz e de altiva Vitória"), sobre a desgraça do Kaiser Guilherme II ("Vai para a vala indigente/ Reservada aos pobretões.../ Perdeu a fama *valiente*/ Perdeu todas ilusões"), sobre o papel dos EUA e do presidente Woodrow Wilson no conflito ("Wilson! Wilson, Salve! Os ramos de oliveira/ Que mandaste à batalha a Santa Paz trouxeram") e sobre a invenção do tanque de guerra ("– Sou bruto e mato, mas preciso, é certo.../ Ribomba e berra e estruge o meu canhão!/ Devasto tudo e lanço no deserto/ Trabalho e Paz e Civilização!"). Também tratavam da sucessão presidencial, comparando a República a uma vaca cobiçada ("Quanta gente já de dentes/ Quer mamar ainda aqui/ Quantos são os pretendentes/ – A mamadeira taí!"). E lembravam da Gripe, investindo contra a Santa Casa de Misericórdia:

Estão lembrados senhores
Desse chá famigerado?
Isso foi no ano passado,

[319] Gazeta de Notícias, Rio de Janeiro, 4 mar. 1919.

Num mês de grandes horrores...
A Santa Casa de Miséria e Corda
Pôs muita gente do sepulcro à borda...
"O chá da meia-noite"
Foi caminho mais curto para morte
Do pobre desgraçado, dos "sem sorte"
Implacável açoite
Aos corpos desvalidos.

E o Miguelinho [Miguel de Carvalho, provedor da Santa Casa] trêfego, tremente
Não se pode explicar como o garoto:
Sofreu o golpe atroz, rude da crítica
Apavorado, sem dizer a gente,
Motivo algum, mesmo que fosse roto:
– Ele que sabe ser o trunfo em política...

O chá marcou a época tristonha,
E o Zé Povinho mesmo ardendo em brasa
Queimado pela febre má, bisonha,
Excomungou, de vez, a Santa Casa!...[320]

Os Fenianos dedicavam menos versos ao fim da Grande Guerra ("Não mais a Tirania impera sobre a terra/ Não mais a Fome, a Peste, em todo o seu horror!"), seguindo uma linha mais simbólica do que temática. Encontravam espaço, entretanto, para se manifestar contra as ondas de imigração para o Brasil ("Não. Brasil. Não sejas tolo/ Fecha os portos a tal gente!") e ironizar a renovada proibição de rótulas nas janelas do Rio de Janeiro ("Se um velhote já trêmulo e gasto/ Pela frente da porta me passa/ Como pode dizer-me o que sente/ Pela vidraça?..."). Dentre as grandes sociedades, os Fenianos foram os que mais trouxeram para si a Gripe como tema em seu pufe. Primeiro, de forma direta, tratando da passagem da doença pelo Brasil – a notar-se o eco da representação medieval da Peste como uma dança rumo ao túmulo:

---

[320] Correio da Manhã, Rio de Janeiro, 4 mar. 1919.

Quando ela pisa o tablado,
Saltitante, e salerosa,
Não é mulher – é uma rosa
Dos jardins da Andaluzia!
Mas... depois, quando na alcova,
Despe a roupa que a enfeita,
É uma perfeita harpia!

Da sua boca vermelha,
Como uma romã madura,
Surge a branca dentadura,
Entre os lábios de coral,
Mas... tudo aquilo é postiço;
Tudo é tinta preparada:
– Ela é feia e desdentada
Como um horrendo chacal!...

Quando aportou ao Brasil,
Bela e cheia de meiguice,
Todo mundo pasmo disse:
– Oh que bela criatura!
Mas... depois todos fugiram,
Pois seus beijos coruscantes,
Atiravam os amantes
Ao fundo das sepulturas!...

Ela apareceu dançando,
Numa bela patuscada
Mostrando à gente pasmada
O seu níveo colo nu!
Mas... depois abrindo o cofre
Das suas belas promessas,
O Rio pôs às avessas
A Caminho do Caju!...

Pra suas festas da moda
Ela só convida a elite,
Mas de fugir-lhe o convite,
Que ninguém a tal se afoite
Pois tão bela dansarina

Sabe dar com todo o afinco,
Em lugar do... chá das cinco,
O tal chá da meia-noite!...

Pela frente, é só belezas!
Galas vistosas e flores!...
São seus olhos tentadores,
Talismã que prende a gente!
Mas... por detrás, esquelética,
É toda pus e lazeira [infelicidade]
Mostrando a branca caveira,
Que alucina o mais valente![321]

O outro ponto de entrada para os Fenianos eram os exames por decreto (determinados por conta do impacto da Gripe), em versos de eco camoniano como:

Eia, a postos! Guris assinalados,
À tábua que vá o professor
Todos vós, sois aqui diplomados
Por decreto de El-Rei Nosso Senhor!...

À fava a livraria! À fava o estudo!...
E toda essa ciência aborrecida!...
Viva a santa Preguiça e, sobretudo,
Nem por muito saber se ganha a vida!....[322]

Para os Fenianos, para além da letra do pufe, a Terça-Feira Gorda correu assim: a partir do meio-dia, os sócios e participantes do préstito começaram a se reunir no barracão dos Fenianos na Rua X, no Cais do Porto, em contagem regressiva para a entrada na Avenida Rio Branco às cinco da tarde, já com comissão de frente, a cavalo, na cabeça do desfile. No meio-tempo, correu a operação de transporte dos carros alegóricos – alguns deles

[321] Correio da Manhã, Rio de Janeiro, 4 mar. 1919.

[322] Correio da Manhã, Rio de Janeiro, 4 mar. 1919.

de porte avantajado até para os padrões das escolas de samba do século XXI, com dezenas de metros de extensão. Quando a hora chegou, o fluxo do corso foi bloqueado pelas autoridades. A fumaça dos fogos de bengala encheu o ar, a ponto de dificultar a respiração, de acordo com relatos. Batedores com as bandeiras vermelha e branca dos Fenianos abriram caminho para o cavalgar da comissão de frente, ao som de clarins que vinham a reboque, com trechos do "Fausto", de Gounod. Mais adiante, uma banda de música fantasiada de Cavaleiros do Sol tocou tangos e sambas.[323]

A banda deu a deixa para a entrada do abre-alas que carregava o estandarte dos Fenianos: A Paz Universal, um carro alegórico de 42 metros de extensão, dominado por quatro grandes figuras equestres e um imenso globo giratório, em tributo aos vitoriosos na Grande Guerra. O abre-alas, como os outros carros do préstito, era puxado por cavalos. Para a imprensa especializada, A Paz Universal era a obra-prima do cenógrafo Fiuza Guimarães naquele ano. Aos cinquenta anos de idade, Fiuza Guimarães era um artista maduro: nascido em Portugal, mas pintor formado no Brasil, no Liceu de Artes e Ofícios e na Academia Imperial de Belas Artes – na República, Escola Nacional de Belas Artes, instituição na qual havia se tornado professor. Num molde semelhante aos das escolas de samba atuais (pós-Acadêmicos do Salgueiro, 1960), 'artistas-chefes' como o celebrado Fiuza comandavam uma equipe que incluía também egressos da Escola Nacional de Belas Artes (ENBA). Em 1919, um desses 'filhos da ENBA' no time artístico dos Fenianos era o paulistano André Vento, cenógrafo e pintor brilhante, de 25 anos de idade.

Atrás do abre-alas dos Fenianos, marchou a guarda de honra com as bandeiras dos Aliados, fechando o capítulo marcial do desfile e abrindo terreno para a salada: Sonho de Pan, um carro

---

[323] Essa seria a nota sonora até o fim da jornada, já na destinação final, o Poleiro, a sede da grande sociedade. De acordo com o Jornal do Brasil, os Fenianos "se entregaram de corpo e alma aos sambas e aos maxixes". Ver: Jornal do Brasil, Rio de Janeiro, 7 mar. 1919.

alegórico sobre o jogo de sedução entre o deus grego e uma ninfa. Ninfas, aliás, eram aparições recorrentes em desfiles das grandes sociedades, da mesma forma que musas e outras figuras femininas retiradas da mitologia clássica ou da simbologia política. No mais das vezes, essas personagens eram interpretadas por mulheres conhecidas pela graça e pela beleza – a elas, no contexto dos préstitos, permitia-se o quase impensável em outros contextos: usar pouca roupa em público. No clássico livro O Rio de Janeiro do meu tempo, Luiz Edmundo cita "as alegorias pagãs", em que "mulheres se apresentavam quase como Frinéias no Areópago, inteiramente nuas, da cabeça aos pés, os corpos mal velados por *maillots* de finíssimas e transparentes sedas".[324] Naquele cenário, essas mulheres de origens diversas – mas associadas, no que constituía o senso comum, à prostituição (muitas eram, na realidade, atrizes) –, eram saudadas por todos e todas, conforme o mesmo Luiz Edmundo relata ao evocar o desfile de uma delas, Aurora Rozani, num carnaval anterior ao de 1919:

> Filhas de Maria, pálidas e trêmulas, vencidas pela emoção da obra de arte que a bacante revela, atiram-lhe, das sacadas onde se acham, pétalas de rosas, beijos... Velhotes, conhecedores do assunto, fazem pigarros significativos e profundos, limpando nervosamente a vidraça dos óculos, ciosos de ver o melhor. Até as casadinhas cariocas, que sempre foram muito ciumentas de seus maridos, ante o esplendor da nova Eva, batem palmas e atiram-lhe *confetti* e serpentinas multicolores, a gritar:
>
> – Aurora! Aurora! Aurora![325]

---

[324] Frineia era o apelido de uma bela cortesã ateniense do século IV A.C., julgada no tribunal (Aerópago) por blasfêmia e celebrada na literatura por nomes como Olavo Bilac. Segundo a versão mais célebre (e talvez mais imprecisa), Frineia teria sido inocentada pelo impacto da revelação de seu corpo desnudado aos juízes.

[325] EDMUNDO, Luiz. O Rio de Janeiro do meu tempo. Brasília: Senado Federal, Conselho Editorial, 2003, p. 492.

Depois de Pan e sua ninfa, veio o primeiro carro de crítica dos Fenianos, Dançarina Espanhola, sobre a passagem da Gripe Espanhola pelo Rio de Janeiro. Era uma exibição de caveiras e do vasto sortimento de 'remédios' empregados durante a epidemia, do limão à aguardente, guardados por pierrôs, colombinas e arlequins. Sobre esse carro, desfilou Chabi, apelido de Argemiro da Costa e Silva, feniano engajado, um dos fundadores, nove anos antes, do Grupo das Sabinas, um grupo de baianas formado por homens travestidos.[326] O nome era uma homenagem a Sabina das Laranjas, vendedora de frutas, negra, que, em julho de 1889, nos estertores do Império, havia se tornado pivô de uma onda de insatisfação estudantil ao ser proibida pela Polícia de trabalhar diante da Faculdade de Medicina, na Rua Santa Luzia. Em torno dos carnavais da segunda e da terceira década do século XX no Rio de Janeiro, as sabinas impulsionadas por Chabi visitavam redações de jornais, marcavam presença em batalhas de confete e até davam as caras nos teatros, sempre a caráter, com colares de contas douradas e saias rodadas em vermelho e branco, as cores fenianas. Nove anos mais tarde, em 1928, Chabi e outros nomes históricos deixariam os Fenianos para fundar o quase homônimo Congresso dos Fenianos, sociedade rival. Era 1919, entretanto, e Chabi seguia dentre os Fenianos de velha cepa.

Acesa pelo jubileu de 1919, a torcida dos gatos fez os Fenianos avançarem na Rio Branco sob palmas e vivas. Em torno das oito e meia da noite, os componentes passaram diante da sede do Jornal do Brasil, o jornal que realizava o concurso mais prestigioso entre as sociedades.

E, como de costume nas sociedades, os carros alegóricos e de críticas se alternaram no préstito. À Dancarina Espanhola, seguiu-se O leque, um carro alegórico picante, sobre desejo, em

---

326 As Sabinas dos Fenianos haviam sido fundadas em 1910. As primeiras menções às Sabinas do Kananga datam de 1917. Em contraste com as Sabinas dos Fenianos, as Sabinas da Kananga eram formadas por mulheres.

que a estátua de um pierrô rendido, no chão, aparecia atravessada por um leque – os destaques eram todos mulheres.

Exames por decreto recolocou a crítica no desfile, com diplomados que saíam de uma torneira, arrancando gargalhadas na Avenida. Entre os escangalhados de tanto rir, muito possivelmente estiveram alguns que haviam sido aprovados ou formados na canetada de Delfim Moreira no decreto nº 3.603, de 11 de dezembro de 1918, que compensava os estudantes prejudicados pelo recesso da Gripe.

Até o fim do préstito, os Fenianos rodaram o mundo: de um Egito de esfinges a um Polo Sul com ursos polares (que são do Ártico), com mulheres de ponta a ponta; do fundo do mar com o carro Corais à superfície d'água singrada por uma caravela de Indesejáveis rumo ao Brasil. O terço final era reservado ao desbunde. Amor engaiolado reunia homens travestidos em volta de uma gaiola ocupada por um gigantesco pássaro-preto (cupido), tudo para falar da exigência de vidraças nas janelas do Rio de Janeiro. Apoteose à Flora Brasileira fechava, logo depois de Topázios – alegoria remetendo a pedras preciosas que Lorde Jamanta, dos Democráticos, tomou por castanhas de caju (rir dos esguichos de imaginação dos rivais era parte da experiência).[327] O delírio de cada cenógrafo fazia sentido: em contraste com os ranchos que beberam da fonte do desfile do Ameno Resedá em 1908 e das futuras escolas de samba, as sociedades carnavalescas não desfilavam em seus préstitos uma história, um enredo, mas, antes, uma revista de fatos e costumes, com largo espaço para delirar.

O desfile dos Fenianos teve uma nota trágica. Era já noite da Terça-Feira Gorda quando Waldemar da Silva Leite, um cidadão português de 23 anos de idade, subiu por uma escada da *Light* e alcançou o topo de um poste na Rua Uruguaiana. Entrava pela rua apinhada o desfile dos Fenianos. Waldemar deixara para baixo parentes e um conjunto de chorões composto por amigos, tudo

[327] Dom Quixote, Rio de Janeiro, 12 mar. 1919.

para ver as sociedades passarem. Bem ao sabor dos jornais daquele período, um redator de A Época jurava ter tomado nota até de um verso cantado por Waldemar e sua turma instantes antes:

> Saudade é coisa que dói
> Da ponta do pé ao dente
> É coisa que esmaga e rói
> E acaba matando a gente.[328]

Já no alto da escada, Waldemar encostou em um fio. Chamas foram vistas saindo de suas costas. Guardas e foliões sacudiram o poste para desgrudar o folião dos cabos, e conseguiram: o jovem caiu no chão. Chegou a ser levado vivo ao Hospital do Carmo, mas não resistiu aos ferimentos e morreu. Não há registro de que fantasia usava. Depois do fim do Carnaval, a imprensa dava uma pista de algumas das maiores paixões de Waldemar: futebol e carnaval. Essas paixões estavam impressas nas coroas depositadas junto ao caixão, no Memorial do Carmo. Waldemar era sócio e atleta do *Sport Club* Liberal, atuante nas ligas inferiores do futebol carioca, e era folião – "Lembrança do Bloco Manghemba", dizia a fita envolvida em uma das coroas.[329]

Para além do número limitado de fotos e relatos, como reimaginar um desfile como o dos Fenianos, exposto acima, ou dos Tenentes do Diabo e dos Democráticos, a serem destrinchados a seguir? Recorro a Manuel Bandeira, mais precisamente ao segundo livro do poeta pernambucano, lançado no fim do segundo semestre de 1919, Carnaval. O livro ficou mais conhecido pelo poema "Sapos", resgatado pelos modernistas na Semana de Arte Moderna de 1922. Carnaval não tratava do Carnaval de 1919, nem bem lidava com um carnaval que de fato tenha passado pelas ruas, como, por exemplo, o que subia e descia as ladeiras do bairro carioca de Santa Teresa,

---

328 A Época, Rio de Janeiro, 6 mar. 1919.

329 O Paiz, Rio de Janeiro, 9 mar. 1919.

onde Bandeira vivia àquela altura. Carnaval desfilava, entre outros temas biográficos e míticos, um rol de personagens carnavalescos, como pierrô, colombina, arlequim e dominó – num painel com muito da *commedia dell'arte*. O livro ecoava do carnaval o aspecto eclético e múltiplo, a multiface de uma festa que, nas palavras do próprio Bandeira, "é um divertimento em que todas as fantasias são permitidas".[330] De mais descritivo, Carnaval oferece "Sonho de uma Terça-Feira Gorda", poema em que dois dominós negros, de máscaras negras, no auge da ocultação, vão pela turba penetrados por um "sentimento de felicidade" análogo à "espada de fogo que apunhalava as santas extáticas". No sonho de Bandeira, o lúgubre das vestes contrasta com o estado d'alma "claro e luminoso" de ambos os dominós. E segue o retrato – ou melhor, o decalque de um sonho:

> Era terça-feira gorda. A multidão inumerável
> Burburinhava. Entre clangores de fanfarra
> Passavam préstitos apoteóticos.
> Eram alegorias ingênuas ao gosto popular, em cores cruas.[331]

"Cores cruas": os Tenentes do Diabo foram os segundos a passar diante do Jornal do Brasil, em torno das nove e meia da noite, depois de percorrerem um longo trajeto desde o barracão na Rua X, no Cais do Porto, onde desde uma hora da tarde haviam mantido os carros expostos. Fazendo jus ao nome, os Tenentes elevaram o inferno ao solo da Avenida, num préstito de concepção do português radicado no Brasil Jayme Silva, cenógrafo, reconhecido como um mestre na concepção e na pintura de cenários e na composição

---

330 CAMPOS, Paulo Mendes. Manuel Bandeira fala de sua obra. In: Travessia, v. 5, n. 13, 1986, p. 127.

331 BANDEIRA, Manuel. Estrela da vida inteira. Rio de Janeiro: Record/Altaya, s/d, pp. 99-100.

de carros alegóricos.[332] Na criação e na realização do Carnaval de 1919, Jayme Silva, que estreava como 'general' dos Tenentes e não era do tipo acadêmico, recorria ao braço-direito Antonio Valente. Era também ombreado por Antonio Novelino (uma instituição da maquinaria no teatro), por uma dupla de escultores (Paulo Mazzuchelli e Paulo Lavoie) e pela figurinista Julia Vargas, que, de acordo com o Jornal do Brasil, "lidou e deu forma aos tecidos das bizarras fantasias".[333]

No começo do préstito dos Tenentes do Diabo, batedores varreram o caminho em carroças de decoração diabólica. Depois da comissão de frente que cavalgava cavalos pretos, de "pura raça árabe", uma vanguarda de arautos com clarins e uma fanfarra asseguraram o "paredão de som" para os baetas.[334]

O que fora prometido no pufe publicado no início do dia materializou-se diante dos olhos dos foliões: um abre-alas de trinta metros de comprimento, dividido em duas partes acopladas, representando a corte de Lúcifer. Era a Grande apoteose. Dominavam o carro esculturas de criaturas mitológicas, como dragões e hipogrifos, misturas de águias com leões e cavalos que, em suas encarnações na Avenida, "desferiam chispas fagulhentas dos olhos eletrizantes", bem à altura da fama de Jayme Silva como um artista feérico. O elemento humano era inteiro infernal. Diabas cavalgavam as águias-leões-cavalos, enquanto em torno delas perambulavam demônias

---

[332] Jayme Silva trabalhou também como aderecista, 'ponto' e ator, além de ter se aventurado como empresário. Na última função, deixou uma marca: organizou e empresariou a Companhia Negra de Revistas, ideia original do ator (e sócio de fato) João Candido Ferreira, conhecido como De Chocolat. Entre 1926 e 1927, começando pelo Teatro Rialto, no Rio de Janeiro, a Companhia Negra de Revistas encenou também em outros estados brasileiros peças em que atores e atrizes negros e pardos ocupavam posição de protagonismo. Jayme Silva, que acumulava na companhia a função de cenógrafo, era um dos poucos não negros da equipe.

[333] Jornal do Brasil, 18 abr. 1919 e 22 abr. 1919. Julia Vargas foi empreendora, modista e sócia da Mme. Vargas & Cia., sediada na Rua do Ouvidor, 139.

[334] Gazeta de Notícias, Rio de Janeiro, 4 mar. 1919.

com chicotes. Esculturas de demônios e sereias enlaçadas em serpentes e esculturas de dragões rodeavam o assento do Capeta. O pai dos baetas, Lúcifer, representado por um sócio dos Tenentes do Diabo, observava tudo de cima, metido num traje de gala feito de seda, com detalhes em ouro, prata e tinta a óleo. Seis grandes fontes de luz ampliavam o impacto da cena, que era completada ao fim do carro por ainda mais diabas montadas sobre águias-leões-cavalos. Numa prévia, o Jornal do Commercio da véspera falara em "duas mil lâmpadas vermelhas, que transformarão a cidade em uma verdadeira caverna de Lúcifer".

Passado o inferno, veio a sequela, na forma de um carro de crítica, de nome A Espanhola. O carro lembrava das sobreviventes da Gripe em pânico pela perda de cabelo, consumidoras ávidas da indústria de tônicos milagrosos, com base de ovo e até de petróleo. A Espanhola era bem menor do que o abre-alas, com não mais do que seis metros de comprimento. Esculturas de três grandes cabeças carecas, ao estilo dos 'gigantones' das folias portuguesas e dos bonecos de Olinda, ocupavam o centro do carro. Nas laterais, ilustrações de mulheres carecas, em diferentes estados de ânimo. Foi a única menção à epidemia no préstito dos Tenentes. Daí em diante, o desfile se alternou entre alegoria e crítica, sobre os mais variados temas.

Mulheres preponderaram sobre os carros alegóricos: aladas nos jardins do carro As borboletas, floreadas em Reino das Margaridas, endeusadas em A serenata na lua e montadas sobre esculturas de cervos e veados de Paulo Mazzuchelli no delírio de A caça aos corações, um carro estreito e longo que se movia cercado por carruagens com sócios trajados à Luiz XV. A crônica dos carnavais do período registra, como em Luiz Edmundo, as respostas do público à passagem de carros como esses, ocupados por mulheres (no geral, convidadas, já que as mulheres dos sócios não mais desfilavam).[335]

---

[335] EDMUNDO, Luiz. O Rio de Janeiro do meu tempo. Brasília: Senado Federal, Conselho Editorial, 2003, p. 492.

Pela lente refratora da poesia, Manuel Bandeira exibiu em "Sonho de uma Terça-Feira Gorda" um fragmento daquelas reações – um fragmento, note-se, onírico e hiperbólico:

> Iam em cima, empoleiradas, mulheres de má vida,
> De peitos enormes – Vênus para caixeiros.
> Figuravam deusas – deusa disto, deusa daquilo, já tontas e seminuas.
> A turba ávida de promiscuidade,
> Acotovelava-se com algazarra,
> Aclamava-as com alarido
> E, aqui e ali, virgens atiravam-lhes flores.[336]

E o que a multidão "acotovelada com algazarra" viu e ouviu de fato na continuidade da passagem dos Tenentes do Diabo pelo Centro do Rio de Janeiro? Antecedido por outro paredão sonoro de arautos (fantasiados de galos franceses) com clarins e mais músicos a tiracolo, o carro alegórico Triunfo da Civilização demarcou o início da segunda metade do desfile, dando conta da memória da Grande Guerra. Na alegoria, a escultura de um galo simbolizando a

---

336 BANDEIRA, Manuel. Estrela da vida inteira. Rio de Janeiro: Record/Altaya, s/d, p. 100. Neste ponto, a descrição de Bandeira para os préstitos das grandes sociedades conversa com a de Olavo Bilac, na década anterior: "Já é tempo de inventar qualquer coisa nova. Chega a parecer absurdo que ainda se mantenha essa antiga usança de procissões báquicas, escandalosamente ostentando pela cidade, com aplausos de todos, o triunfo insolente das hetairas [prostitutas de luxo]. Creio que, de todas as cidades civilizadas, o Rio de Janeiro é a única que tolera essa vergonhosa exibição. Em todas as outras capitais, o vício é cultivado e adorado portas adentro. Nada impede que, nos teatros e nos bailes, haja saturnais carnavalescas, em que a folia se exaspere até invadir o domínio da alucinação furiosa. Mas é revoltante que essas orgias transbordem para as ruas, em cortejos eróticos, aos quais, por uma incrível e criminosa tolerância, concorrem as bandas de música da polícia e do exército, com os soldados fantasiados, abrindo o préstito glorificador da indecência e da prostituição." Apesar de reprovar nos préstitos das sociedades a exibição do que poderia ser feito "portas adentro", "em teatros e nos bailes", na juventude Bilac redigira pufes para essas mesmas sociedades. Ver: Kosmos, ano I, nº 3, março de 1904. In: DIMAS, Antonio. Bilac, o Jornalista: Crônicas. Volume 2. São Paulo: Imprensa Oficial do Estado de São Paulo, Edusp, Editora da Unicamp, 2006, p. 335.

França se erguia sobre uma águia agonizante, ali para representar o despotismo dos impérios derrotados. A guarda de honra fazia a retaguarda do carro, com as bandeiras das nações vitoriosas no conflito mundial. A crítica voltou em A sucessão presidencial, contra a ambição desmedida dos políticos; em A casta idade, contra o rigor moralizante da Polícia; e em Avacalhamento, contra as "medidas confusas sobre o saneamento na capital".[337]

O Clube dos Democráticos foi o terceiro a passar pela sede do Jornal do Brasil, em torno das dez da noite. Havia deixado o barracão, na área do antigo Convento de Nossa Senhora da Ajuda (futura Cinelândia) às seis da tarde, quatro horas depois do início da concentração dos sócios e de outros participantes do desfile. A sociedade alvinegra contava com a maior torcida e mesmo rivais, como o feniano Mario Lago, reconheciam que o frenesi despertado pelos Democráticos era sem par em qualquer Terça-Feira Gorda:

> Em qualquer lugar da Avenida Rio Branco se adivinhava seu aparecimento na Praça Mauá, invariavelmente depois dos Fenianos e Tenentes. Sestro de quem se sabe esperado. A notícia passava de boca em boca, ululando em ondas crescentes, dos guindastes do cais até os altos do [Palácio] Monroe. Os foguetes espocavam, o sossego abandonava os espíritos. O primeiro grito fanático já saía quebrado, pois era um grito ensaiado em surdina durante o ano inteiro. A alma rolava pelo asfalto desintegrada em aplausos. Não tinha importância nenhuma se a fumaceira desprendida dos fogos de bengala sufocava e enchia de lágrimas os olhos dos ardorosos das primeiras filas, quase os levando à cegueira. A alegria de berrar bem de perto pelo clube de sua paixão compensava qualquer sacrifício ou risco.[338]

---

[337] A Noite, Rio de Janeiro, 3 mar. 1919.

[338] LAGO, Mario. Na rolança do tempo. Rio de Janeiro: Civilização Brasileira, 1977, p. 130.

Em 1919, os Democráticos trouxeram um Carnaval mais focado do que as outras sociedades. Se, a exemplo de Fenianos e Tenentes, não desdobraram um enredo, elegeram o fim da Grande Guerra como tema recorrente de suas alegorias. Nada menos que quatro dos 11 carros do desfile idealizado pelo cenógrafo Angelo Lazary, um relativo recém-chegado ao universo das grandes sociedades, tratavam do conflito.[339] Ao lado de Lazary, um homem de teatro que estreara nos Democráticos três anos antes, estavam talentos de primeira linha. A começar pelo premiado escultor Modestino Kanto, que, meses antes do Carnaval de 1919, recolhera a máscara mortuária de Olavo Bilac. A seguir, pelo maquinista Anísio Fernandes, um braço-forte da equipe, nome de referência no teatro desde a última década do século XIX – no distante 1894 já se mostrava capaz de encantar o público com simulações de balões e máquinas a vapor nos palcos cariocas. Na equipe de Lazary, estava ainda o cenógrafo Joaquim Santos, um artista negro que aprendera o ofício atuando sob a supervisão do mestre Crispim do Amaral (1858-1911). Uma tuberculose maltratada faria com que o Carnaval de 1919 fosse o último carnaval de Joaquim: na Segunda-Feira de Carnaval de 1920, na véspera dos préstitos do Carnaval de São Paulo, ele morreria num barracão, trabalhando nos últimos ajustes para um desfile.

O recado do carnaval dos Democráticos em 1919 ficava claro logo no abre-alas: A Vitória, um carro alegórico de 28 metros de comprimento sobre o triunfo dos Aliados. As esculturas de Modestino Kanto davam o tom: cinco cavalos brancos e um conjunto de figuras femininas encarnando valores e ideias como a justiça e a democracia – caminhando entre elas, iam dez foliãs fantasiadas em tributo às dez nações vitoriosas na Grande Guerra. Nas laterais,

[339] Lazary era um carioca nascido no bairro do Catumbi, em 1887. Fez incursões pelos carnavais cariocas como artista ainda na primeira década do século XX: no Carnaval de 1904, pelo Clube da Tijuca, com apenas 16 anos de idade, como ilustrador do estandarte do grupo; no Carnaval de 1909, pelo Grupo dos Farofas, como pintor, apoiando Anísio Fernandes e ao lado de Joaquim Santos. Ver: Correio da Manhã, Rio de Janeiro, 9 fev. 1904 e 13 fev. 1909.

rodas iluminadas espalhavam brilho sobre a multidão. Erguida dez metros acima, a escultura de um sol acentuava o efeito. No total, A Vitória possuía 1.200 lâmpadas.

E a batalha seguiu. Entre fogos de bengala e pequenos focos elétricos, uma guarda de honra fantasiada de soldados americanos fez a retaguarda do abre-alas. Todos carregavam réplicas de espingardas e bandeiras dos Estados Unidos, e avançavam amparados por um destacamento de foliãs, também portando réplicas de espingardas. No carro de crítica chamado Charge ao Kaiser, uma escultura de Guilherme II surgia esmagada pelo globo terrestre, para aplausos da multidão. A alegoria de um tanque compunha o carro seguinte – e, para surpresa, o falso blindado se movia em torno de seu próprio eixo: "por um engenhoso mecanismo, o tanque desarma-se e desaparece para surgirem duas mulheres representando a França e a Bélgica", antecipara o redator de A Noite na véspera.[340] Depois de um breve respiro, na forma de um carro de crítica à tentativa de se criar um novo imposto na cidade, o rescaldo da Grande Guerra voltava em A Paz, homenagem ao presidente norte-americano Woodrow Wilson, arquiteto da Liga das Nações e busto no préstito dos Democráticos. Desse carro, de quando em quando, revoavam pombas brancas de carne, pena e osso.

Na segunda metade do desfile, a memória da Gripe Espanhola ganhou uma janela em Chá da Meia-Noite, carro de crítica composto apenas por uma xícara gigante. No topo do carro, um folião encenava a distribuição de chá a doentes. A reação do público era de hilaridade.[341]

---

[340] A Noite, Rio de Janeiro, 3 mar. 1919.

[341] Impossível não contrastar esse gargalhar externo, medido pela imprensa em 1919, com o rir oculto dos dominós negros imaginados por Manuel Bandeira em "Sonho de uma Terça-Feira Gorda": "Nem a alegria estava ali, fora de nós./ A alegria estava em nós./ Era dentro de nós que estava a alegria,/ – A profunda, a silenciosa alegria...". Ver: BANDEIRA, Manuel. Estrela da vida inteira. Rio de Janeiro: Record/Altaya, s/d, p. 100.

De resto, a metade final do préstito se desenrolou entre a brincadeira e o delírio (em torno de mulheres). Em Entre dois rivais, as esculturas articuladas de dois escorpiões disputavam o amor de uma donzela em perigo. No jogo de luzes de Flores crepusculares, a pauta nominal era botânica, mas o foco recaía sobre seis mulheres fantasiadas de flores. Em *Rêve d'un soir d'amour* [Sonho de uma noite de amor], o tema sinalizado no pufe era um sonho sexual, e essa miragem envolvia foliãs que se equilibravam entre espirais girando em sentidos inversos. Na entrada da Rua da Uruguaiana, esse carro, estreito e longo, teve dois eixos quebrados e ficou pelo caminho – não foi o único a apresentar problemas: de acordo com A Rua, o abre-alas também sofreu estragos no percurso.

O longo percurso das sociedades pelo Centro do Rio de Janeiro na Terça-Feira Gorda se encerrou nas sedes, que explodiram pela madrugada em bailes de fantasia, transbordando pelas calçadas, para muito além dos sócios. Na Caverna dos Tenentes do Diabo, o derradeiro grito de Carnaval varando as Cinzas era também o chamado para a última canja de galinha, servida à meia-noite nas noites de folia.

Sem método – e também sem aparentar muita confiança no próprio dado –, o jornal A Noite estimou o público reunido no Centro da cidade ao longo da Terça-Feira Gorda em "talvez mais de quatrocentas mil pessoas" – metade disso já seria um número assombroso para uma cidade com cerca de um milhão de habitantes.[342]

Na multidão reunida naquela terça-feira no Centro do Rio estava o presidente em exercício, o mineiro Delfim Moreira. De acordo com o Correio da Manhã, foi ele o primeiro chefe de Estado brasileiro a se deslocar para presenciar de perto o Carnaval do Rio de Janeiro.[343] Acompanhado da família, Delfim Moreira desceu à tarde da residência de verão, no Silvestre, rumo à Biblioteca Nacional. No registro do Jornal do Brasil, o carro que conduzia o presidente "percorreu a

342 A Noite, Rio de Janeiro, 6 mar. 1919.

343 Correio da Manhã, Rio de Janeiro, 7 mar. 1919.

grande artéria modestamente, confundindo-se o automóvel presidencial no meio dos outros e respeitando a linha estabelecida pela Inspetoria de Veículos".[344] Enquanto a comitiva se deslocava, a Polícia limpava o terreno e apreendia exemplares de "versos desrespeitosos" que estavam sendo distribuídos na porta da Biblioteca – não há registro do que diziam esses versos.[345] Quando chegou à Biblioteca Nacional, Delfim Moreira desceu sob aplausos. Viu pelo menos dois desfiles inteiros de uma das janelas do prédio. De tudo, segundo o registro da imprensa, o que mais impressionou o presidente foi o luxo dos carros alegóricos. Por prudência, não tomou partido de nenhuma das três sociedades, e saiu em torno das dez horas da noite, de novo saudado por quem o cercava. A excursão e a espiada de Delfim Moreira foram as primeiras de uma linhagem de encontros entre a República e a Folia carioca em seu hábitat, a rua.

Quando os préstitos da Terça-Feira Gorda se encerravam, os chorões e pequenos blocos, muitos de ocasião, espalhavam-se pelas ruas da cidade, marolas depois da grande onda. Os que resistiam a voltar para casa esticavam a cantoria, com ou sem instrumentos, enquanto aqui e ali se cantava: "é hoje só, amanhã não tem mais".[346]

O jornalista Austregésilo de Athayde evocaria, 47 anos depois, essa hora derradeira do Carnaval de 1919 numa crônica sobrenatural publicada na revista O Cruzeiro. Aos vinte anos de idade em 1919, o pernambucano Austregésilo vivia seu primeiro Carnaval no Rio de Janeiro e exercia o hábito de pedir um copo de leite ou uma média com pão com manteiga mesmo nos redutos mais boêmios. Saudável, no domínio de suas faculdades, contava ter se apaixonado por um fantasma naquela madrugada. Eram três da manhã, já na Quarta-Feira de Cinzas. Austregésilo acabara de deixar o baile do *High Life*, na Glória:

---

[344] Jornal do Brasil, Rio de Janeiro, 6 mar. 1919.

[345] O Imparcial, Rio de Janeiro, 6 mar. 1919.

[346] LAGO, Mario. Na rolança do tempo. Rio de Janeiro: Civilização Brasileira, 1977, p. 129.

> Já me aproximava dos Arcos quando, não sei como, e assim de repente, vi que caminhava a meu lado uma mulher, com evidente desejo de travar conversa. Era bastante jovem e não estava fantasiada como quase todas as de sua idade. Eram louros os seus cabelos e bem pálido o seu rosto, enquanto os olhos pareciam azuis e semicerrados. Notei tudo isso rapidamente na meia-luz, ao passo que ela perguntava se não era incômodo que eu a acompanhasse um pouco para não ir sozinha. Disse que teria muito gosto em irmos juntos, e o meu espanto cresceu quando reparei que a moça trazia um rosário passado nos pulsos e os conservava unidos, assim como se fosse uma algema. Perguntei-lhe, como era natural, se tinha-se divertido no Carnaval, se era daqui mesmo e por que estava ali desacompanhada, sendo tão bonita. Respondeu que não se divertia propriamente, mas que estivera um pouco por toda parte, vendo sem associar-se à brincadeira, e a sua solidão era devida ao fato de não conhecer ninguém.[347]

Interessado, mas, desconfiado da brancura e do aperto do rosário nas mãos da jovem, perguntou se era religiosa. A moça negou com a cabeça, e pediu que parassem numa praça:

> (...) olhou-me longamente com um olhar parado e depois, para minha grande surpresa, disse: "As últimas palavras que escutei foram *requiescat in pace* [descanse em paz]. Nesse momento, vieram ranchos e bandos, cantando o "Ó abre alas, que eu quero passar!", e quando cessou um pouco o vozeiro tentei pegar-lhe as mãos que me pareceram álgidas e senti um perfume de flores murchas. De súbito, sem que eu pudesse dar-me conta do que sucedera, vi que a moça não estava mais ao meu lado, desaparecera, não sei dizer como, de maneira inteiramente misteriosa. Deu-me uma tremura em todo o corpo e, antes de entrar em casa, sentei-me no batente, com a cabeça entre as mãos, fora do Mundo.[348]

---

[347] O Cruzeiro, Rio de Janeiro, 19 mar. 1966.

[348] O Cruzeiro, Rio de Janeiro, 19 mar. 1966.

Se Austregésilo de Athayde fabulou ou não, pouco importa. No Carnaval de 1919, no Rio de Janeiro, mesmo que apenas nas ideias dos velhos nostálgicos, das odaliscas corajosas, dos jornalistas incendiados e das crianças hipnotizadas, "os mortos da espanhola – e tão humilhados e tão ofendidos – cavalgaram os telhados, os muros, as famílias", como escreveria outro pernambucano, Nelson Rodrigues, em 1967.[349] E a cavalgada acabava ali, em algum momento antes do amanhecer do dia 5 de fevereiro de 1919, Quarta-Feira de Cinzas.

349 RODRIGUES, Nelson. Memórias: a menina sem estrela. Rio de Janeiro: Agir, 2009, p. 82.

Escultor Modestino Kanto trabalhando no barracão do Clube dos Democráticos.
FONTE: FON-FON, 26/02/1919

"A Vitória": o carro-chefe do Clube dos Democráticos no préstito de 1919, com 28 metros de comprimento – um tributo à vitória dos Aliados na Grande Guerra.
FONTE: CARETA, 08/03/1919

DA ESQUERDA PARA A DIREITA: o maquinista Anísio Fernandes; o presidente da Comissão de Carnaval dos Democráticos, Raul Goulart ("Lord Fera"); e o cenógrafo Angelo Lazary, reunidos na área do barracão, no local do antigo Convento de Nossa Senhora da Ajuda.
FONTE: FON-FON, 26/02/1919

"A Paz": carro alegórico dos Democráticos era dominado pelo busto do presidente dos Estados Unidos, Woodrow Wilson; passou iluminado pela Avenida Rio Branco, com pombas brancas de verdade sendo lançadas, para além das alegóricas.
FONTE: CARETA, 08/03/1919

ACIMA: “O Chá da Meia-Noite”, carro de crítica do Clube dos Democráticos, lembrava da passagem da Gripe Espanhola pelo Rio de Janeiro e do famigerado “chá” que, corria a lenda, era ministrado aos pacientes mais graves na Santa Casa de Misericórdia.
FONTE: CARETA, 08/03/1919

À ESQUERDA: “Rêve d’un soir d’amour”: no “Sonho de uma noite de amor”, o Clube dos Democráticos evocava um “sonho sexual”; as espirais do carro, com mulheres no topo, giravam; atenção ao número “6”, que indicava a posição do carro alegórico no préstito. “Rêve d’um soir d’amour” quebrou na Rua Uruguaiana.
FONTE: CARETA, 08/03/1919

Frente do gigantesco carro-chefe dos Fenianos em 1919: "A Paz Universal", um carro com reportados 42 metros de comprimento; no momento da foto, sob luz diurna, há apenas uma figura feminina já sentada sobre as esculturas de cavalos.
FONTE: CARETA, 08/03/1919

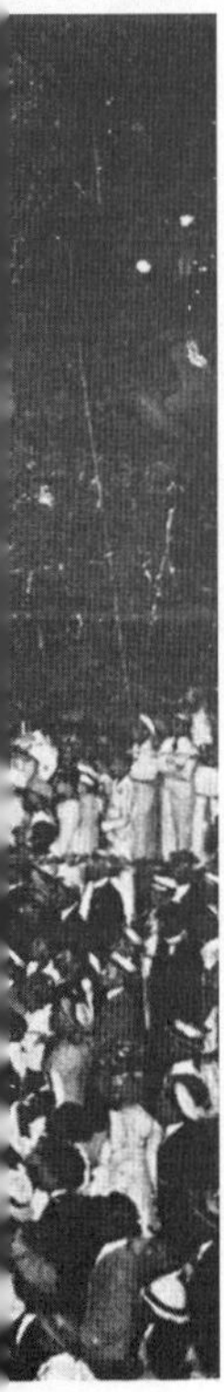

ACIMA: O time artístico do Fenianos para o Carnaval de 1919 reunido diante do barracão (da esquerda para a direita): Argemiro Cunha (cenógrafo), André Vento (cenógrafo), Fiuza Guimarães (artista-chefe), Armando Correia (escultor) e Arthur Paiva (maquinista). FONTE: FON-FON, 01/03/1919

À ESQUERDA: "O Tanque": registro feito na Avenida Rio Branco do carro alegórico do Clube dos Democráticos que marcava a introdução do tanque de guerra no recém-encerrado conflito mundial; parte do "blindado" dos Democráticos se movia em torno do próprio eixo para revelar duas foliãs representando a França e a Bélgica. FONTE: CARETA, 08/03/1919

A comissão de frente dos Fenianos no Carnaval de 1919: a exemplo das outras grandes sociedades, a cavalo.
FONTE: FON-FON, 08/03/1919

O carnaval de 1919 foi o último do cenógrafo Joaquim Santos, que, naquele ano, compôs a equipe de Angelo Lazary no Clube dos Democráticos; morreria no carnaval seguinte, num barracão, na véspera do desfile das grandes sociedades do carnaval paulistano.
FONTE: JORNAL DE THEATRO & SPORT, 06/07/1914

Angelo Lazary, artista-chefe do Clube dos Democráticos no Carnaval de 1919.
FONTE: COMEDIA: JORNAL DE THEATRO, 01/03/1919

a canção da pimenta nos olhos dos outros... tambem dóe». Após ia o Antonio de Souza de «João Paulino», cae, não cae, mas lá me

aguento». Perseguia-o uma multidão de vales da 5ª Banda do Paschoal Segreto, tocando o «Bam bambam» do Chatelet, para tapear elles. Brandão Sobrinho, fardado de furriel popularissimo, á espera da reforma do major. João Barbosa, vestido de ama secca, levando ao collo o ultimo filhinho theatral do Renato Vianna, mamando e cuspindo... no prato onde comia. Italia Fausta, de Martyr... dos quiriticos, cantava a lamentação do Jeremias, com a letra—«Que culpa tenho eu de ser notavel?». Rangel Junior, de Pilatos, entre a Noronha e a Medina... lavando as mãos ao Miranda. O Miranda de treme-treme, berrando como o Frei Ignacio de Santo Antonio: —Sou papa! novo emprezario!... Ah!... Ah!... Ah!..., A seguir, o Gouvêa, de Juliano Moreira, vestindo-lhe uma camisa de forças. Encerrava o cortejo a Arte Nacional, uma desconhecida com algum espirito, vestida de Christo, do Templo, de azorrague. Fechava a dansa um grupo de espectadores, cantando o samba:

«Porque é que vocês não vão,
Mastigar pirão de areia?
Theatro de cavação,
«Té parece coisa feia!»

Como vêem, sou batuta para organisar cordões. Os chefes, porém, engrillaram com as despezas; o Nery adormeceu em cima dos desenhos das fantasias; o Souza não «cavou os reclames», para garantir as finanças do bloco e o cordão não sahiu. Assim mesmo, o nosso Carnaval vae dar brado na zona dos bastidores. Não perdem, pela falta do bloco, porque a festa intestina... vae ser de estrondo!

Zé Pereira.

Carnaval de 1919

Fiuza Guimarães, o fino artista a quem durante vinte annos, o glorioso Club dos Fenianos confia o seu carnaval.

A estréa da Companhia Aida Arce, no Palace Theatre, verificar-se-á até o dia 6 do corrente.

Fiuza Guimarães, artista-chefe dos Fenianos no Carnaval de 1919.
FONTE: COMEDIA: JORNAL DE THEATRO, 01/03/1919

CORREIO DA MANHÃ — Terça-feira, 4 de Março de 1919 7

D. C.

Club dos Democraticos

Descripção do Prestito Maravilhoso dos Reis do Carnaval!...

Abri alas POVO AMIGO e dizei com franqueza de quem a VICTORIA...

LAZZARI, prestigiado pelo seu talento artistico, por uma rara e facil concepção vae ser hoje consagrado

O LEADER DOS ARTISTAS

SALVE LAZZARI!

MODESTINO KANTO, o esculptor laureado e ANISIO o braço forte do ARTISTA VICTORIOSO, terão tambem do POVO applausos delirantes, que representam uma magnifica conquista!

Apezar de tudo... venceremos o Carnaval

POVO:

POVO! Deixai passar nossa bandeira
Mais uma vez, por certo, victoriosa,
Preponderante, altiva, sobranceira
Tantas e tantas vezes gloriosa!...

MAIS UMA!...

Nunca suppomos que nos fosse facil
Essa VICTORIA, mais para o CASTELLO,
Mas nossa ARTE sublime, grande, gracil
Enfeixa tudo, — no apogêo do BELLO!...

VEDE:

COMMISSÃO DE FRENTE

A 1ª BANDA DE MUSICA

O CARRO CHEFE

A VICTORIA

GUARDA DE HONRA

10 VIVANDEIRAS

LANDAU DA DIRECTORIA

1º carro (critica)

CHARGE AO KAISER

2º carro (critica)

O IMPOSTO DE 1 %

2º carro (allegorico)

O TANK

3º carro (allegorico)

A PAZ

2ª PARTE

2ª BANDA DE MUSICA

4º carro (allegorico)

ENTRE DOIS RIVAES

ACOMPANHAMENTO

3º carro (critica)

O chá da meia noite

ACOMPANHAMENTO

4º carro (critico)

Amamentação

5º carro (allegorico)

Flores crepusculares

6º carro (allegorico)

Rêve d'un soir d'amour

ACOMPANHAMENTO

Ultimo carro

CHARGE AOS RIVAES CARNAVALESCOS

A' SYMPATHIA DO POVO

ARLEQUIM, Secretario.

NOSSO DEVER:

A Commissão de Carnaval vem agradecer do imo d'alma o decidido auxilio que lhe tem sido prestado pelos dedicados DEMOCRATICOS, de fóra e de dentro do CASTELLO, quer em assignaturas dadas ao SEU LIVRO DE OURO, quer em LISTAS, emfim a todos que contribuiram para a sua VICTORIA, de qualquer fórma.

Aos Srs. socios que tomam parte no prestito, quer na Commissão de frente, quer em guardas de honra e carros de critica, farão a fineza de se recolherem ao CASTELLO até 2 horas da tarde, para serem evitados os atropellos de ultima hora.

ITINERARIO - Avenida Rio Branco (em volta), Praça Mauá, Acre, Uruguayana, Carioca, Praça de Tiradentes, (volta em frente ao Palacio da Justiça), Avenida Passos, Marechal Floriano, Avenida Rio Branco (em volta). Praça Mauá, Acre, Uruguayana, Carioca, Praça de Tiradentes, Avenida Passos, Marechal Floriano, Uruguayana e CASTELLO.

MUTILADO

O pufe do Clube dos Democráticos para o Carnaval de 1919.

FONTE: “CORREIO DA MANHÃ”, 04/04/1919

8 CORREIO DA MANHÃ — Terça-feira, 4 de Março de 1919

CLUB DOS FENIANOS

HOJE - 4 de Março de 1919 - HOJE

Maravilhoso prestito para solemnizar o JUBILEU FENIANO, dedicado ao gentil Povo Carioca!!...

Symbolica manifestação do pensamento artistico !!...

Magestosa e archi-teerica apotheose a MOMO!!... Imponente concurso do Amor, da Graça e da Belleza!!... Luxo e Fantazia!! Arte e bom gosto!!...

AVISO AOS SRS. SOCIOS - Tendo a commissão tomado o compromisso de apresentar o prestito ás 5 horas da tarde (17 do fuzo) na Avenida, pede o comparecimento no barracão ás 12 horas, afim de não retardar a sahida.

ITINERARIO - Rua X, Caes do Porto, Avenida Rio Branco (em volta), ruas Visconde Inhaúma, Uruguayana, Carioca, Praça Tiradentes, Avenida Passos, ruas Marechal Floriano, Visconde Inhaúma, Avenida Rio Branco (em volta), ruas Visconde Inhaúma, Uruguayana, Carioca, Praça Tiradentes (em volta), ruas 7 de Setembro, Uruguayana e Poteiro onde terminarão as manifestações a MOMO com um grandioso BAILE A' FANTAZIA

MUTILADO

Pufe dos Fenianos para a Terça-Feira de Carnaval 1919.

FONTE: CORREIO DA MANHÃ, 04/03/1919

Os Tenentes do Diabo e seu cardápio carnavalesco para 1919, no pufe publicado na Terça Gorda.
FONTE: GAZETA DE NOTÍCIAS, 04/03/1919

GAZETA DE NOTICIAS — Terça-feira 4 de Março de 1919 — 5

T. D.
CLUB TENENTES DO DIABO

CARNAVAL DE 1919 — 4 DE MARÇO — CARNAVAL DA VICTORIA!

Marcha Triumphal dos heroes do Espirito e da Belleza

OS DENODADOS TENENTES DO DIABO

AOS FENIANOS

IMPRENSA

POVO

Antonio Novelino

Hymno a Momo

Abram alas! Deixem passar os heróes do dia!!!

Vão desfilar os campeões do sublime certamen da ARTE, LUXO E ESPIRITO

PRIMEIRA PARTE

Commissão de frente

BANDA DE CLARINS

Banda de musica

GRANDE APOTHEOSE!!!

30 metros de comprimento

LUCIFER

DESTEMIDOS TENENTES

Guarda de Honra

A Hespanhola

AS BORBOLETAS

A successão presidencial

A caça aos corações

Landau da Directoria

Glorioso estandarte

Tenentes do Diabo

SEGUNDA PARTE

BANDA DE MUSICA

Triumpho da civilisação

Guarda de honra

A casta edade

A SERENATA NA LUA

Avaccalhamento

Reino das Margaridas

Inimitaveis Tenentes do Diabo

ITINERARIO

Dragão,

Corisco,

ACIMA: O carro-chefe do préstito dos Tenentes do Diabo no Carnaval de 1919 tinha cerca de trinta metros de comprimento e era dominado por esculturas de hipogrifos (criaturas da mitologia grega que combinavam cavalos com grifos – eles mesmos misturas de águias e leões). Ao fundo do carro, depois de uma série de degraus, havia o "trono de Lúcifer".
FONTE: CARETA, 08/03/1919

"A Espanhola": o comentário dos Tenentes do Diabo sobre as sequelas capilares da Gripe Espanhola.
FONTE: CARETA, 08/03/1919

Um dos carros de crítica dos Tenentes do Diabo brincou com a sucessão presidencial em 1919.
FONTE: CARETA, 08/03/1919

CINZAS

O DIA RAIOU COM AS MARCAS DA VÉSPERA. Na Avenida Rio Branco, os últimos ocupantes de cadeiras levantaram acampamento, bem depois da despedida das grandes sociedades. É possível que esses resistentes tenham esbarrado com desempregados à busca de colocação, pois, durante o Carnaval e com mais intensidade na Quarta-Feira de Cinzas, tornava-se mais comum o vaivém de leitores de anúncios de emprego pelas ruas do Centro. De acordo com uma reportagem de observação de A Rua, o movimento era engrossado por analfabetos, que pediam aos passantes que lessem para eles os anúncios. A esperança dos desempregados era substituir trabalhadores "esquecidos dos deveres" ou demitidos por terem se apresentado "derreados" [alquebrados], sobretudo no comércio.[350] Pelas mesmas ruas, os trapeiros faziam o último rapa dos materiais largados pelo chão – de acordo com A Noite, juntou-se papel como não se via "há muitos anos" no Carnaval do Rio de Janeiro, estimadas quarenta toneladas.[351] A maior parte era de serpentina – suja, molhada de lança-perfume e cerveja, produtos que, ao contrário da água, não faltaram no Centro durante o Carnaval.

Como acordaram os cariocas – se é que lá bem acordaram? Nas raias da ficção, um redator de A Noite descreveu um bonde tomado pelo que "parecia muito com a moléstia do sono, endêmicas nos sertões africanos":

---

350 A Rua, Rio de Janeiro, 7 abr. 1919.

351 A Noite, Rio de Janeiro, 5 mar. 1919.

Andei pela cidade e observei que toda gente dormia ou tinha fisionomia sonolenta. No bonde em que fui ao Pão de Açúcar, dormiam dois rapazes, duas raparigas de cor, um senhor de idade e o próprio condutor do veículo. E, quando voltei, dormia a meu lado uma senhora. No bando da frente, uma senhorita cochilava. Dois cavalheiros bem vestidos faziam os maiores esforços para não cabecear. E até um sacerdote, um velho e respeitável sacerdote, parecia, coitado, inteiramente dominado pela terrível moléstia. E nos botequins, nos cafés, em toda parte, toda gente boceja e parece com vontade de dormir. É admirável como se pode trabalhar, negociar, escrever para os jornais quando se está atacado da moléstia desta ordem.[352]

Nas páginas dos jornais, os balanços da folia foram, na maioria, embalados por entusiasmo – ainda que por um júbilo um tanto regulamentar, na costumeira inflação de alegria dos cronistas durante e logo depois do Carnaval. "O Carnaval de 1919 contra todas as expectativas escudadas no ano de flagelos que o precedeu foi apenas um recorde de animação, de luxo, de alegria e de bom gosto", registrou o Correio da Manhã, que folgava nas Cinzas e voltava a publicar só na quinta-feira.[353] "O Carnaval de 1919 foi digno do Rio e do primeiro ano em que a humanidade, após tantos horrores, começa a gozar uma nova era de paz", amarrou A Noite.[354] "Aos dias aziagos do império da 'espanhola', a tirana matadora de milhares de pessoas, sucedeu Sua Majestade Deus Momo, tolerante ao excesso", resumiu a A Rua.[355]

Uma das poucas notas dissonantes veio de onde se esperava: de A Razão, jornal moralista e moralizante que, em pleno Carnaval, empilhara artigo sobre artigo contra o "desregramento" da festa. Na edição da Quarta-Feira de Cinzas, A Razão praticamente gritou em desespero de causa:

---

352 A Noite, Rio de Janeiro, 5 mar. 1919.

353 Correio da Manhã, Rio de Janeiro, 6 mar. 1919.

354 A Noite, Rio de Janeiro, 5 mar. 1919.

355 A Rua, Rio de Janeiro, 5 mar. 1919.

> Depois de todo esse figurar de suínos, de jumentos, de bodes, de cabras, e desses constantes e atordoadores berrares, zurrares, orneares, grunhires por todos os salões, todos os teatros, todas as ruas, quereis que vos tome a sério que se vos tribute respeito e consideração, que se vos denomine criaturas dignas e honradas, quando é certo que fostes vós próprios que durante esses três dias e mesmo antes, vos encarregastes de provar publicamente que só mereceis comiseração uns, e nojo, outros, doutrinações severas todos, por que vos olvidastes até da vossa condição de humanos seres, e dos deveres que tendes para com os vossos parentes, convosco próprios e para com a pátria, e para a vossa fonte de origem?[356]

Para seguir no reino animal: asno era a fantasia escolhida pelo personagem de um microconto do escritor Coelho Neto publicado em A Noite, já na quinta-feira. O nome do personagem era Sebastião Macário, "sócio correspondente da Sociedade de Psicologia Social de Leipzig", um devotado alquimista que passara o Carnaval recolhendo as sobras da festa: poeira, confete, serpentina, moedas, tudo metido num saco. Ao fim da folia, segue a história, Macário recolhia-se a casa, no Catumbi, submetendo o "resíduo da alegria da cidade" ao fogo, para a análise das cinzas. O resultado? "Hipocrisia, perfídia, dolo, lágrimas, muito cobre, remorsos, arrependimento, até sangue" – ao que saltava à conclusão:

> Meu amigo, esses três dias [Domingo, Segunda e Terça-Feira de Carnaval] são, para mim, que os analisei, os mais tristes do ano. Toda a gente vem para a rua, não divertir-se, mas sacudir tristeza. Cada qual traz a sua mágoa oculta, o seu pesar recôndito, como esses enfermos que buscam as piscinas milagrosas contando sair delas curados.[357]

---

356 A Razão, Rio de Janeiro, 5 mar. 1919. Um século depois, nas primeiras décadas do XXI, a volúpia dos artigos anticarnavalescos de A Razão parece ter paralelo na rejeição da maior festa popular brasileira pelos guerrilheiros culturais que costumam falar em nome dos "cidadãos de bem".

357 A Noite, Rio de Janeiro, 6 mar. 1919.

Também numa linha sombria, na revista Careta, Frei Gil (pseudônimo do escritor Martins Fontes), disparou aforismas sobre o pós-Carnaval de 1919, desde o genérico...

> O arrependimento das extravagâncias carnavalescas é duradouro. Às vezes só desaparece um ano depois.

...até o específico, na menção à polivalência dos caminhões em tempos de Peste e Festa:

> Só na Quarta-feira de Cinzas aparece quem se lembre de que os mesmos caminhões carregaram vítimas da Espanhola e ruidosos carnavalescos.[358]

E o que mais de concreto restou da festa? Mais de cem crianças perdidas – algumas adormecidas em delegacias, à espera dos responsáveis. Choferes autuados por sobrepreço ou mesmo presos por "faltarem com o devido respeito aos passageiros".[359] E também dívidas, muitas dívidas. Conforme reportou A Época, os mais apertados recorriam às casas de penhores da cidade, para darem conta do contratado para o Carnaval. Os mais ricos tentavam se desenroscar das despesas para bailes e batalhas de confete, além daquelas do corso. Os mais pobres se complicavam para cobrir o custo das fantasias com que desfilaram pelas ruas. Entre os clientes que penhoravam itens no pós-Carnaval, estava um advogado:

> Estava sem dinheiro. Gastei com a família, no Carnaval, perto de um conto e quinhentos. Mas esse inventário foi a "salvação da lavoura". Espero receber, porém, para a semana, um dinheiro, e não me demorarei em vir buscá-lo.[360]

---

358 Careta, Rio de Janeiro, 15 mar. 1919.

359 Correio da Manhã, Rio de Janeiro, 6 mar. 1919.

360 A Época, Rio de Janeiro, 7 mar. 1919.

Para sanar o sufoco, os depenados pelo Carnaval lotavam também as salas dos agiotas, como uma na Rua do Rosário, com "gente como sardinha em lata", à espera de empréstimos a juros extorsivos. "Um dia de Carnaval no Rio representa para o carioca um ano, talvez, de pindaíba", explicou o repórter de A Época.[361]

Também restaram daquele Carnaval filmes, ainda que ninguém saiba hoje onde estão as películas. Alguns eram curtas de atualidades, documentando o que se passou nas ruas e nos salões entre o 1º e o 4 de março de 1919. Eram filmes mudos que eram exibidos poucos dias depois da festa, inclusive com canto e orquestra ao vivo. Um desses filmes era "Carnaval de 1919", do "operador nacional" Alberto Botelho, que "desafiava qualquer outro profissional a que apresentasse trabalho mais perfeito ou que melhor abranja todos os aspectos da grande festa popular carioca".[362] Já "O Carnaval", da produtora da *Guanabara-Film*, documentava a passagem de grandes sociedades e ranchos, tudo registrado por quatro cinegrafistas.[363] Outro filme, chamado "O Carnaval de 1919 – Pierrot e Colombina", da *Nacional Films*, estreou duas semanas depois do Carnaval e veio diferente – compilava também cenas do Carnaval (inclusive dos barracões, dos bailes do Assírio, do corso e do Carnaval de Petrópolis), mas tinha enredo: "era a história de um rapaz, fantasiado de pierrô, que embriaga e seduz uma jovem costureira, vestida de colombina".[364] Essa obra da *Nacional Films* tinha dois aspectos interessantes de produção: no Carnaval, contou com refletores especiais para gravar à noite e, já no pós-Carnaval, convocou interessados a acompanharem a gravação de uma de suas cenas no Cine Odeon, que havia encomendado o filme.[365]

---

361 A Época, Rio de Janeiro, 7 mar. 1919.

362 Correio da Manhã, Rio de Janeiro, 9 mar. 1919; O Paiz, Rio de Janeiro, 9 mar. 1919.

363 Correio da Manhã, Rio de Janeiro, 9 mar. 1919; O Imparcial, Rio de Janeiro, 10 mar. 1919.

364 Jornal do Brasil, Rio de Janeiro, 15 fev. 1969.

365 Correio da Manhã, Rio de Janeiro, 8 mar. 1919; O Paiz, Rio de Janeiro, 23 mar. 1919.

No fim de semana seguinte ao Carnaval, alguns dos principais grupos carnavalescos realizaram bailes em celebração e gratidão. No pufe do baile de sábado, os Fenianos saudaram o cenógrafo Fiuza Guimarães e aproveitaram para provocar o Clube dos Democráticos, zombando do desfile rival, carro a carro. Os Democráticos, aliás, também realizaram baile no sábado – e provocaram os Fenianos no pufe. Os Zuavos dedicaram meio anúncio para agradecer à Polícia, citando chefes de seção e outros funcionários. No seu pufe para promover o baile de sábado, o rancho Ameno Resedá clamou "ultra piramidal iluminativa arrogante indiscutível e esmagadora vitória no Carnaval de 1919" – a festa resultante, por óbvio, entrou pelo domingo, já com dia claro.[366] Na mesma linha seguiu o rancho Miséria e Fome, chamando confiante para o reco-reco em tributo à comissão de carnaval. A Kananga do Japão, na região da Praça Onze, abriu os salões para dois bailes triunfantes, sob as vistas de Seu Paiva, diretor de salão e fiscal de penetras. Na Tijuca, o Lírio do Aragão bailou no sábado e no domingo no enterro dos ossos, "em comemoração à vitória alcançada no Carnaval". Nos dois dias também bailou-se no *High Life Club* e no Teatro Carlos Gomes – nesse último, com direito a pinhata para marcar o primeiro domingo da Quaresma. No Catete, o rancho Flor do Abacate comandou dois bailes encerrados apenas ao raiar do dia. Perto dali, em Laranjeiras, o rancho dos Arrepiados também puxou sócios e simpatizantes para a dança. Os bailes demarcavam um epílogo para o ciclo carnavalesco e também preparavam terreno para o Sábado de Aleluia, quando os grupos carnavalescos realizavam bailes e colocavam o pé de novo na rua.[367]

---

[366] Jornal do Brasil, Rio de Janeiro, 8 mar. 1919 e 11 mar. 1919.

[367] Em 1919, não se realizou no Rio de Janeiro a Mi-Carême. Na forma original, a Mi-Carême era o nome da festa realizada na quinta-feira da terceira semana da Quaresma. No Brasil, a festa chegou com roupagem francesa e ar carnavalesco. Na Bahia, em Salvador e, sobretudo, no interior, a festa pegou – inclusive fora da data determinada, 'desafrancesando-a' e virando 'micareta'. No Rio de Janeiro, foi mais rara e deitou menos raízes. Sobre a não realização da Mi-Carême no Rio de Janeiro em 1919, ver: Gazeta de Notícias, Rio de Janeiro, 22 abr. 1919. Sobre as mutações da Mi-Carême na Bahia, ver: GAUDIN, Benoit. Da *mi-carême* ao *carnabeach*. In: Tempo Social; Rev. Sociol. USP, S. Paulo, 12(1): 47-68, maio de 2000.

Na primeira segunda-feira depois do Carnaval, dia 10 de março, a rotina deu mais um sinal de retomada: enfim se iniciaram as aulas das escolas primárias no Distrito Federal, adiadas do planejado 15 de fevereiro para aquela segunda-feira – o motivo do adiamento havia sido o Carnaval.

No noticiário, o Carnaval esvanecido cedeu terreno à cobertura da disputa pela Presidência da República. Derrotado na convenção do partido governista, em 25 de fevereiro, o senador Rui Barbosa se lançou à campanha depois da folia, com base em comícios e conferências, reencenando em parte a malograda Campanha Civilista de dez anos antes, dessa vez com ênfase em reformas sociais. O entusiasmo em torno da candidatura do estadista não foi suficiente. Nas eleições, em abril, Epitácio Pessoa venceu: 249.324 votos contra 118.303 de Rui Barbosa, que tinha eleitorado muito concentrado em capitais. A nova derrota – e o posterior aquietar – de Rui Barbosa renderiam marchinha de sucesso no Carnaval seguinte: "Fala, meu louro", de Sinhô. Como de costume na obra de Sinhô, a letra continha duas doses e meia de veneno:

> A Bahia não dá mais coco
> Para botar na tapioca
> Pra fazer o bom mingau.
>
> Papagaio louro
> Do bico dourado
> Tu falavas tanto
> Qual a razão que vives calado.
>
> Não tenhas medo
> Coco de respeito
> Quem quer se fazer não pode
> Quem é bom já nasce feito.[368]

---

[368] ALENCAR, Edigar de. O carnaval carioca através da música. Vol. 1. Rio de Janeiro: Livraria Ferreira Bastos, p. 117.

No mesmo Carnaval de 1920, Sinhô também emplacaria "O pé de anjo". O tal pé era de China, irmão de Pixinguinha. Enorme. "Capaz de pisar Nosso Senhor", registrava a letra.[369]

Ainda em 1919, no pós-Carnaval, Sinhô cantou vitória depois da folia, dizendo-se "bastante satisfeito" e ainda obrigado a "afrontar meia dúzia de despeitados e invejosos" com sua leva de canções, com destaque para "Confessa, meu bem".[370] É bem provável que Sinhô estivesse falando de seus adversários líricos no Carnaval de 1919, autores de respostas a "Confessa, meu bem" – destaque para Hilário Jovino, Donga, Pixinguinha e China.

Um mês depois do Carnaval, aliás, Donga, Pixinguinha e China entraram num momento decisivo de suas carreiras: estrearam com Os Batutas (depois, Oito Batutas), um conjunto que tocava o melhor da música 'regional' brasileira. A iniciativa partira da provocação de Isaac Frankel, gerente do Cine Palais, que abordara Pixinguinha durante o Carnaval. No primeiro anúncio com o nome dos Batutas, no Correio da Manhã, delineou-se a missão do conjunto – "FAÇA O FAVOR DE LER", cobrava o Palais em caixa-alta:

> O elegante "hall" do Palais, transformado em um delicioso suspiro do nosso sertão. As melodias nativas, pátrias, características do nosso povo. As alegrias próprias da nossa própria vida. Impregnadas de sabor nacional. A Alvorada e o Crepúsculo do nosso ardente Sol. Isso que se sente, que se aspira, que embriaga porque é belo, atraente, cativante porque é brasileiro. Essa música, esses cantos que, lamentos ou sorrisos, são idealmente belos porque

---

369 ALENCAR, Edigar de. O carnaval carioca através da música. Vol. 1. Rio de Janeiro: Livraria Ferreira Bastos, p. 118. Tanto "Pé de Anjo" quanto "Fala, meu louro" seriam lançadas em 1920 na voz do jovem cantor Francisco Alves, que se tornaria não apenas uma estrela da música brasileira, mas também o maior intérprete da obra de Sinhô. Ver: Instituto Memória Musical Brasileira. Disponível em: https://www.immub.org/album/78-rpm-56034. Visita em: 9 dez. 2021.

370 Entrevista de Sinhô ao Vagalume. Ver: Jornal do Brasil, Rio de Janeiro, 11 mar. 1919.

> são sempre nossos. Vinde ouvi-os pela célebre orquestra Os Batutas, a única, insuperável no gênero, primícia do Palais, em apresentá-la ao público do Rio.[371]

Até então, imperavam pianistas nas salas de espera, tocando músicas da moda, fossem elas "tangos argentinos, valsas de vários países, operetas vienenses, trechos de óperas, *fox-trots* americanos, maxixes e polcas nacionais".[372] A música regional compunha repertório, mas não dava forma, nem menos dominava as apresentações nas salas de espera, como passaram a fazer os Batutas no Palais.

O Carnaval de 1919 foi de Sinhô e Pixinguinha, dos ranchos e das sociedades, da Praça Onze e da Avenida Rio Branco, do Centro e do subúrbio, mas foi, antes de tudo, da cidade. A festa representou um marco no processo de recuperação dos ânimos do Rio de Janeiro. Se em novembro de 1918, com as celebrações pelo fim da Primeira Guerra Mundial, e com a retomada da Festa da Penha, em dezembro, o Rio de Janeiro já havia se arriscado a atravessar a porta de casa para festejar, foi no Carnaval de 1919 que a capital do Brasil acabou tomada por inteiro pela alegria, reforçada pelos contingentes vindos do interior e também das cidades vizinhas – só pelas barcas de Niterói, transitaram quase cem mil passageiros nos dias de folia, número tido como um recorde pela imprensa.[373]

No Sábado de Aleluia, dia 19 de abril, a cidade deu mais uma mostra da retomada. Realizaram bailes "em regozijo pelo suicídio do Traidor": Zuavos, Ameno Resedá, Flor do Abacate, União da Aliança, Arrepiados, Heróis Brasileiros, Destemidos do Conselheiro, Pingas Carnavalescos, Andaraí Clube Carnavalesco, Fenianos de Cascadura, Salada Familiar e Resistentes da Piedade, entre outros. Democráticos, Tenentes do Diabo e Fenianos também fizeram bailes.

---

371 Correio do Manhã, Rio de Janeiro, 1º abr. 1919.

372 ALMIRANTE. No tempo de Noel Rosa. Rio de Janeiro: Livraria Francisco Alves Editora, 1977, p. 29.

373 O Fluminense, Niterói, 06 mar. 1919; A Época, Rio de Janeiro, 6 mar. 1919.

No caso dos Fenianos, a festa do Sábado de Aleluia teve um sabor adicional, com o recebimento da Taça Jornal do Brasil, reservada ao vencedor do concurso popular organizado pelo JB. No discurso de agradecimento, a diretoria dos Fenianos comparou o cenógrafo Fiuza Guimarães aos "grandes mestres toscanos" que serviam aos Médici na Florença do Renascimento.[374] Na Avenida Rio Branco, à noite, desfilaram grupos carnavalescos, como Destemidos do Conselheiro, Filhos do Castelo de Ouro e Gualemadas, dividindo espaço com o corso de automóveis até a madrugada, já rodando no Domingo de Páscoa. Em outras partes da cidade, também saíram grupos como o Clube Recreativo Chuveiro de Ouro, composto por operários do bairro da Gávea – com direito a carros alegóricos, Zé Pereira e baile para fechar a conta.

Outro marco veio a seguir, com a realização do Campeonato Sul-Americano de Seleções de Futebol, em maio de 1919. O Sul-Americano deveria ter ocorrido em novembro de 1918, mas acabou adiado por conta da Gripe, que atrasou a construção do Estádio das Laranjeiras, atrapalhou os planos das seleções e, de forma indireta, provocou uma crise entre cartolas cariocas e paulistas. O motivo era prosaico: a Confederação Brasileira de Desportos exigia a devolução dos auxílios de viagem já repassados a jogadores paulistas antes do adiamento. O problema?

> Fried [Arthur Friedenreich], Neco e Amílcar (...) tinham comprado roupa nova, malas, presentes para os amigos cariocas, gastando até o último tostão. Quando a CBD soube que nenhum dos três poderia devolver coisa alguma, puniu-os, o que provocou nova crise no futebol brasileiro, pois a Apea [Associação Paulista de Esportes Atléticos] e os jornais de São Paulo não aceitavam que seus jogadores fossem suspensos.[375]

---

374 Jornal do Brasil, Rio de Janeiro, 21 abr. 1919.

375 CASTRO, João Máximo e Marcos de. Gigantes do futebol brasileiro. Rio de Janeiro: Civilização Brasileira, 2011, pp. 20-21.

Enfim inaugurado em maio de 1919, o Estádio das Laranjeiras seria cena do primeiro título importante da Seleção Brasileira, que ainda jogava de branco e azul.

O Rio de Janeiro celebrava a bola depois de cair na folia, mas a Espanhola não sumira por completo. Muito longe da proporção de outubro e novembro de 1918, a doença seguia à espreita, e reaparecia em surtos localizados na capital do Brasil, entrando por 1920. Um desses surtos, em março de 1919, atingiu unidades na Vila Militar e fez disparar o movimento no Hospital Central do Exército. A maior parte dos infectados, na ocasião, era composta por recrutas vindo de fora do Rio de Janeiro. Nos primeiros meses de 1920, o padrão se repetiu em parte, com surtos localizados em instalações do Exército no Rio de Janeiro – nesta onda, entretanto, Niterói também registrou um aumento de casos. Como resumiu a Gazeta de Notícias, a doença seguiu presente no Rio de Janeiro de 1919 e 1920, ainda que sem a explosão sanitária de 1918, sem números que produzissem grandes manchetes, "vivendo, ou melhor, morrendo da moléstia, sem lhe dedicarmos uma grande importância".[376]

Na direção dos serviços de assistência e, a partir de outubro de 1919, no comando da Diretoria Geral de Saúde Pública, Carlos Chagas fez frente às novas ondas: reestabeleceu quarentenas para navios com casos reportados, determinou isolamento de doentes e brigou para implementar a notificação compulsória de casos de gripe. E era em cima do primeiro aspecto, das quarentenas, que se concentrava a maior parte da atenção da imprensa da capital entre 1919 e 1920. Antes mesmo de navios ("os vapores") sob observação aportarem, os jornais cobravam providências do governo para manter a doença longe – o "longe", no caso, significava o antigo lazareto da Ilha Grande, na Costa Verde do estado do Rio de Janeiro. Foi na Ilha Grande, ao longo de 1919 e 1920, que desembarcaram milhares de passageiros de vapores estrangeiros com casos confirmados ou suspeitos.

---

[376] Gazeta de Notícias, Rio de Janeiro, 6 fev. 1919.

Setenta anos depois da epidemia, em depoimento à historiadora Adriana da Costa Goulart, o professor de filosofia Nelson Antonio Freire, testemunha da passagem da Gripe, relatou a sua impressão sobre o vaivém da Espanhola:

> Por diversas ocasiões, em 1919, parecia que todo o pesadelo recomeçaria, novas ameaças do retorno da espanhola se fizeram anunciar. De novo, fora enorme a morosidade no estabelecimento de medidas preventivas. Os jornais não noticiavam as mortes de gripe que foram tratadas como se fossem um mero bicho-de-pé pelos políticos e pelas autoridades. Na verdade, ela não tinha se ausentado do país durante todo esse tempo, percorria subúrbios e zonas rurais.
>
> A segunda onda de espanhola não chegou às proporções da primeira, mas não deixou de apresentar um número elevado de óbitos, se comparado aos tempos normais. Minha esposa perdeu o pai e eu tive uma irmã cega pela febre alta. A gripe se tornou mais do que uma questão política, tornou-se uma questão de sobrevivência para toda a população. Carlos Chagas fez pronunciamento no começo de 1920 dizendo que não acreditava que a espanhola voltaria nas mesmas proporções e que era apenas questão de refluxo. Fosse isso ou não, todos tinham muito medo; o pavor tomou conta das famílias.[377]

Contra o pano de fundo da persistência da doença em estados como o Maranhão, a Câmara de Deputados debateu e aprovou em 1919 a criação do Departamento Nacional de Saúde Pública (DNSP), uma vitória dos sanitaristas fortalecidos pelo papel assumido no combate à Gripe Espanhola. Ativo a partir de 2 de janeiro de 1920, o DNSP representava uma nova "etapa de institucionalização e nacionalização das políticas de saúde e saneamento", apesar de seguir sob

---

[377] GOULART, Adriana da Costa. Revisitando a espanhola: a gripe pandêmica de 1918 no Rio de Janeiro. História, Ciências, Saúde – Manguinhos. v. 12, n. 1, jan-abr. 2005, p. 166.

o guarda-chuva do Ministério da Justiça e Negócios Interiores.[378] O DNSP cuidava: dos serviços de saúde e higiene no Distrito Federal, incluída a fiscalização das redes de esgoto; dos serviços sanitários nos portos brasileiros; da assistência a pacientes isolados no Distrito Federal; da profilaxia rural no território nacional (o que incluía a propaganda e a educação sobre medidas sanitárias); do estudo da natureza e dos tratamentos de doenças transmissíveis; do fornecimento e fiscalização de soros, vacinas e medicamentos oficiais, além da fiscalização de laboratórios particulares; das estatísticas sanitárias; da análise química de alimentos; da inspeção médica de imigrantes e outros passageiros.[379] Ainda não era um Ministério da Saúde, que só passaria a existir em 1930, na forma do Ministério da Educação e Saúde Pública – um dos primeiros atos do Governo Provisório de Getúlio Vargas.

Os recém-empossados czares da política sanitária se debruçavam sobre dados. Entre as primeiras cifras divulgadas sob a nova gestão, estava o relatório de nascimentos no Distrito Federal ao longo de 1919. Os números apontam para cerca de 30 mil nascimentos entre janeiro e dezembro de 1919, com uma forte concentração em torno dos meses de setembro e dezembro. De um agosto com 1.925 nascimentos, a cidade saltou a um setembro com 2.900 nascimentos, recorde do ano, permanecendo em torno desse patamar até o fim de 1919. Seria uma confirmação da tese de que a folia de 1919 teria produzido uma leva extraordinariamente grande de "filhos do Carnaval"?[380] Talvez seja mais preciso falar em filhos do alívio, pois o disparo em setembro parece indicar a incidência de um refresco das tensões pandêmicas a partir de dezembro de 1918.

---

[378] GOULART, Adriana da Costa. Revisitando a espanhola: a gripe pandêmica de 1918 no Rio de Janeiro. História, Ciências, Saúde – Manguinhos. v. 12, n. 1, jan-abr. 2005, p. 187.

[379] Lei nº 3.987, 02/01/1920.

[380] CONY, Carlos Heitor. Os filhos da gripe. Folha de S. Paulo, São Paulo, 5 mar. 2000.

Os tais filhos do Carnaval de 1919 passaram ao acervo mitológico em torno do primeiro carnaval após o pior da Gripe Espanhola. Esse acervo não se esgotou no imediato, nem nas cinzas das Cinzas. Ganhou riqueza com o tempo, adquirindo escala com a distância. Em agosto de 1922, com a poeira já baixa, a escritora Vina Centi, pseudônimo de Vicentina Soares, evocou o Carnaval de 1919 para lembrar do Rio de Janeiro de antes da demolição do Morro do Castelo. Arrasado de forma definitiva em 1922, o Castelo surgiu assim na memória da escritora, cheia de reticências:

> O morro do Castelo... a mão possante do homem o derrubou... Desapareceu a igrejinha... aquela igrejinha que eu amava tanto... que me recordava, tristemente, um carnaval...
>
> Que misteriosa é a alma de uma mulher! Com que volúpia ela recorda a dor de um prazer! Com que ânsia ela guarda na memória os detalhes de uma grande mágoa! Carnaval!... 1919... lembro-me tão bem... lá em cima... no último andar do Palace Hotel... naquele terraço feericamente iluminado... uma noite maravilhosa... estrelas cintilando no céu... a orquestra... as serpentinas... as fantasias... as mulheres decotadas... os homens de branco... o *champagne*... o éter... Coty... Vlan... [marcas de lança-perfume] Millions d'Arlequim... Papagaio louro... risadas... canções... ruídos dissonantes... todo o sofrimento esmagado pela suprema dor – o prazer... Em cada máscara, o riso... em cada riso... em cada riso...[381]

No texto, Vina Centi resgatava a visão de uma "mulher trágica" que, naquela longa noite do Carnaval de 1919, "entregava-se aos braços solícitos dos homens que a abraçavam em delírio", enquanto pela face corria "uma lágrima, uma gota de sangue" – "ela queria gozar... ela queria esquecer...". O drama daquela mulher desenrolava-se em uma cidade em transformação. A mulher interagia com um folião. O dia raiava...

---

[381] Para Todos, Rio de Janeiro, 19 ago. 1922.

> Madrugada... cinco horas... a orquestra macula o ar abençoado com gemido pecaminoso de um tango lascivo... O sol... o mar... as ilhas... as montanhas... embarcações... todo o acordar feliz da natureza quando are em flor e perfuma a vida, fortalecendo os nervos, curando os corações... Bém... belém... bém... belém... bém... belém... a igreja do morro do Castelo... tão austera, tão humilde, tão simples e tão impressionante! Bém... belém... o sino acorda-me a alma... olhei-o contrita... senti pulsar o coração... olhei a cruz que me pareceu tão divina! Cri em Deus com todo o fervor de minh'alma! Cri na sua misericórdia, no seu amor e na sua onipotência! Cri no Criador do mundo, que, sem me desamparar, me procurou naquele ambiente de pecado e de insulto às suas leis, para mostrar toda a grandeza do seu perdão e toda a magnanimidade do seu coração! O céu de azul tranquilo, queimado pelo ouro avermelhado e ardente do sol que nascia vigorosamente, emoldurando a vida, realçando a beleza dos seus coloridos, formava um contraste impressionante com aquele resto de carnaval. Percorri com o olhar o que me cercava... Dia claro... gente cansada, sonolenta, embrutecida... um par amoroso sentado no muro, dando as costas ao nascente... ele contava-lhe os dedos... amorosamente... um por um... ela olhava-o com ternura... Dém, dém, dém, dém, dém, dém... seis horas...[382]

Vina Centi fez um resgate mítico do Carnaval de 1919, a exemplo de outros cronistas depois – cada um numa chave, é verdade. Quase cinco décadas depois, o ex-menino Nelson Rodrigues revisitaria o Carnaval de 1919 como marco de uma revolução de costumes no Rio de Janeiro. Como pontuou Ruy Castro, "muito dessa insurreição erótica de toda uma cidade se passou apenas aos olhos de Nelson", ainda que, de fato, o Carnaval de 1919 tenha levado à superfície da

---

[382] Para Todos, Rio de Janeiro, 19 ago. 1922.

rua as correntes de uma moral em câmbio.[383] No mesmo recorte de tempo, de quase cinco décadas, Mário Filho, irmão de Nelson, fez daquele Carnaval evocado um sopro de loucura a arejar espíritos e erguer vestes, a incendiar a Aldeia Campista e Vila Isabel. No seu último romance, O Rosto, de 1965, Mário resgatou 1919 como um dos temas, para falar da Rua Alegre, rua da infância. No ano seguinte à publicação de O Rosto, morreu de ataque cardíaco, sem concretizar o projeto de escrever um romance dedicado apenas ao Carnaval de 1919, conforme registrado por José Ramos Tinhorão:

> Mário Filho já não escreverá o romance do carnaval da Espanhola. Mas que ele lhe viria acrescentar mais um título na carreira apenas iniciada de romancista isso não tem dúvida quem o ouviu falar do seu projeto, uma noite, na redação do "Jornal dos Sports", afirmando enquanto rolava na boca o seu eterno charuto, e fazia sorrir por detrás das sobrancelhas bastas e ruivas os pequenos olhos zombeteiros:
>
> – Só mesmo quem assistiu aquilo. Foi uma coisa incrível.[384]

E mesmo quem não assistiu tomou para si o encanto com a imagem de uma cidade metida num transe pós-luto. Foi o caso do escritor Carlos Heitor Cony, nascido sete anos depois daquele Carnaval, e amigo de Mário Filho. "Herdei do Mario essa obsessão pelo Carnaval de 1919, a que não assisti, como não assisti à Batalha de Salamina, à morte de César e à invasão otomana na península Ibérica", escreveu Cony em uma de suas crônicas em torno do tema.[385]

Da lavra de testemunhas, de testemunhas de testemunhas e de aficionados, a obsessão seguiu adiante. No centenário do Carnaval de 1919, o maior registro veio com o panorama geral

---

383 RODRIGUES, Nelson. Memórias: a menina sem estrela. Rio de Janeiro: Agir, 2009, p. 81. Ver também: CASTRO, Ruy. O Anjo Pornográfico: a vida de Nelson Rodrigues. São Paulo: Companhia das Letras, 1992, p. 28.

384 Jornal dos Sports, Rio de Janeiro, 25 set. 1966.

385 O trecho citado é da crônica "O carnaval da gripe", de 25 de fevereiro de 2001.

de Ruy Castro, em "O Carnaval da guerra e da gripe", prólogo de Metrópole à beira-mar: o Rio moderno dos anos 20, livro de 2019.

Em 2020 e 2021, o resgate se impôs pelos fatos: pela chegada do novo coronavírus ao Brasil, pela sua disseminação em ritmo de vertigem e pelo longo, ainda inacabado enquanto escrevo estas linhas, ciclo de restrições de ordem sanitária. Em reportagens e artigos ao longo de 2020, entrando por 2021, o Carnaval de 1919 foi lembrado como exemplo de um *day after* pretérito, enquanto um *day after* futuro, de um pós-Covid-19, escapava pelo horizonte, de adiamento em adiamento, de má notícia em má notícia. Como de costume no Rio de Janeiro desde o século XX, esse sentimento foi captado pelas escolas de samba. Em abril de 2020, a Unidos do Viradouro, de Niterói, anunciou o enredo "Não há tristeza que possa suportar tanta alegria", sobre o Carnaval de 1919, de autoria dos carnavalescos Marcus Ferreira e Tarcisio Zanon. Dado o cancelamento do Carnaval de 2021, por efeito da pandemia, a escola foi eleger seu samba de enredo só um ano e meio depois. A obra, de autoria de Felipe Filósofo, Fabio Borges, Ademir Ribeiro, Devid Gonçalves, Lucas Marques e Porkinho, tem a forma de uma carta de um pierrô a uma colombina, que representa o Carnaval:

> Amor, escrevi esta carta sincera
> Virei noites à sua espera
> Por te querer quase enlouqueci
> Pintei o rosto de saudade e andei por aí.
>
> Segui seu olhar numa luz tão linda
> Conduziu meu corpo, ainda
> O coração é passageiro do talvez
> Alegoria ironizando a lucidez.
>
> Senti lirismo, estado de graça
> Eu fico assim quando você passa
> A avenida ganha cor, perfuma o desejo
> Sozinho te ouço, se ao longe te vejo.

Te procurei nos compassos e pude
Aos pés da cruz, agradecer à saúde
Choram cordas da nostalgia
Pra eternidade, um samba nascia.

Não perdi a fé, preciso te rever
Fui ao terreiro, clamei: Obaluaê!
Se afastou o mal que nos separou
Já posso sonhar nas bênçãos do tambor.

Amanheceu, num instante já
Os raios de sol foram testemunhar
O desembarque do afeto vindouro
Acordes virão da Viradouro.

Tirei a máscara no clima envolvente
Encostei os lábios suavemente
E te beijei na alegria sem fim
Carnaval, te amo, na vida és tudo pra mim.

Assinado: Um Pierrot Apaixonado
Que além do infinito o amor se renove
Rio de Janeiro, 5 de março de 1919.

Parte deste livro está refletida nos versos acima: os clamores e as graças pela cura; o alvorecer do samba; um carnaval de sol e de reencontro para quem havia ficado sem pular no ano anterior; o papel da máscara e dos mascarados; a Quarta-Feira de Cinzas de lento recobrar (5 de março de 1919); o fluxo de foliões entre Rio de Janeiro e Niterói.[386]

---

[386] Em relação ao último aspecto, um traço de continuidade: do mesmo bairro niteroiense onde hoje está sediada a Unidos do Viradouro, o Barreto, havia saído para circular também no Rio de Janeiro no Carnaval de 1919 o Bloco Barretense. E uma coincidência entre o enredo da escola da samba e um fio do passado: no Domingo de Carnaval de 1919, no Barreto, uma das atrações foi o bloco Zezeca, Olha a Pequena, formado por um grupo de choro e um coro de pierrôs e colombinas – à frente do Zezeca, ia o folião Zé de Mattos, vestido de Espanhola. Ver: O Imparcial, Rio de Janeiro, 4 mar. 1919. Ver também: A Razão, Rio de Janeiro, 2 mar. 1919, 3 mar. 1919, 4 mar. 1919.

Volto a "Carnaval", de Manuel Bandeira. Os poemas do livro são datados, na maioria, do período entre 1906 e 1918. Datado de 1919, há o "Epílogo" que encerra a obra, a demarcar a busca do autor por "um carnaval todo subjetivo", um carnaval pensado para ser "um poema cheio de amor" como uma sinfonia de Schumann, mas ao fim transtornado pela "senilidade" e pela "amargura" – enfim, "o meu carnaval sem nenhuma alegria".[387] Antes do "Epílogo", há o "Poema de uma Quarta-Feira de Cinzas", um dos últimos a serem compostos para o livro:

> Entre a turba grosseira e fútil
> Um Pierrot doloroso passa
> Veste-o uma túnica inconsútil
> Feita de sonho e de desgraça...
>
> O seu delírio manso agrupa
> Atrás dele os maus e os basbaques.
> Este o indigita, este outro o apupa...
> Indiferente a tais ataques,
>
> Nublada a vista em pranto inútil,
> Dolorosamente ele passa.
> Veste-o uma túnica inconsútil,
> Feita de sonho e de desgraça...[388]

"Feita de sonho e de desgraça": tendo nós vivido, como os de 1918, o que havíamos imaginado nunca viver, como leríamos aí um exagero romântico? De que podem ser as nossas fantasias a partir de agora senão "de sonho e de desgraça"?

Evoé.

---

[387] BANDEIRA, Manuel. Estrela da vida inteira. Rio de Janeiro: Record/Altaya, s/d, p. 101.

[388] BANDEIRA, Manuel. Estrela da vida inteira. Rio de Janeiro: Record/Altaya, s/d, p. 100.

Primeiro anúncio de uma apresentação d'Os Batutas no Cinema Palais, no Centro do Rio. FONTE: CORREIO DA MANHÃ, 01/04/1919

ABAIXO: Anúncio do filme "O Carnaval de 1919 – Pierrot e Colombina", da Nacional Films. O filme era uma encomenda do próprio Odeon. FONTE: CORREIO DA MANHÃ, 08/03/1919

Cartaz do filme "O Carnaval de 1919 – Pierrot e Colombina", exibido no Odeon duas semanas depois do carnaval.
FONTE: FON-FON, 15/03/1919

Torcedores reunidos na Avenida Rio Branco para acompanhar notícias do Campeonato Sul-Americano de Seleções, conquistado pelo Brasil três meses depois do carnaval. Os resultados parciais das partidas eram afixados em placas às portas dos jornais.
FONTE: CARETA, 08/06/1919

Ao fim do Carnaval, a folia cede terreno para a sucessão presidencial, na charge de K. Lixto (Calixto Cordeiro).
FONTE: DOM QUIXOTE, 05/03/1919

Multidão reunida no barranco para ver Brasil 2x2 Uruguai, na primeira partida decisiva do Campeonato Sul-Americano de Futebol, no Estádio das Laranjeiras. FONTE: CARETA, 31/05/1919

A formação original d'Os Batutas (depois, Os Oito Batutas), grupo lançado depois do carnaval para chamar público para o Cine Palais, no Centro. Da esquerda para a direita: Jacob Palmieri, Donga, José Alves, Nelson Alves, Raul Palmieri, Luiz de Oliveira, China e Pixinguinha. FONTE: JORNAL DE THEATRO & SPORT, 26/04/1919

Livros e documentos

ADDOR, Carlos Augusto. *A insurreição anarquista no Rio de Janeiro*. Rizoma Editorial, 2015.

ALENCAR, Edigar de. *Nosso Sinhô do samba*. Rio de Janeiro: Civilização Brasileira, 1965.

______. *O carnaval carioca através da música*. Vol. I. Rio de Janeiro, Livraria Ferreira Bastos, 1965.

ALMEIDA, Ângelo Nolasco de. *Ângelo Nolasco de Almeida* (depoimento, 1986). Rio de Janeiro, CPDOC, 1990.

ALMIRANTE. *No tempo de Noel Rosa*. Rio de Janeiro: Editora Livraria Francisco Alves, 1977.

ALVARES, Lucas Cardoso. *O Rio civiliza-se*: memórias das sociedades carnavalescas, uma perspectiva brasileira. Dissertação (Mestrado em Memória Social) – Universidade Federal do Estado do Rio de Janeiro, Rio de Janeiro (2014).

ASSAF, Roberto; MARTINS, Clovis. *Campeonato Carioca – 96 Anos de História – 1902/1997*. Rio de Janeiro: Ed. Irradiação Cultural, 1997.

BANDEIRA, Manuel. *Estrela da vida inteira*. Rio de Janeiro: Record/ Altaya, s/d.

BARBOSA, Francisco de Assis Barbosa. *A vida de Lima Barreto*: 1881-1922. Belo Horizonte: Autêntica Editora, 2017.

BARRETO, Lima. *Toda Crônica*: Lima Barreto. Vol. I. Rio de Janeiro: Agir, 2004.

BILAC, Olavo. *Ironia e piedade*. Rio de Janeiro: Livraria Francisco Alves, 1916.

______. *Poesia:* Edição definitiva. Rio de Janeiro: H. Garnier, 1902.

______. *Tarde*. Rio de Janeiro: Livraria Francisco Alves, 1919.

BOSCARINO JUNIOR, Alberto. *Do Tejo ao Rio de Janeiro: uma história de fados*. 2011. Tese (Doutorado em Música) – Universidade Federal do Estado do Rio de Janeiro.

BRASIL. *Relatórios do Ministério da Justiça e Negócios Interiores*, 1919 e 1920.

BRITO, Nara de Azevedo. *La dansarina*: a gripe espanhola e o cotidiano na cidade do Rio de Janeiro. *História, Ciências, Saúde – Manguinhos*, 1997, V. 4, n. 1.

CAMPOS, Paulo Mendes. Manuel Bandeira fala de sua obra. In: *Travessia*, v. 5, n. 13, 1986.

CASTRO, João Máximo e Marcos de. *Gigantes do futebol brasileiro*. Rio de Janeiro: Civilização Brasileira, 2011.

CASTRO, Ruy. *Metrópole à beira-mar*: o Rio moderno dos anos 20. São Paulo: Companhia das Letras, 2019.

______. *O Anjo Pornográfico*: a vida de Nelson Rodrigues. São Paulo: Companhia das Letras, 1992.

CAULFIELD, Sueann. *In defense of honor*: Sexual morality, modernity, and nation in early twentieth-century Brazil. Durham: Duke University Press, 2002.

CAVALHEIRO, Edgard. *A correspondência entre Monteiro Lobato e Lima Barreto*: com notas, manuscritos e acréscimos. Rio de Janeiro: Verso Brasil Editora, 2017.

CUNHA, Maria Clementina Pereira. *Não tá sopa:* Sambas e sambistas no Rio de Janeiro, de 1890 a 1930. Campinas, Editora da Unicamp, 2015.

______. *Ecos da folia*: uma história social do Carnaval Carioca entre 1888 e 1920. São Paulo: Companhia das Letras, 2001.

DIMAS, Antonio. *Bilac, o Jornalista*: Crônicas. Volumes 1 e 2. São Paulo: Imprensa Oficial do Estado de São Paulo, Edusp, Editora da Unicamp, 2006.

DINIZ, André. *Almanaque do Carnaval:* a história do carnaval, o que ouvir, o que ler, onde curtir. Rio de Janeiro: Jorge Zahar, 2008.

DUNLOP, Charles. *O Rio antigo*. Vol II. Rio de Janeiro: Editora Rio Antigo, 1963.

EDMUNDO, Luiz. *O Rio de Janeiro do meu tempo*. Brasília: Senado Federal, Conselho Editorial, 2003.

EFEGÊ, Jota. *Ameno Resedá, o rancho que foi escola* – Documentário de Carnaval carioca. Rio de Janeiro: Funarte, 2009.

______. *Figuras e coisas da música popular brasileira*. Vol I e II. Rio de Janeiro: Funarte, 2017.

______. *Figuras e coisas do carnaval carioca*. Rio de Janeiro: Funarte, 2007.

______. *Meninos, eu vi*. Rio de Janeiro: Funarte, 1985.

ESTEVES, Martha de Abreu. *Meninas perdidas*: Os populares e o cotidiano do amor no Rio de Janeiro da *Belle Époque*. Rio de Janeiro: Paz e Terra, 1989.

FERNANDES, Nelson da Nobrega. *Escolas de samba*: sujeitos celebrantes e objetos celebrados, Rio de Janeiro, 1928–1949. Rio de Janeiro: Secretaria das Culturas, Departamento Geral de Documentação e Informação Cultural, Arquivo Geral da Cidade do Rio de Janeiro, 2001.

FERNANDEZ, Renato Lanna. *Fluminense Football Club*: a construção de umaidentidade clubística no futebol carioca (1902 – 1933). 2010. Dissertação (Mestrado em História, Política e Bens Culturais) – Centro de Pesquisa e Documentação de História Contemporânea do Brasil – CPDOC, Fundação Getúlio Vargas.

FILHO, José do Patrocínio. *Mundo, diabo e carne*. São Paulo: Editora Antiqua, 2005.

FILHO, Mário. *Histórias do Flamengo*. Rio de Janeiro: Mauad, 2014.

______. *O negro no futebol brasileiro*. Rio de Janeiro: Mauad, 2003.

______. *O Rosto*. Rio de Janeiro: Record, 1965.

FRANCO, Afonso Arinos de Melo. *Rodrigues Alves*: apogeu e declínio do presidencialismo. Vol II. Brasília: Senado Federal, 2001.

GAUDIN, Benoit. Da *mi-carême* ao *carnabeach*. In: *Tempo Social*; Rev. Sociol. USP, S. Paulo, 12(1): 47-68, maio de 2000.

GAVRON, Eva Lúcia. Mulher honesta sente desejo? In: *Esboços*: histórias em contextos globais, Florianópolis, v. 9, nº 9, pp. 105-116, jan. 2001.

GOULART, Adriana da Costa. Revisitando a espanhola: a gripe pandêmica de 1918 no Rio de Janeiro. *História, Ciências, Saúde – Manguinhos*. v. 12, n. 1, jan-abr. 2005.

______. *Um cenário mefistotélico*: a gripe espanhola no Rio de Janeiro. 2003. Dissertação (Mestrado em História) – Universidade Federal Fluminense.

JORGE, Fernando. *Vida e poesia de Olavo Bilac*. Osasco: Novo Século Editora, 2007.

KOK, Glória. *O Rio de Janeiro na época da Av. Central*. São Paulo: Bei Comunicação, 2005.

KOLATA, Gina. *Flu*: The story of the great influenza pandemic of 1918 and the search for the virus that caused it. Nova York: Farrar, Straus, Giroux, 2011.

KRAAY, Hendrik. *Os companheiros de Dom Obá*: Os zuavos baianos de outras companhias negras na Guerra do Paraguai. *Afro-Ásia, [S. l.]*, n. 46, 2012.

LAGO, Mario. *Na rolança do tempo*. Rio de Janeiro: Civilização Brasileira.

LOPES, Nei. *O Negro no Rio de Janeiro e sua tradição musical:* partido-alto, calango, chula e outras cantorias. Rio de Janeiro: Pallas, 1992.

MELLO, Paulo Thiago de; SEBADELHE, Zé Octávio. *Memória afetiva do botequim carioca*. Rio de Janeiro: José Olympio, 2015.

MORAES, Eneida de. *História do carnaval carioca*. Rio de Janeiro: Record, 1987.

NABUCO, Carolina. *Oito décadas*. Rio de Janeiro: Nova Fronteira, 2000.

NATAL, Vinícius Natal. *Cenografia carioca:* carnaval e outros fragmentos. Rio de Janeiro: Mórula, 2021.

NAVA, Pedro. *Chão de ferro*. Rio de Janeiro: Editora José Olympio, 1976.

NÉBIAS, Wellington Barbosa. *A greve geral e a insurreição anarquista de 1918 no Rio de Janeiro*: um resgate da atuação das associações de trabalhadores. 2009. Dissertação (Mestrado em História Comparada) – Universidade Federal do Rio de Janeiro.

NEPOMUCENO, Eric Brasil. *Carnavais Atlânticos*: cidadania e cultura negra no pós-abolição. Rio de Janeiro e Port-of-Spain, Trinidad (1838-1920). 2016. Tese (Doutorado) – Departamento de História, Universidade Federal Fluminense.

NETO, Lira. *Uma história do samba*: volume 1 (as origens). São Paulo: Companhia das Letras, 2017.

OLIVEIRA, Bruna Vieira Gomes. A Política Revista Combativa Ilustrada: O universo das crônicas de Coelho Neto. In: *Revista Ars Historica*, nº 8, Anais da VIII Jornada Discente do PPGHIS/UFRJ – 2013.

OLIVEIRA, Tiago Siqueira de. *A Liga da Defesa Nacional*: um projeto de modernização pra o Brasil. 2012. Dissertação (Mestrado em Ciências Sociais) – Faculdade de Filosofia e Ciências, Universidade Estadual Paulista.

PALOMO, Victor Roberto da Cruz. *Samba, suor e cerveja*: a poética do mascaramento no Carnaval modernista. 2019. Tese (Doutorado) – Faculdade de Filosofia, Letras e Ciências Humanas, Universidade de São Paulo.

PEÇANHA, João Carlos de Souza. *A trindade da música popular (afro) brasileira – João da Baiana, Donga e Pixinguinha*: redimensionamentos das contribuições das matrizes africanas na formação do choro e do samba. 2013. Dissertação (Mestrado em Música) – Programa de Pós-Graduação em Música do Departamento de Música, Universidade de Brasília.

PINHEIRO, Larissa Brum Leite Gusmão. *Melindrosas e almofadinhas de J. Carlos*: questões de gênero na revista Para Todos... (1922-1931). 2015. Dissertação (Mestrado em História) – Universidade Federal do Paraná.

PINTO, Maria de Lourdes de Melo. *Memória de autoria feminina nas primeiras décadas do século XX*: a emergência da obra periodística de *Chrysanthème*. 2006. Tese (Doutorado) - Faculdade de Letras, Universidade Federal do Rio de Janeiro.

PREFEITURA MUNICIPAL DO RIO DE JANEIRO. *Coleção de Leis Municipais e Vetos*. Ano de 1929, Volume LIII, 1930.

PREFEITURA MUNICIPAL DO RIO DE JANEIRO. *Coleção de Leis Municipais e Vetos*. Ano de 1918, Volume XLII, 1919.

RODRIGUES, Nelson. *A pátria em chuteiras*: novas crônicas de futebol. Rio de Janeiro: Companhia das Letras, 1994.

______. *Memórias*: a menina sem estrela. Rio de Janeiro: Agir, 2009.

ROSA, Robervaldo Linhares. *Como é bom poder tocar um instrumento*: Presença dos pianeiros na cena urbana brasileira – dos anos 50 do Império aos 60 da República. 2012. Tese (Doutorado), Universidade de Brasília, Instituto de Ciências Humanas, Departamento de História.

SANTOS, Ricardo Augusto dos. O Carnaval, a peste e a espanhola . *História, Ciências, Saúde – Manguinhos*. vol. 13 (1), jan.-mar, 2006.

SCHATZMAYR, Herman G.; CABRAL, Maulori C. *A virologia no estado do Rio de Janeiro*: Uma visão global. Rio de Janeiro: Fundação Oswaldo Cruz, 2012.

SCHWARCZ, Lilia M. *Lima Barreto: triste visionário*. São Paulo: Companhia das Letras, 2017.

SCHWARCZ, Lilia M.; STARLING, Heloisa M. *A bailarina da morte*: A gripe espanhola no Brasil. São Paulo: Companhia das letras, 2020.

SERFATY, Elaina. Identidades, diferenças e redes de relações dos trabalhadores do Engenho de Dentro (1890-1910). In: XVII Encontro de História da Anpuh-Rio, 2016, Rio de Janeiro. *Anais do XVII Encontro de História da Anpuh-Rio*: Entre o local e o Global, 2016.

SEVERIANO, Jairo; MELLO, Zuza Homem de. *A canção no tempo*: 85 anos de músicas brasileiras. Vol. 1. 1907-1957). São Palo: Editora 34, 1997.

SILVA, Edmundo de Macedo Soares e. *Um construtor do nosso tempo*: depoimento ao CPDOC. Lucia Hipolito e Ignez Cordeiro de Farias (Org.). Rio de Janeiro: Fundação CSN, 1998.

SILVA, Marília Trindade Barboza da & OLIVEIRA FILHO, Arthur L. de. *Cartola: os tempos idos*. Rio de Janeiro: Funarte, 1983

SILVA, Marília Trindade Barboza da Silva. *Alvorada*: um tributo a Carlos Cachaça. Rio de Janeiro: Funarte, 1983.

SILVEIRA, Eujacio Roberto. *São Paulo 1917 – 1921, aprendendo a ser patrão*: 'O fazer-se' da fração industrial da burguesia paulista. 2016. Dissertação (Mestrado) – Faculdade de Filosofia, Letras e Ciências Humanas, Departamento de História, Universidade de São Paulo.

SIMAS, Luiz Antonio. *O corpo encantado das ruas*. Rio de Janeiro: Civilização Brasileira, 2019.

SODRÉ, Muniz Sodré: *Samba, o dono do corpo*. Rio de Janeiro: Mauad, 1998.

SOIHET, Rachel. *A subversão pelo riso*: Estudos sobre o Carnaval carioca, da Belle Époque ao tempo de Vargas. Uberlândia: EDUFU, 2008.

TINHORÃO, José Ramos. *A imprensa carnavalesca no Brasil*: um panorama da linguagem cômica. São Paulo: Hedra, 2000.

______. *Música popular*: um tema em debate. São Paulo: Editora 34, 1997.

VALENÇA, Suetônio Soares. *Tra-la-lá*: vida e obra de Lamartine Babo. Rio de Janeiro: Funarte, 2014.

VASCONCELOS, Ary. A nova música da República Velha. Rio de Janeiro: s/ed, 1985.

______. *Panorama da música popular brasileira*. Vol. 1. São Paulo: Editora Livraria Martins, 1964.

Periódicos consultados

A.B.C.
A Época
A Noite
A Noite Ilustrada:
A Notícia
A Política
A Razão
A Rua
A União
Almanaque do Correio da Manhã
Caras y Caretas
Careta
Cinearte
Comedia: Jornal de Theatro
Correio da Manhã
Correio Paulistano
Diário Carioca
Diário da Noite
Diário de Notícias
Dom Quixote
Época
Folha de São Paulo
Fon-Fon
Gazeta de Notícias
Gazeta do Povo
Gazeta Suburbana
Intervalo 2000
Jornal de Theatro & Sport
Jornal das Moças
Jornal do Brasil
Jornal do Commercio
Jornal do Commercio (Edição da Tarde)
Jornal dos Sports
Kosmos
Lanterna
Manchete
O Cruzeiro
O Fluminense
O Globo
O Imparcial
O Jornal
O Malho
O Paiz
O Rio Nu
Para Todos
Revista Contemporânea
Revista da Semana
Revista Plumas & Paetês
Tribuna da Imprensa
Vida Sportiva

Filmes

Nelson Cavaquinho . Direção de Leon Hirszman. Rio de Janeiro: Saga Filmes, 1969.

O que foi o Carnaval de 1920! Produtora A. Botelho, filme restaurado pela Fundação Cinemateca Brasileira, 1920.

AGRADECIMENTOS

A composição deste livro foi longa. Teve como antecedente uma pesquisa para um documentário (nunca realizado) sobre o centenário da passagem da Gripe Espanhola pelo Rio de Janeiro. E teve como gatilho a chegada do novo coronavírus ao Brasil, em 2020. No longo percurso até este momento, em que elimino do corpo do texto minhas digressões que renderiam outros livros e digito meus pontos finais, contei com a ajuda e com o incentivo de muitos.

Agradeço a Denise Dweck, pelo acolhimento, pela amizade e pela paciência – sem você, não haveria nada disto. Às minhas filhas Maya e Lila, por serem os dois sóis da minha vida. Ao amigo Lucas Prata Fortes, que com o disparo de uma pergunta (Qual é o enredo dos seus sonhos?), fez-me saltar à resposta (Carnaval de 1919) e ao início da pesquisa para o livro. À minha editora Marianna Araujo, pela fé no projeto e pela leitura luxuosa. Aos amigos Gabriel Trigueiro, Celso Rocha de Barros e Maurício Santoro, pelo encorajamento. Ao mestre Luiz Antônio Simas, pela generosidade. A Vinícius Natal e Eric Brasil Nepomuceno, pela paciência com as perguntas de um amador. A Ricardo Augusto dos Santos, por iluminar aspectos da vida cotidiana do início do século XX no Rio de Janeiro. Ao camarada rubro-negro Carlos Motta, pela leitura de trechos deste livro ainda nos primórdios. À minha mãe, Anna Butter, pelo apoio, pela leitura e pelo incondicional carinho. Ao meu pai, Claudio Nunes, pelo entusiasmo e pela consultoria em temas médicos. Ao meu irmão, Arthur Butter, pelo interesse e pela amizade.

A João Gabriel, Alessa, Gabriel Dias, Patricia Oyama, Eduardo Brasil, entre outros, pela divulgação desta pesquisa, antes mesmo da publicação do livro. Aos carnavalescos campeões Marcus Ferreira e Tarcisio Zanon, que já considero amigos, pela paixão por esta história. A Igor Ricardo, pela troca. Ao amigo Fred Soares, pelas pontes e pelo apoio. À minha tia, Denise, e à minha avó, Olga, por me educarem no gosto pelo samba e pelo Carnaval. A todos que colaboraram, aturaram ou me incentivaram neste mais de ano e meio, muito obrigado.

1ª edição — fevereiro 2022
impressão — rotaplan
papel miolo — pólen soft $80g/m^2$
papel capa — cartão triplex $300g/m^2$
tipografia — FS ostro e braga huis